读客文化

哲学家们都干了些什么?

（修订本）

一部严谨却不严肃的哲学史

林欣浩 著

北京日报出版社

图书在版编目（CIP）数据

哲学家们都干了些什么？/ 林欣浩著. -- 修订本. -- 北京：北京日报出版社，2022.2（2024.8重印）
ISBN 978-7-5477-4218-1

Ⅰ.①哲… Ⅱ.①林… Ⅲ.①哲学-通俗读物 Ⅳ.①B-49

中国版本图书馆CIP数据核字(2021)第263477号

哲学家们都干了些什么？

作　　者：	林欣浩
责任编辑：	王　莹
特邀编辑：	乔冠铭　顾晨芸　沈　骏
封面设计：	杨贵妮　温海英
出版发行：	北京日报出版社
地　　址：	北京市东城区东单三条8-16号东方广场东配楼四层
邮　　编：	100005
电　　话：	发行部：（010）65255876
	总编室：（010）65252135
印　　刷：	三河市中晟雅豪印务有限公司
经　　销：	各地新华书店
版　　次：	2022年2月第1版
	2024年8月第9次印刷
开　　本：	890毫米×1270毫米　1/32
印　　张：	15.25
字　　数：	290千字
定　　价：	59.90元

版权所有，侵权必究，未经许可，不得转载
凡印刷、装订错误，可调换，联系电话：010-87681002

前　言

在生活中，我们会遇到这样的情况：

当小孩子难以抑制内心的迷茫和惶恐，急匆匆问爸爸妈妈"人为什么活着"的时候，他得到的回答常常是："别胡思乱想。"

当大学生在宿舍里如饥似渴地阅读康德、黑格尔，想从中寻觅一丝真理的时候，他或许会被打球回来的同学们迎面嘲笑："又显摆呢？"

当酒桌上的朋友们都在谈汽车、房子、情人、孩子，今年我去了巴厘岛的时候，某人却兴致勃勃地大谈他最近读叔本华的心得，他换来的，多半是满桌审视异类的目光。

当我们不断追问"人为什么活着？人生的意义是什么？宇宙的本质是什么？"的时候，绝大多数人不会觉得我们是爱思考的聪明人，只会觉得"你这个人好怪"。

可是对不起，这个世界上的怪人不止我一个。历史上，有很多聪明人也思考着上述"怪问题"，而且想得比我们深刻得多。

他们就是哲学家。

学哲学有什么好处呢？

有时我们会问："人为什么活着？人生的意义是什么？人终有一死，我该做点儿什么才对得起这唯一的一生，才算没有白活过？"

这些问题很重要，是决定人的一生该怎么活的大问题。我可不可以不听从长辈和课本的灌输，自己来寻找问题的答案呢？

可以，哲学就是来干这件事的。

我们这本书，就要把"追问人生意义"当作最大的目标。

不过您别着急，我们一开始先不讨论这个问题。研究哲学必须先学习整个哲学史。在本书的前半段，我先讲讲轻松的历史故事，等您精神放松了，我们再开始讨论有意思的哲学问题。

目 录

上篇 理性的崛起 / 1

第一章 苏格拉底好讨厌 / 3

第二章 拯救哲学的少年国王 / 12

第三章 当哲学遇上宗教 / 20

第四章 哲学与基督教分道扬镳 / 32

第五章 哲学的坎坷流亡路 / 41

第六章 哲学重新被启用 / 48

第七章 教会的权力有多大？ / 55

第八章 哲学再次惨遭抛弃 / 66

第九章 想做痛苦的苏格拉底，还是快乐的猪？ / 78

第十章 笛卡尔的疑问 / 83

第十一章 "形而上学"不是个贬义词 / 93

第十二章　我的心灵与我的身体无关 / 99

第十三章　寒冬夜行人斯宾诺莎的救赎 / 113

第十四章　科学派VS数学派 / 125

第十五章　莱布尼茨的哲学论战 / 133

第十六章　遭遇最强对手牛顿 / 145

第十七章　万物皆物理？ / 154

第十八章　你相信宿命吗？ / 163

第十九章　干掉因果律——休谟 / 169

第二十章　哲学遇到麻烦了 / 182

第二十一章　教会的衰落 / 192

第二十二章　宅男拯救哲学 / 209

第二十三章　哲学能囊括一切吗？ / 232

下篇　理性的陨落 / 245

第一章　傲慢的叔本华 / 247

第二章　悲观主义不悲观 / 257

第三章　尼采疯了 / 276

第四章 "上帝死了" / 282

第五章 克尔凯郭尔与"信仰的飞跃" / 298

第六章 向科学求救 / 307

第七章 你真的了解进化论吗? / 313

第八章 科学倒打一耙 / 333

第九章 罗素的幸福 / 353

第十章 高富富富富富帅——维特根斯坦 / 362

第十一章 用逻辑搭建哲学大厦 / 378

第十二章 哲学其实很实用 / 385

第十三章 如何看穿伪科学? / 392

第十四章 科学不为真理,只为实用? / 413

第十五章 为什么要相信科学? / 428

第十六章 寻找人生答案 / 441

第十七章 人生荒诞、无意义吗? / 448

小结 人生的意义 / 470

上篇　理性的崛起

第一章 苏格拉底好讨厌

1787年，一群美国人在费城的一个房间里日夜不停地争吵。他们要做一件大事——为新生的美利坚合众国设计一部宪法。

应该说他们的工作非常成功。因为至今二百多年以来，这部宪法几乎没有大的变动，美国制度也成为世界很多国家效仿的对象。

但您可能想不到，这部宪法有一个奇特的副作用，它能彻底改变我们对西方哲学的看法。

关键就在于它的第三条第二款。

这一条款规定，美国司法采用陪审团制度。

这是什么意思呢？

美国的陪审团制度从英国继承而来，历史也不短了，但在咱们看来实在是古怪至极。

首先，中文"陪审团"是一个误导人的翻译，英文原词没有"陪"的意思，原意大约是"临时裁决委员会"。

在被告人是否有罪这个问题上，陪审团是负责裁决的主角。

法官才是陪衬，只能做做解释法律、引导庭审、剔除非法证据、维持法庭秩序之类的"服务"工作。

让我们难以理解的是，美国陪审团的成员都是普通老百姓。法庭对他们的学历水平、法律知识几乎没有任何要求。一个小学学历、没学过法律的人，也有权决定嫌疑人是不是有罪。

所以在美国，一个亿万富翁该不该破产，他的命运可能就掌握在一个不爱读书、不爱思考，只喜欢喝喝啤酒、看看脱衣舞的蓝领工人身上。咱们这里肯定会有不少人觉得，这不是乱弹琴嘛！

但在美国人看来，这种制度有个很大的好处，就是在原则上，能尽量让每个案件的裁断都符合大众的道德观。这能避免法律人士凭着专业优势玩弄法律条文，避免法官由于个人好恶左右案情，也能用来对抗失去民心的恶法。虽然陪审团的民意也可能被律师引导，但大多数美国人认为这至少比法官一个人说了算好多了。

这事对哲学有什么影响呢？

我们来看另一个历史事件。

就像我们的圣贤是孔子一样，西方人也有自己的圣贤，那就是苏格拉底。苏格拉底的人生比较简单，概括起来就一句话：

他喜欢问别人问题，然后被判了死刑。

圣贤的牺牲当然是伟大的、悲壮的。苏格拉底被判死刑这事广为后人所传扬，不少艺术家都以绘画、戏剧等形式来纪念他。

但是很多人都忽略了一件事：苏格拉底是被雅典的陪审团判处死刑的。

注意，这个雅典陪审团不是贵族陪审团，不是宗教陪审团，是真正的人民陪审团。它的成员除了性别必须是男性以外，其余条件和美国今天的陪审团一样，是由普通老百姓抽签组成的，不论职业，不论学历，不论官阶，只要是成年的雅典公民就行。

不难理解，理论上陪审团成员越多，断案就越客观。出于成本考虑，今天美国的陪审团只有12个人。

审判苏格拉底的人民陪审团有多少人呢？

500人。

多少人想判苏格拉底死刑呢？

360票比140票，高票通过。

苏格拉底的案件常常被现代人当作"民主暴政"的例子，说明"多数人的民主"在错误的引导下也会作出邪恶的判决。

但要注意，法庭给了苏格拉底充分辩解的机会。

按照色诺芬和柏拉图的记录，苏格拉底在法庭上一一驳斥了所有控罪，发言雄辩有力，用词通俗易懂。别说是当时的希腊人，就是在几千年后的今天，重读这份文献都会让人忍不住认同苏格拉底。

那么，人民陪审团坚持判苏格拉底有罪，只能说明一件事。

人民真的想让他死。

苏格拉底到底是哪里得罪人了呢？

按照后人的记录，苏格拉底一辈子做得最多的事就是问问题。当然，他不是像一般人那样提问。他专挑别人的漏洞，每次都能把对方问得头昏脑胀。

比如说，他问人家什么是正义，人家给了他一个答案后他不满意，他就不停地追问人家，直到把人家问崩溃了他才收手。苏格拉底的母亲是助产士，他自称为思想的"助产士"，意思是能引导别人深入思考。听着是挺不错，但问题是：你考虑被问的人的感受了吗？

想象一下，假如你是那个时代的人。本来你在马路上走得好好的，苏格拉底突然从角落里蹦出来，抓住你问：

"你说，什么叫正义？"

你还以为这哥们儿是真的不懂啊。你好心啊，你就耐心给他讲，正义是怎么回事。

没想到，他话锋一转，突然抓住你话里的一个漏洞反问道：

"你这样说不对吧？"

不管你怎么回答，聪明的他总能不断追问下去。问来问去，你肯定就崩溃了。但就算你想逃跑也没用。按照惯例，他非得问到你满脸羞愧地承认自己啥也不知道，他才会心满意足地放过你。

假如当时就你自己一个人也就算了。要是你身边还带着女朋友，带着奴隶和仆人，你说你还要不要面子了？

说白了，苏格拉底属于没事就到马路上打击人玩儿的那种人。

但你要以为苏格拉底就这么点儿讨人厌的本事，那就太小看他了。

实际上，苏格拉底的追问方式已经包括了哲学思考的全部要素。如果苏格拉底追问的对象不是别人而是他自己，那他就和传统意义上的哲学家没什么区别了。

哲学家芝诺有一个著名的比喻，说人的知识好像一个圆圈，知识越多，圆圈的周长就越长，就会发现自己越无知。所以苏格拉底这个当时全雅典最智慧的人，却认为自己最无知，他觉得真理的答案不能光靠自己想，必须到处找人问。

这条"越聪明越谦虚"的规律看上去没什么问题，但是对于普通人来说，对方明明很聪明，还偏偏非常谦虚，那不是越发可气吗？

当时有好事的人去神庙里占卜，问雅典在世的最聪明的人是谁。代表神灵的先知坚定地回答：就是苏格拉底，没别人了！

要是放一般人，正常的反应是低调。神灵这么夸你，你就应该谦虚两句：不不不，劳动人民的智慧才是无穷的，我永远做人

第一章 苏格拉底好讨厌　　7

民的小学生。群众肯定夸你又聪明又谦和,皆大欢喜,多好。

可苏格拉底不——他很无辜地说,我不觉得我聪明啊。然后他就到处找人辩论,美其名曰看看谁比我更聪明。问题是谁能辩得过他啊,聊两句都崩溃了。苏格拉底每次把别人灭了之后,才恍然大悟:哦,你没我聪明呀。然后接着去找下一个人灭。

你说他这种谦虚法,但凡是个有自尊心的人,谁受得了?

但你要是以为苏格拉底就这么点儿讨人厌的本事,那就太小看他了。

在最后的审判中,雅典陪审团其实审判了苏格拉底两次。第一次投票结果是280票对220票判他有罪。也就是说,在第一次审判里,还有不少人认同苏格拉底。

而且那时死刑还有商量。根据雅典法律,苏格拉底可以拿罚款抵。

掏钱换条命,这种好事谁不答应啊。苏格拉底虽然自己穷,但是他的学生和朋友有钱,他们都主动要为他出钱。但是苏格拉底本着知识分子的古板,以自己没钱为由,给陪审团出了一个非常低的赎罪价格。而且他嘴上还不饶人,在审判出结果之前,还跟陪审团嘴硬说,知道我是谁吗?我是上天派来启发你们智力的,你们还想罚我?你们太幼稚了!凭我对雅典的贡献,你们不但不应该罚我,还应该养我一辈子。

陪审团一听，这家伙太嚣张了。这不是还没答应饶你呢吗？于是陪审团重新投票，这次投票结果360票比140票，高票通过苏格拉底有罪的裁定——死刑，不能拿罚款抵了。

后面的事大家都知道了。苏格拉底本来有机会跑，看守都让他的学生给贿赂好了，但是苏格拉底拒绝了，他不愿意违反法律——你们不就是想弄死我吗？我就在这儿哪儿也不去，我让你们弄死吧！

然后他就被弄死了。

这么看来，苏格拉底身上拥有好几处讨人厌的地方。

首先，他总说别人不乐意听的；其次他还总占理，然后把你说服了吧，他还在那儿假谦虚；最后他还是一硬骨头。简直把知识分子讨人厌的毛病都占全了。

但你要是以为苏格拉底就这么点儿讨人厌的本事，那就太小看他了。

问题在于苏格拉底那永远质问的劲头。

我们普通人为什么要研究哲学？前面说了，关系到我们个人的哲学问题是：人生的意义是什么？

但关键是，这些问题宗教都已经回答了呀。只要臣服于宗教信仰，每个人不就可以立刻找到自己的人生意义了吗？苏格拉底生活的年代，遍地都是神庙，只要随便找个神拜一拜，困惑的时候找神职人员聊会儿天，一切人生问题不就都轻松解决了吗？

第一章 苏格拉底好讨厌 9

而以苏格拉底为代表的哲学讨厌分子在干什么呢？他们在破坏这一切！

他们坚持说宗教的答案都不可信，可又认为自己无知，不肯拿出答案。这等于把劳动人民从宗教的温柔乡中一把拖到了冰冷无情的现实里，任由老百姓失去精神依靠，在旷野中哭天号地，他们还撒手不管了！

可见，哲学既讨厌又无用。要不是雅典人民本着物尽其用的节省精神，生生给哲学找出一个用处来，这哲学还真就没理由保留下去了。

雅典人民找出了一个什么用处呢？

长面子。

奢侈是什么？贵而无用就叫奢侈。而哲学这玩意儿超级无用。所以那个时代的人们一听说你是学哲学的，都狂羡慕。人家想：这人家里得多富裕才敢往哲学身上糟践钱啊。

因此，雅典人也以哲学为荣。哲学家们只要关起门来讲课著书，不像苏格拉底那样到处讨人厌，那雅典人民还是很欢迎的。

这就好像今天有个学哲学的朋友，如果他逮谁跟谁聊专业，人家聊电影，他非跟人家说康德，别人肯定都觉得他有精神病，都不理他了。相反，如果他把对哲学的思考压抑在心里，表面上就是跟普通人一样的饮食男女，偶尔开开玩笑，大伙就能跟他坦然相处了。没准儿有人还会以认识他为荣，到处跟人说：

"瞧，我这哥们儿是学哲学的！"

就好像那人知道哲学是怎么回事一样。

雅典人对于哲学的态度，可以从柏拉图的生活变化中看出来。

柏拉图是苏格拉底的学生。苏格拉底被审判的时候，柏拉图才二十几岁。听说苏格拉底被判死刑，柏拉图又生气又失望，心想雅典人竟然是这么一群无知又残忍的暴民！于是他离开了雅典，满世界旅游去了。

十几年后，周游够了的柏拉图发现雅典人民对哲学其实不是很排斥。他又回到雅典，在雅典附近开了一所学校，叫柏拉图学园。柏拉图一直在学园里关起门来上课，雅典人民也就接受了。

但接下来的变化谁也没想到。

第二章　拯救哲学的少年国王

很多书讲学术史的时候，会把学术的发展写成是理所当然的。历史上每代学者都付出过一份努力，把前人的成果加高一点点。只要假以时日，学术终能有所成就。

但这是胡说。

尤其是哲学。哲学的发展非但不是一马平川，反而在好几个世纪里都处于命悬一线的危险境地。一不留神，哲学前辈们的努力就会从地球上彻底绝迹。

为什么呢？

说来有点儿搞笑，关键原因不过是那薄薄的纸。

古希腊人主要使用石板和从埃及进口的莎草纸写字，稍晚一点儿有了羊皮纸和牛皮纸。总之，这些书写载体要么书写费劲，要么价格昂贵，要么就不容易保存。即便是羊皮纸和牛皮纸，如果保存不当，也有腐烂毁坏的可能。而且因为羊皮纸和牛皮纸很贵，一些人为了省钱，会把他认为不重要的字刮掉，再重新用，这就进一步加重了对书籍的破坏。偏偏古希腊又是一个知识爆炸的时代，很多书籍只能留下有限的几份拷贝。在纸张出现之前，只要一场大火、一场战乱，无数部名著就会从此泯灭。

更何况，哲学还是各学说中最无用的一种。实用的技术想留下来还容易点。政权更迭，医生、铁匠、工程师都不会失业。但统治者有什么理由留下哲学这玩意儿呢？

所以当雅典面临着第一次亡国危险的时候，好多人都觉得哲学这回要完蛋了。

敌人是马其顿人。

马其顿在雅典的西北边。雅典和马其顿都同属于希腊文化圈。就好像咱们春秋战国时代的诸侯国一样，虽然政权不同，但是都属于中华文明。

可是在雅典这样的希腊城邦看来，马其顿很落后，是一群未开化的蛮人。马其顿有好几次要求加入希腊联盟，都没有被答应。

就在柏拉图晚年，马其顿实力倍增，足以吞并其他城邦。这下人家也不要求加入希腊联盟了，直接灭了你算了。柏拉图去世后不久，马其顿的军队就到了雅典城下。

雅典人决不肯屈服。文化中心被野蛮国家侵略，这算怎么回事呢？你能指望着这帮野蛮人保护我们的文化吗？实际上，几年以后，底比斯人叛变马其顿，马其顿就把底比斯洗了城，男女老少都没留下。

所以那时候雅典人拼了命也不能输，不仅组织起军队迎战，还叫来了其他希腊城邦组成了联军。

可不要小瞧雅典军队。

在咱们的印象里，雅典人都是整天高谈阔论的书生。其实不是的。包括雅典在内的希腊各城邦搞的都是全民皆兵制，特别鼓励公民锻炼身体，所以才会有流传至今的奥林匹克运动会。

苏格拉底不仅是大哲学家，年轻的时候还是一位矫健的运动选手和勇猛的战士，当过重甲步兵，参加过好几次战争，有过非常英勇的表现。如果你看过电影《斯巴达300勇士》，对斯巴达战士的勇猛印象一定深刻。雅典和斯巴达经常打仗，而且还互有胜负。苏格拉底45岁那年就参加过一场和斯巴达人的战争，虽然雅典人败退了，但苏格拉底是最后一个放弃阵地的人，而且据说苏格拉底在战场上无畏地逼视敌人，从而全身而退。

所以雅典军队的战斗力并不差。更何况这次雅典人还有其他希腊城邦当盟军，他们自信地认为一点儿也不会输给野蛮的马其顿人。

结果雅典人一出城，发现迎面而来的是一群奇怪的敌人。

只见马其顿士兵站成了一个紧密的方阵，每个人手里都举着好几米长的长矛。后排的长矛透过前排人的缝隙伸出来。连续好几排皆是如此，所以最前排一共探出密密麻麻好几十杆长矛，就好像刺猬一样。再加上士兵都装备了重甲和盾牌，如果前排士兵倒下了，后面马上就会有人补上来。这阵形攻防兼备，简直就神如今天的坦克车。

不仅如此，马其顿步兵的两翼还有骑兵会过来穿插包抄，方阵后面还有弓箭手、投矛兵等发起远程进攻，整个形成了立体化作战。

这套战术被后人称作马其顿方阵，在当时就是天下无敌的东西了。

更让雅典人吃不住的是，马其顿人还玩起了阴的。刚一交战，马其顿军队就开始后退，等到雅典人追击的时候，突然从暗中冲出由年轻的马其顿王子率领的一支骑兵，把雅典联军中负责殿后的底比斯圣队彻底打败了。

这底比斯圣队非常有名，最大的特点是所有士兵都是一对一对的恋人。俗话说"上阵父子兵"，这支部队的恋人兵也同样，打仗的时候谁都不肯后退，战斗力超强。当这支部队被马其顿王子击溃后，整个雅典联军也就溃败了。雅典从此落入了马其顿人之手。

对于雅典人来说，被不开化的马其顿蛮人，尤其还是个年轻的蛮人王子打败，真是一场耻辱。

但雅典人输得一点儿都不亏。

因为那个马其顿王子就是赫赫有名的亚历山大。

二十年后,亚历山大的军队所向披靡,最终让马其顿横跨欧、亚、非三洲,成为人类古代史上面积最大的帝国之一,被称为亚历山大帝国。

和庞大的帝国疆土相比,雅典只不过是毫不起眼的一座小城市罢了。而雅典城内的小小学园中,那几卷用烂纸破皮誊写的哲学著作,更如同草芥一般,只消一阵火与风,立刻就会灰飞烟灭。哲学家们对此束手无策,只能胆战心惊地等待着命运的发落。

幸运的是,亚历山大是个热爱文化的君王。在这点上,亚历山大不像是征服者,更像是一个知识分子。在他的鼓励下,收藏图书成为一种风尚,图书馆遍地兴建。

亚历山大童年时代的好友、埃及总督托勒密一世同样热爱知识,他建立了宏伟的亚历山大图书馆,目标是"收集全世界的书"。自然,希腊著作成为他收藏的首选。

托勒密一世的孙子更猛。只要是出现在亚历山大城的图书,不论原来主人是谁,他都要把原本留在图书馆里,抄个手抄本还给主人。他还找希腊借了一批珍贵的著作,给了一大笔钱作为押金。借到书后,他把原本留了下来,把手抄本还给希腊人。他不但没觉得不好意思,还理直气壮地跟人家说:

"押金留着吧,我不要了!"

更厉害的人物是亚历山大的老师。在马其顿还未崛起的时候，马其顿贵族经常派人去雅典留学。其中有一个国王御医的儿子去了柏拉图学园，学成归来后成了亚历山大的老师。

这人叫作亚里士多德。

亚里士多德是柏拉图的学生，柏拉图是苏格拉底的学生。这三个人的关系和咱们的孔子、孟子、荀子很像，都是被万代学子崇拜的先贤，都是辈辈传的学问（不过，孔子、孟子和荀子之间年代相隔较远，学问不是亲传）。每一代学生既继承了老师的学问，也都有不同于老师、和老师相悖的学说——否则学生们也就不能成为一代宗师了。更巧的是，苏格拉底和孔子还有更多的共同点。

第一，他们都喜爱谈话胜于写作。他俩的作品都不是自己写的，而是身边的徒弟记录下来的。

第二，他俩还都孔武有力。孔子身材高大，练习过驾车射箭。苏格拉底上过好几次战场，还因为作战勇猛受过嘉奖。

第三，他俩还都有特能打的弟子。孔子的弟子子路"好勇力"，最后是在变乱中英勇战死的。苏格拉底的弟子柏拉图，他名字的原意是"身体强壮"。其实柏拉图原本不叫这个名字，是他的体育老师给他改名叫"柏拉图"的——你想啊，连体育老师都觉得这人强到得改名叫"强者"，你说他得有多猛……（所以下次再提到古希腊智者，与其想象成白胡子老爷爷，不如脑补成斯巴达三百勇士穿白袍。）

最后，他们所处的时代也很接近。孟子只比亚里士多德小12岁。要不是有喜马拉雅山拦着，没准儿亚历山大可以打到中国，和汉文化接触，那样孟子就能读到亚里士多德的《形而上学》了。

我们难以想象苏格拉底的疑问、柏拉图的思辨和亚里士多德的百科知识会给正在百家争鸣的中国带来什么影响。或许中国不会走上独尊儒术的道路，也能在文明里留下理性、思辨和科学的种子。

当然，这种假设没有意义。

亚历山大的征服对哲学来说是一件好事。

跟随着亚历山大的铁骑，希腊的哲学著作得以遍布东欧、北非以及中亚，散布下无数思辨的火种。如果没有这一步铺垫，不久以后，希腊哲学就会彻底从地球上消失。

顺便一说，此时希腊哲学讨人厌的毛病还是没有改掉。

哲学家永远学不会讨好独裁者。亚里士多德晚年对亚历山大的一个死刑判决提出抗议。亚历山大给他老师的回应是一个赤裸裸的威胁，他说：

"我也有能力处死一名哲学家。"

哲学家也没有学会讨好民众。亚历山大一去世，雅典人就对亚里士多德发起了猛烈的攻击。主要是因为雅典人还记着被马其顿征服的仇。结果亚里士多德被迫离开雅典，第二年就去世了。

不久，更强大的罗马帝国代替了亚历山大帝国，统一了大部分欧洲的疆土。在文化上，罗马皇帝和亚历山大一样，同样奉行包容的政策，希腊哲学也得以继续传播。

当然，我们知道，罗马的宽容政策，间接导致了后来的欧洲再也没能形成像中国那样统一的大国，而是永远分成了多个民族国家。

对于欧洲的历史选择，有人说好，有人说不好，这些我们不讨论。

我只知道对于知识来说，宽容永远代表着光明。

罗马帝国成立之初的文化界，宛如咱们春秋时代的百家争鸣。争鸣的地方常常是在城市中心的广场上。不同学派的人们可以自由宣讲、辩论自己的观点，那是文化人最幸福的时代。

不过这一切很快就要改变了。

第三章　当哲学遇上宗教

罗马的社会制度远比咱们一般人想象的要先进。罗马虽然是奴隶社会，但也是一个高度法制化的社会。在前七百多年的时间里，罗马还是个民主社会，国家大事都是由元老院开会决定，任何人都得服从法律，根本没有皇帝这个职位。

在严格的法律制度下，你就算再有钱有势，也不能想干什么就干什么。能干什么得看你的社会身份。在很长一段时间里，非罗马地区的人很难拿到罗马公民的身份证。因此，罗马公民在当时属于有权阶级，可以受到很多照顾。

我们要讲的，是一个拥有罗马公民身份的犹太人。

他叫保罗。他将改变世界，也将永久改变哲学的境遇。

前面说过，罗马帝国在文化和宗教上奉行的是宽容政策。

比如，罗马征服了很多蛮族，那些蛮族原本有自己的神灵。为此，罗马人建了极其宏伟的"万神殿"，把各个蛮族的神灵都供奉到里面。蛮族一看打仗打不过罗马，投降后自己的神灵还能进入那么雄壮的神殿中，所以一点儿抵抗力都没有，成批成批地都投降了。

因此，在罗马帝国境内，众多宗教可以互相杂处，其中也包括犹太教和基督教。

这里稍微说一下犹太教和基督教的关系。

犹太教和基督教并不是同一个宗教。首先是在犹太人中产生了犹太教，而基督教是从犹太教中发展出来的。

犹太教和基督教都信奉上帝，也都相信会有救世主来拯救他们（"基督"和"弥赛亚"是一个词，都是"救世主"的意思）。区别是，基督教认为救世主就是耶稣，而犹太教不承认耶稣是救世主，他们认为救世主还没有到来。

在对待经文上，两者都信奉《旧约》[1]，但只有基督教相信《新约》。《旧约》和《新约》的区别大致在于，一个是记录耶稣降生之前的事，一个是记录之后的事。

保罗和耶稣处于同一个时代。早年的保罗是犹太教徒，他听从教长的指示，积极迫害基督徒。据《使徒行传》记载，有一天，保罗在追捕耶稣门徒的路上突然见到天上发光，听到耶稣对

---

[1] 犹太教称为《希伯来圣经》。——作者注（下文不特殊标注均为作者注）

他说:"为什么要逼迫我?"保罗大惊失色,眼睛失明,直到三天后才恢复视力。

今天已经无法考证这件事到底是不是真的。保罗是在沙漠中遇到这番异象的,因此唯物史学家怀疑或许是沙漠的高温、太阳的强光,还有保罗癫痫的痼疾,再加上他内心对迫害基督徒的愧疚造成了这些幻象。总之,这天以后,保罗从一个迫害者变成了虔诚的基督徒。

保罗的皈依对基督教极为重要。

保罗做的最重要的一件事,就是向犹太人以外的民族传播基督教。这是一项很了不起的工作。在保罗之前,基督教大体上只限于犹太人自己信仰。有了保罗的传教,基督教后来才成为世界性的大宗教。

但这也是一件很困难的工作。因为不论是犹太教徒、基督徒还是非犹太人,他们都不理解保罗的行为。

第一,犹太教徒当然认为保罗是异端。

第二,犹太教的特点是非犹太人不接纳,你要没有犹太血统,想皈依都不行。最开始的基督教也继承了犹太教的这个观念,不少信基督的犹太人觉得,基督教用来救犹太人就好了,不应该接纳外族人。所以他们也反对保罗的传教。

第三,基督教主张一神论,信奉基督教就得放弃信仰其他神灵。因此那些被传教的非犹太人觉得,保罗传播新宗教是在破坏宗教传统，冒犯神灵。

第四，按照犹太教的传统，男性要行割礼（切除包皮），这事就记录在《旧约》里。《旧约》说，割礼是上帝和人立约的证据。基督徒也相信《旧约》，自然也应该行割礼。但是割礼对于非犹太民族的人来说太难接受了。保罗便主张，外邦人可以不受割礼。但问题是，保罗的主张直接和《圣经》违背啊，因此又受到传统基督徒的反对。

总之，保罗是几头不讨好，他到哪儿都有一群老百姓反对他。有好多次，保罗被人们驱逐出城，被人用石头击打。用现代的话说，那时保罗相当于"民愤极大，社会影响极其恶劣"的典型。

到什么程度呢？

有一次保罗传教，旁观的犹太老百姓觉得这个人实在是太可恨了，大伙儿义愤填膺，一起把保罗抓住，非要弄死他。幸亏有一队罗马士兵路过，带队的千夫长发现保罗有罗马人的身份证，于是保护他免于受害。被千夫长带走后，保罗还不知道收敛，还是到处传教，惹得一群犹太人发誓，不杀死保罗他们就不吃不喝。结果连千夫长都害怕了，怕惹出民乱来，把保罗送到了总督那里。总督呢，也按不住保罗。有好多人到总督那里控诉保罗。总督虽然驳回了控诉，却把保罗关了两年监狱。

但是保罗从没有停止传教的脚步。

保罗的时代，人们对于基督教有诸多偏见。

基督教预言世界将要毁灭，但没说清楚到底什么时候毁灭。就是这个预言，给基督教添了很多麻烦。

在基督教刚出现的时候，基督徒以为世界末日很快就会到来。所以他们并不热衷于传教，也不像其他宗教那样建立自己的教堂、撰写经文，只是搞一般的宗教聚会。在外人看来，基督徒们的行动非常神秘可疑，造成了很多误会。

比如，当时有一些基督徒不理发不剃须，因为他们认为理发剃须是对造物主所造之物的人工修饰。这让外人觉得，基督徒总是长发长须，打扮怪异。

再比如，基督教有分食葡萄酒和面包的习惯。酒和面包象征着耶稣的血和肉。但是外人以讹传讹，产生了基督徒吃人肉、喝人血的传闻。

基督徒们还常说，信徒之间男女平等，大家都是兄弟姐妹。他们还经常谈论"爱"。这就让外人疑心，这帮人是不是在组织什么淫乱活动。

还有，基督徒信仰的是一神教，除上帝之外的其他神灵都不信。但在古罗马时代，人们的日常生活离不开神灵祭拜，比如丰收的时候就要祭祀农业女神。这不仅是一项宗教活动，也是一项社会活动。然而，基督徒拒绝参加这类活动。别人都上街庆祝的时候，他们却躲在家里。这会让外人觉得他们不合群、神秘怪异。

保罗就是在这些巨大的误解中向大众传教的。

他的武器，就是希腊哲学。

前面说了，保罗那个时代，来自不同文化、不同宗教的人们都在城市广场上公开辩论，因而基督徒常常会受到各种稀奇古怪的质疑。

比如基督教说上帝创造了世界。就有人问：

"那上帝在创造世界之前在干什么啊？"

——谁知道在干什么啊，人家上帝也不能什么事都跟你说啊。被问急了，基督徒就没好气地回答：

"上帝在给你们这些异教徒准备地狱呢！"

回答得挺虎，但总这么回答也不是个事，这时候只能让哲学上场了。

历史上有一个规律，在斗争中，哲学总站在弱者的一方。

这是因为哲学讲思辨，讲道理，而只有弱者才会去讲理。强者不需要讲理。

这也是因为，哲学继承了苏格拉底讨人厌的疑问精神。只有弱者在面对强权的时候，才有质疑权威的需要。

处于被歧视地位的基督教正需要希腊哲学的帮助。

保罗有深厚的哲学功底，他将哲学的思维方式应用到传教中，撰写了大量的神学文章。这些文字后来被称作"保罗书信"，成为《新约》的重要组成部分。

在保罗之后，还有很多基督教的传教士把哲学当作了传教的武器。正因为他们的工作，基督教才拥有了完善的理论基础，和其他宗教相比，它获得了巨大的优势。同一时期的其他宗教在历史长河中大都衰落了，只有基督教最终成长为世界性宗教。

在哲学史上，这时的哲学被称作"教父哲学"。

帮基督教宣传这事，对于哲学来说既好也不好。

好的地方在于，这回是显了哲学的大能耐了。基督教对世界影响深远，起步阶段的汗马功劳就是哲学立下的。

不好的地方在于，宗教和哲学在根子上是无法协调的。宗教要求信仰，哲学要求怀疑，两者相悖。要不苏格拉底也不能被控诉不敬神。和宗教结合在一起之后，哲学注定无法发挥自己事事怀疑的真能耐，只能沦为宗教宣传的幌子。

比如在教父哲学时期，基督徒看希腊哲学很有威望，就喊出"真哲学即真宗教，真宗教即真哲学"的口号。还有人说，在基督降临之前，基督教的光芒就已经照到了部分希腊人的心灵，所以才出现了希腊哲学。

总之在教父哲学家们的口中，哲学的怀疑精神一点儿也没有了。这里的哲学只是用来装潢门面的招牌，就跟今天算命的搬个电脑搞"科学算命"一样。

不过教父哲学里有一个人可以说一说，他叫奥古斯丁。

奥古斯丁早年信仰摩尼教，还沉迷肉欲享乐，有过几个情妇。年轻人嘛，有所欲求很正常。他曾经祷告说："给我贞洁，但不是现在！"

但在本质上，奥古斯丁是一个有着宗教追求的人。内心里，他希望能克制欲望，获得更高级的精神追求。可是咱都知道，克制欲望哪儿那么容易啊。王尔德说过："我能抵抗一切，除了诱惑。"临考前徘徊在网吧门口的同学们、减肥时反复开关冰箱门的姑娘们，最能理解抵抗诱惑时的痛苦和投降后的懊悔了。

据说有一天，奥古斯丁因为控制不住自己的欲望而痛苦万分，为此几乎绝望，躺倒在一棵无花果树下边哭边祈祷。这个时候，他突然听到一个清脆的童声在反复吟唱："拿着，读吧！拿着，读吧！"

刚开始，他以为这声音是自己心里的幻想，于是他努力回忆过去是不是听过孩子唱过类似的歌谣，但他怎么也想不起来，因此认为这声音一定是神谕。听到这声音的召唤，奥古斯丁随手翻开一本书，正是保罗当年写的"保罗书信"，他正好翻到教诲人要克制欲望的篇章。奥古斯丁读了之后感到内心平静，从此皈依了基督教。他按照基督教的要求，卖掉了自己所有的家产，把钱分给了穷人，自己终身过着清贫的生活，成为基督教历史上重要的圣贤。

奥古斯丁在皈依基督教之前仔细思考过信仰的问题，也认真学习过哲学，因此他并不是单纯把哲学当作神学的工具，而是真心想通过哲学来探求真理。奥古斯丁的贡献之一，就是解决了一个长久困扰基督教的逻辑漏洞：

《圣经》里说上帝是全知、全能和全善的，那为什么会允许人间存在这么多丑恶和痛苦？

我们知道，《圣经》里说亚当和夏娃偷吃了禁果，违反了上帝的禁令，被逐出伊甸园，所以人类才会开始无尽地受苦。

但上帝是全知的，不仅知道过去所有已经发生的事情，还知道未来所有即将发生的事情。那么前面那个问题就可以问成：

上帝既然知道亚当和夏娃会偷吃禁果，为什么一开始不去阻止他们？

奥古斯丁的解释是，关键在于自由。上帝给了亚当和夏娃人类自由意志，所以也必须让人类有作恶的可能。

更具体地说，上帝是善的，而上帝的善表现在上帝对人类的行为要进行公正的赏罚。既然要赏罚，前提是人类必须拥有自由意志，必须有能力自己选择行善还是作恶，否则人类就不应该对自己的行为负责。

这段论证对我们的意义是：首先，它十分巧妙，把一个看似自相矛盾的说法给解释开了；其次，它解释强调了自由的重要性。

上帝允许人类有作恶的自由。这说明什么？这说明在上帝看来，自由比善更重要。

可是等一等，上帝不是全善的吗？

"上帝允许人类拥有自由"的理论是奥古斯丁出于护教目的而提出的，其推论却和教义产生了矛盾。

矛盾还不止如此，该理论还可以推论出，上帝不能干涉人的自由意志。因为上帝是万能的，所以有能力预测出人们按照自由意志在未来会作出的各种恶，但是有很多恶上帝都没有阻止。

可是，上帝不是全能的吗？

因此，奥古斯丁的解释虽然聪明，却不是很受基督教的欢迎。很多信众在提出疑问的时候，只是被粗暴地告知"不要妄测神"。

在宗教看来，思考本身就是不对的。

就拿奥古斯丁本人来说，虽然他是虔诚的基督徒，但只要他一开始思考，就注定要和宗教权威发生冲突。奥古斯丁早年相信摩尼教，后来发现宗教文献中一些关于天文学的知识和当时的科学结论不符，但他还被要求不许怀疑这些错误，只许强行接受。奥古斯丁因此对摩尼教产生了怀疑。罗素因此说，如果奥古斯丁生活在伽利略时代，也就是科学家们在用天文知识挑战基督教的时代，那他该怎么做呢？奥古斯丁这个基督教的圣人，会不会也像怀疑摩尼教那样怀疑基督教呢？

八成没什么好结果。

宗教天生拒斥思考。

有位教父哲学家有一句名言："上帝之子死了，虽然是不合理的，却是可以相信的。埋葬以后又复活了，虽然是不可能的，却是肯定的。正因为荒谬，所以我才相信。"

这话常被人总结为："因为荒谬，我才相信。"

换句话说，他认为信仰这种事用哲学来论证，这本身就是错的。对于宗教，信就信了，你不能质疑，不能思考。很有讽刺意味的是，说出这句话的教父晚年和罗马教会决裂，自己成了异端。但他这话说到了理上，宗教和哲学本来就不能调和。保留哲学，对教会来说就是养虎为患。历史学家威尔·杜兰就把亚里士多德的哲学比作希腊人留给基督教的"特洛伊木马"。

总有一天，苏格拉底的讨厌精神也会让教父们抓狂的。

不过时候还早，基督教还有更大的麻烦需要解决。

公元64年7月17日夜里发生了一件大事。西方世界的中心，全欧洲最富饶、最美丽的城市罗马突然烧起了大火。这火太大了，持续烧了六天七夜，整个罗马城的三分之二都被烧为灰烬。

当时的罗马皇帝尼禄还不错，不仅积极救火，还打开自己的宫殿安置灾民。但随后传出各种猜想。有的说，尼禄是想要写出一篇能和描写特洛伊大火的史诗相媲美的诗篇，故意让人放火的；也有的说，尼禄是为了扩建自己的宫殿放火的——三分之二的罗马城啊，如果后一条传闻属实，那么尼禄毫无疑问是史上效率最高的拆迁商。事实上，在罗马大火后不久，尼禄的确在废墟上建起了更大、更漂亮的宫殿。

在那个年代，基督徒们相信世界末日就快到来，有些人到处宣传"上天将会降下巨大的火球烧毁一切"。因此当时还有些人认为，罗马的大火就是基督徒放的。或许是为了洗脱自己的嫌疑，不久以后，尼禄正式宣布这场大火是基督徒所放，同时展开了对基督徒大规模的逮捕和残杀。

一般认为，保罗就死于这场大火之后的审判中。基督徒从此受到了极为残酷的迫害。

第四章　哲学与基督教分道扬镳

基督教刚兴起的时候，基督徒们以为世界末日马上就要到来，没有作长久打算。随着时间的推移，基督徒们发现世界末日一直没来，没准儿今后的日子还长，他们这才想到发展的问题。于是，他们成立了教会、盖起了教堂，也有人开始收集编纂《新约》了。

我们今天总说罗马教皇、罗马教廷，为什么教皇一定要待在罗马呢？就是因为基督教会是在罗马帝国时期出现的，那时罗马是帝国首都，是欧洲的文化中心，自然也就是教会活动的中心。

不过，同时伴随着基督教传播的，还有罗马军队军事暴力的血雨腥风。

从尼禄开始，罗马帝国就断断续续地迫害基督徒。他们用刀杀、用火烧，有时直接把基督徒扔到斗兽场里喂野兽。然而，相信死后会进入天堂的基督徒无所畏惧。当他们被判火刑的时候，他们对行刑者说：

"我遭受的火刑不过只燃烧一小时而已,而等待你们的,将是永不熄灭的地狱之火。"

有句俗话叫"能用钱解决的问题都不是问题",其实还可以说一句话:"必须用暴力解决的问题都是解决不了的问题。"当强者对弱者使用暴力的时候,正说明强者没有别的招数可用了,也就说明他离失败不远了。政权屠杀革命者,说明政权快要灭亡。革命者反过来屠杀群众,说明革命即将失败。

当罗马军队屠杀基督徒的时候,说明基督教的势力已经大到可以撼动帝国统治的地步了。

当时,基督教在罗马的影响已经势不可当。除了拥有哲学这件武器之外,基督教还强调众生平等。那时候罗马是奴隶制,奴隶天生地位低贱。基督教的博爱精神不歧视任何人,因此尤其受到穷人和奴隶的欢迎。况且基督教为每一个信教的人都准备了死后可以居住的天堂,使得人世间再大的苦难都无法阻止他们的信仰。

再坚持一步,基督徒只需要再坚持一步就能迎来胜利。

最严酷的迫害来自一个罗马皇帝,他叫戴克里先。

戴克里先的出身就很特别。他的父母都是奴隶,这身份和皇帝简直有天壤之别。戴克里先进入军队,从最底层一点儿一点儿爬起来,凭着战功慢慢积累实力和威望。尼禄去世两百多年后,公元284年,戴克里先被推举为罗马皇帝。

我们说得轻松,但只要想象一下中国历史上为了抢皇位而搞出的那些血雨腥风，就能明白戴克里先的崛起有多么艰难了。更可贵的是，他上位靠的不是暴力、政变这些对于一个军人出身的政治家来说最为常用的招数，而是权谋、手腕。他尊重、保护敌手的性命和财产，获得了最广泛的支持，也使得他的统治能够更长久。

我们前面说过，罗马的政体原本是共和制，没有独裁者。但是从比戴克里先还早的屋大维开始，罗马就变成了独裁制，诞生了皇帝。

但是在名义上，罗马此时还叫"共和国"，罗马皇帝的正式称呼是"执政官""第一公民"。虽然有实权，但名义上只是服从元老会的官员。

而戴克里先彻底终结了这种制度，他用类似秦始皇的气势，把罗马皇帝神圣化了。他以后的罗马皇帝真正是高高在上。平民就是平民，见皇帝的时候必须服从一系列严格的礼仪，连表面上的民主也没有了。

此时的戴克里先可以说是整个地球上最有权力的人——这时候的中国刚刚结束三国时代，西晋统一中国，还没从战争中缓过来呢。对于任何一个独裁者来说，这都是大展宏图的好时候。戴克里先也在琢磨帝国千年基业的问题。他总结了之前罗马历史上的得失，认为帝国的最大弱点在于国家面积太大了，一个皇帝管不过来。

这有几分道理,因为当时罗马最大的威胁来自境外蛮族的入侵(和古代中国一样)。同时帝国疆土太大,古代交通又极为不便,有限的军队确实防守不过来。

但戴克里先的解决办法就没法恭维了。

他大手一挥,把罗马分成了东西两个部分。自己不当整个罗马的皇帝,只当东罗马帝国的皇帝,给西罗马帝国又找了一个新皇帝。而且他觉得光这么分还不够,还是守不过来。他又找来了两个副手皇帝,自己和西罗马皇帝一人一个,把帝国进一步分成了四份。

他找的这几个新皇帝全是军人出身,为的是加强帝国的军事力量。这么安排还解决了权力继承问题。戴克里先规定,正皇帝挂了副皇帝继位,然后再选新的副皇帝,这样皇帝在位的时候就先找继承人,而且还能考察一段时间,不就不会为了继承权打架了吗?

才怪。

戴克里先在有的地方很天真。他以为四个皇帝可以为了罗马的利益精诚合作,可以忍得住权力的诱惑,就像他自己那样。

戴克里先当了二十一年罗马皇帝之后,身体越来越差,于是宣布退休,跑乡下种菜去了。与此同时,他还强迫有野心的西罗马皇帝和他一起退位。后来那个退位的西罗马皇帝还劝过戴克里先,让他重新当皇帝。戴克里先回答说：你是没瞧见我那菜园子，那日子叫一个美啊。你要是见了，你也不乐意当皇帝。

我猜想那西罗马皇帝肯定在心里回答：你以为我傻啊——

分享权力，主动退位。根据这些事迹我们可以猜测，戴克里先并不重视个人权力，而是一心为了罗马帝国。一权四分是为了罗马，强化皇帝威严也是为了罗马。

可能迫害基督徒也是。

基督教确实给罗马帝国带来了一些威胁。

罗马的宗教政策很宽容，允许治下的百姓拥有自己的信仰。唯一的要求是，所有人都必须保持对罗马皇帝的尊敬。

然而基督教的《十诫》却说："除了我以外，你不可有别的神。""不可为自己雕刻偶像，也不可做什么形象，仿佛上天，下地，和地底下水中的百物。"因此，基督徒连罗马的皇帝都不敬拜。

同样的道理，基督徒不参加罗马诸神的祭祀。这就使得帝国减少了很多从祭祀而来的收入。

耶稣说："要爱你的敌人。"所以早期的基督徒反对暴力，也就拒绝服兵役。

基督教鼓励人人平等，等于破坏了帝国赖以生存的奴隶制度。

基督徒忠于基督胜于罗马，因此他们尊敬主教胜于帝国官员，这也就动摇了帝国统治的根本。

基督教比犹太教更令帝国忧心的是，犹太教只限于在本民族内传教，对帝国的影响不大。而保罗努力让基督教在整个帝国中传播，这让罗马无法忍受。

早年戴克里先对基督教比较宽容，但后来他颁布了一系列限制基督教活动的法律。在这期间，戴克里先的卧室连续两次失火，这让他更疑心是基督教在捣鬼。于是律法越发严酷，他下令拆毁所有的基督教教堂，烧掉基督教的书籍，禁止基督徒聚会。逼迫抓捕到的基督徒向罗马诸神祭拜，凡是拒绝的都要被烧死。

在这期间，大量的基督徒被迫害致死。

不过对于基督徒来说，这是黎明前的黑暗，转折即将到来。

戴克里先给罗马带来了四个皇帝，他本设想这四个皇帝会互相合作、互相制约，要比只有一个皇帝的国家更为稳固。但这显然不符合常识。

戴克里先退位后不久，其他人就打了起来。大浪淘沙，西罗马最后剩下两个主力，他们分别是西罗马正副皇帝的儿子。正皇帝的儿子叫马克森提乌斯，副皇帝的儿子叫君士坦丁。

和其他竞争者相比，君士坦丁对基督教更宽容，也更会打仗。马克森提乌斯一看硬的不行就玩起了计谋。他先是假意修好，然后趁君士坦丁外出征战的时候在罗马发动兵变，夺得了皇位。

君士坦丁闻讯立刻千里回师。公元312年10月底，他打到了罗马城下。

这是决定谁是西罗马帝国主人的最后一战。然而罗马是经营了数百年的帝国首都，城墙坚固，是否能拿下这场战斗，君士坦丁并没有信心。

这时发生了一件神奇的事。

传说有一天，君士坦丁突然见到天空中出现一个巨大的闪着光芒的十字架，还有一行大意为"胜利在此标记中"的文字。这天夜里，君士坦丁梦见基督要他把十字架的符号放到军旗上。君士坦丁照梦中的做了。

与此同时，罗马城里的马克森提乌斯也在向神灵求助。古罗马人很相信先知、预言一类的东西。有不少预言被结集成书，类似咱们的《推背图》《烧饼歌》。躲在城里的马克森提乌斯翻阅了一本预言书《西卜林书》。书里说："10月28日，罗马的敌人会毁灭。"正好马克森提乌斯第一次登基当皇帝是在六年前的10月28日。马克森提乌斯就相信了书里所说，于10月28日主动放弃罗马的防御优势，打开罗马城门，迎战君士坦丁。

由于马克森提乌斯仓促出战，他在战斗中大败，最终和众多官兵一起淹死在河里。

有趣的是，站在君士坦丁的角度看，《西卜林书》里说得没错。10月28日这天，确实是"罗马的敌人"马克森提乌斯被灭了。

其实类似的故事在历史上出现过很多次，如传说小亚细亚的吕底亚国王祈求神谕，询问该不该同波斯人开战，得到的答复是"如果开战，一个大帝国将会轰塌"，这位国王欣然开战，结果轰塌的是自己的国家——听着这些神谕就跟相声里那些跑江湖算命的似的，净说点儿两头堵的双关语。

这场战斗以后，君士坦丁当上了罗马皇帝，由于在关键一战中出现的基督启示，君士坦丁开始信仰基督教。第二年，君士坦丁颁布了著名的《米兰敕令》。这条命令保护基督徒不再受到迫害，并且鼓励基督教的发展。

当然，就像历史上其他极具戏剧性的事件一样，对于君士坦丁见到十字架这件事，历史学家们有很大争议。有的人认为基督教的符号被印在盾牌而不是旗子上，也不是十字架，而是由希腊文"基督"的前两个字母组成的图案。有的人认为君士坦丁看到了幻象，受到随军的基督主教的影响，他相信了那是来自基督的启示。更有一些历史学家认为这纯粹是后人的杜撰。

无论细节如何，以《米兰敕令》为标志，基督教开始摆脱被迫害的时代。此后君士坦丁又打败了东罗马帝国的皇帝，成为整个罗马帝国唯一的统治者。《米兰敕令》也得以在整个帝国实施。

此后，君士坦丁对基督教越来越青睐。基督教禁止塑造偶像，君士坦丁就下令把国内所有钱币上的雕像符号都抹去。基督教慢慢地成了罗马帝国的国教，君士坦丁之后的罗马皇帝下令独

第四章 哲学与基督教分道扬镳

尊基督教，禁止其他宗教的集会，并毁掉了它们的殿堂。

　　从此，罗马军队不再是基督徒的敌人，而成了他们的朋友。基督教由此更好地展示它的博爱精神。

　　——但仅限教友，教外人士不算。基督教曾经受到的迫害，如今将要加之于异教徒身上了。

　　也包括哲学家——他们现在有了新的名字：异教徒、诡辩家。

第五章　哲学的坎坷流亡路

哲学不可能讨基督教的好。

对于一个把幸福寄托在来生的宗教来说，用来探索现实的哲学完全是无用的知识。罗马时代的基督教神父说：

"讨论地球的性质与位置，并不能帮助我们实现对于来世所怀的希望。"

更何况哲学还是一门喜欢怀疑的学问，这更让教会无法容忍。自从基督教成为罗马国教以后，毁灭异教神庙和哲学学校的活动就从未停止过。狂热的教徒在军队和信仰的双重保护下纵情暴虐，没有什么比这事更让人爽快了——施加暴行既不会有今生的惩罚，还可以获得来生的奖励。

前面说过，亚历山大图书馆是当时世界上最大的图书馆，收藏了大量希腊文献。自从基督教开始剿灭异教徒以来，亚历山大图书馆就不断遭受破坏。公元415年，一伙基督徒冲进亚历山大图书馆的分馆，毁掉了大量的书籍。

在这座城中，住着人类历史上记载的第一位女数学家、哲学家希帕蒂娅。她曾经在哲学的故乡雅典学习过，在当时就拥有很高的声望。她和父亲一起校订的《几何原本》成为流传到今天的《几何原本》的主要内容来源。在宗教冲突激烈的时代，她不带宗教偏见，教授包括基督徒在内的各种学生。据说她长得非常美丽，当时很多人追求她，而她一律以"我已经嫁给了真理"为由回绝了。

在公元415年的暴乱中，她被残忍谋杀。其中一个说法是，暴徒们剥光她的衣服，用蚌壳（一说陶片）活生生地割她的肉，直到她浑身血肉模糊，又把她投入火焰中。

我们可以猜测，那些凶手一面挥舞着血淋淋的凶器，一面还在互相鼓励着：杀异教徒不是罪，死后能上天堂呢！

杀个把人算什么？烧书算什么？基督教不再需要希腊哲学的帮助。既然《圣经》里没提到哲学，这世上就没有容纳它的位置。

基督徒们的工作卓有成效。所有和教义不符的书籍成批地消失。公元529年，罗马皇帝下令关闭了雅典的柏拉图学园。其实，这时候的柏拉图学园的课程早已经有了浓重的基督教色彩，但是仍旧为当局所不容。不久以后，希腊哲学在欧洲几乎全部失传。亚里士多德的著作除了逻辑学之外，其他作品的原始版本都找不到了。

哲学在欧洲就这么亡了。

假如一切就此结束，那么我们今天就不可能知道希腊哲学的伟大思想，或许欧洲哲学乃至欧洲历史，都会因此放慢前进的步伐。这将会给那个素来喜欢带着正义之名的文明毁灭之神，送上一枚旷古绝今的大勋章。

幸亏这一切没有发生。幸亏罗马帝国的势力有限。

那时的罗马帝国，东边只到今天土耳其、叙利亚的范围。再向东的土地被命名为"萨珊王朝"的波斯人统治着。在基督徒烧毁神庙的时候，一些哲学家惊慌失措地向东逃跑，直到帝国边境才停下脚步。那里的迫害没有那么严重。

在接下来的两百多年里，哲学家们小心翼翼地居住在这里。除了少数胆大的跑进了波斯帝国外，大部分书呆子都留在了罗马帝国边境。他们一面要小心边境外强盗的劫掠，一面要提防帝国基督徒的清剿。他们盘算着，万一基督徒追杀来，他们就抱着哲学文献逃到沙漠里。哪怕是给强盗和波斯人当牛做马，他们也要把这些珍贵的文献保存下去。苏格拉底不能亡！希腊哲学不能亡！

就在书呆子们日夜担惊受怕的时候，边境外的波斯帝国突然发生了巨大的变化。

很久以后，他们才从往来的客商、从远方逃回来的帝国居民那里打听到了大概的情况：

波斯国亡了。

取而代之的是一群信奉"真主"的阿拉伯人。他们有着和基督教完全不同的信仰，还有更强大的军事力量，而且马上就要进犯罗马帝国的边境。更要命的是，这些被称作"穆斯林"的人同基督徒一样，信奉的是唯我独尊的一神教！

我猜想，此时那些书呆子一定绝望极了：前有穆斯林，后有基督徒，真是上天无门、逃无可逃了！

很快，阿拉伯帝国迅速扩张，占领了叙利亚、埃及等地区。面对新的统治者，哲学家们只能束手待毙，惶恐不安地等着自己和希腊哲学的未来。

此时有一个争议极大的传说，据说阿拉伯人占领亚历山大的时候，把亚历山大图书馆付之一炬，并且还说了一句很有名的话：如果亚历山大图书馆里的藏书和《古兰经》一致，那就没有留下的必要；如果不一致，就更不应该留下。

假如这些话传到当时的哲学家耳朵里，他们肯定会被吓疯。

不过这事很可能是后人误传，因为阿拉伯人用随后的行动证明了他们对异教文化的宽容。

首先是对基督徒的宽容。阿拉伯人并不像后来的基督教十字军那样，对异教徒进行血腥屠戮，而是对占领区的基督徒非常宽待，允许他们保留信仰。唯一的"歧视"是，伊斯兰教徒可以不缴税，而基督徒要缴税。

更重要的宽容是在文化上。

公元830年，阿拉伯人在巴格达建立了一个叫作"智慧宫"的机构。这座"智慧宫"有着当年亚历山大图书馆"收集全世界的书"的雄心壮志，而且还是个学术和教育机构，招揽最优秀的学者、教师和翻译家来此工作。

最重要的是，这里没有种族和信仰的限制，包括基督徒在内的各教各族人民都可以在这里贡献自己的智慧。这个时期，被称为阿拉伯世界的"百年翻译运动"。

哲学家们被感动得都快要哭了！没有焚书、没有歧视、没有文字审查，他们可以随意做学问，而且还有人花钱养他们！

此前几百年，哲学家们都没遇到过这么好的待遇。那还有什么话说，甩开膀子干吧！无论用什么美好的词语赞美这场运动都不过分。通过这场运动，数量庞大的希腊文献被挖掘、翻译和整理出来，终于免遭被毁灭的命运。

还是那句话，哲学喜欢跟弱者做朋友。

阿拉伯帝国虽然实力强大，但是在文化上还缺乏积累。此时距离穆罕默德去世不过两百年，而基督教已经发展了足足八百年。

年轻的阿拉伯帝国敞开大门吸收一切知识来壮大自己。而对面的基督教世界已经积累了数百年的自大和傲慢。它正在开动宗教裁判所加紧屠戮异端分子，又把一批接一批的十字军派到前线对付穆斯林，试图用军事手段证明基督教教义的正确性。

但他们没成功。

九次十字军东征只有第一次算是攻其不备，取得了胜利，后面的八次全部失败。还有一次最奇特，十字军根本没有去打阿拉伯人，而是把东罗马帝国给抢了。要知道，十字军东征名义上的理由，是东罗马帝国扛不住阿拉伯人了，向西边的基督教兄弟求援。谁想基督教兄弟比异教徒还凶狠，东罗马帝国这个惨啊。

趁着中亚大打宗教战争的当儿，希腊哲学抓了个空儿，跑到西班牙去了。

这就奇怪了，先前希腊哲学一直都在欧洲的东面折腾呢，怎么这一跑，直接跳到欧洲的最西面去了？

这是因为，虽然阿拉伯帝国没能突破东罗马帝国的防御，但是却占领了北非。也就是说，阿拉伯帝国从地中海南部，借着北非一路绕到了欧洲的西边，占领了欧洲西端的西班牙。在地图上，就好像占领了欧洲的两头一样。

随着阿拉伯军队的行踪，希腊哲学传播到了西班牙。

正好，此时的基督徒已经被一次又一次失败的十字军东征打击了气焰。他们效仿当年阿拉伯人的"百年翻译运动"，搞了一次自己的翻译运动。

有趣的是，基督徒翻译的动机并非虚心求学，而是想像十字军在军事领域征服阿拉伯人那样，在思想领域征服异教徒。知己知彼嘛，他们就开始着手翻译各种阿拉伯文的典籍。其中也免不了包括一些希腊哲学著作。

基督教翻译家原本是为了批判而翻译这些典籍的。但不久以后，他们中的一些人就开始哭着喊着寻觅希腊哲学的原本了，以至于非要出高价从他们的穆斯林敌人那里购买。

找不到就有性命之忧。

这是为啥呢？

在下一章开始之前，我们顺便总结下希腊哲学传播的曲折道路。

首先是希腊哲学家被基督徒驱逐，来到叙利亚。在这里，希腊著作从拉丁文被翻译成叙利亚文。

然后是"百年翻译运动"，阿拉伯学者把希腊著作从叙利亚文翻译成了阿拉伯文。

之后希腊哲学到了西班牙，其中有的神父不懂阿拉伯文，就请人把希腊著作从阿拉伯文译为西班牙文，他们再从西班牙文译成拉丁文。

所以那时的希腊著作是从最早的拉丁文翻译成叙利亚文，再翻译成阿拉伯文，再到西班牙文，再到拉丁文。咱们能看到的是再翻译成中文的版本，没准儿还是从英语版本翻译过来的。这是多么折腾啊。

第五章　哲学的坎坷流亡路　47

第六章　哲学重新被启用

公元476年，中国南北朝的时候，西罗马帝国的最后一任皇帝被赶下台。这件事标志着西罗马帝国的灭亡，从此以后，欧洲再没有被统一过。一系列封建国家在欧洲崛起。这些国家也就是我们今天熟悉的英国、法国、德国等欧洲民族国家的前身。

虽然西罗马灭亡了，但基督教还是被保留了下来，而且势力越来越大。欧洲遍地都是宗教裁判所，任何不符合教义的言论都会被迅速"绞杀"。

讽刺的是，这时候基督教的神学家们却发现了希腊哲学的好处。因为基督教在欧洲早已天下无敌很多年，除了在边境同伊斯兰教偶有战争外就没什么事了。闲着也是闲着，基督徒又开始讨论起神学问题来。

这可不是"因为荒谬，我才相信"的时代了。

有讨论就有分歧。基督教神学家为了维护自己的观点，斥责对方是异端，展开了激烈的学术辩论。这辩论可不轻松，要知道异端在当时是很严重的罪名，如果不小心被人打成了异端，是可能被判火刑的。

为了取胜，神学家们把吃奶的劲儿都使了出来。而说到辩论，哲学要说第二就没人敢说第一了。自我陶醉了多年的神学家们这才意识到希腊哲学的价值。基督教的神学家们开始用各种办法从东方获取希腊文献。

哲学的魅力如此之大：公元1215年，罗马教皇的使节还禁止在学院里讲解亚里士多德；到了公元1260年，亚里士多德的著作就已经成了每个教会学校的必修课。

这在欧洲又掀起了一段研究哲学的高潮。此时的哲学被称作"经院哲学"。

"经院"这个词听着好像很有学问，实际上经院哲学和教父哲学一样，基本没什么意思。

我们只需要了解一下经院哲学的集大成者托马斯·阿奎纳就可以了。

阿奎纳从小就立志要做个禁欲的修士。传说有个年轻的姑娘到他的房间里诱惑他，他拿出一个烧红的烙铁把女孩赶出了房间，并且在门上烙了一个十字架。

他对生活毫无所求，不求名也不求利，一心只想单纯地做学问。据说有一次和法国国王一起吃饭，他仍旧沉浸在神学思考中，想到痛快的地方，竟然猛敲桌子兴奋地大喊大叫。他失礼的样子把同席的修道院院长吓坏了，但是得到了国王的赞赏。

阿奎纳对基督教极其虔诚，在他著作页面旁边的空白处，经常可以看到他随手写下的祈祷文字。但非常可贵的是，他并不认为信仰可以代替思考。他说："来自权威的理论是最薄弱的。"没有这种精神，他也不可能成为一个值得历史大书特书的神学家，顶多是一个普通的苦行僧。

阿奎纳的神学水平很高，被人称为"天使博士"，他写过两本巨著：《反异教大全》和《神学大全》。一听书名就知道，这是两本雄心勃勃、试图包罗万象的著作。不过到了晚年，阿奎纳经过一次神秘体验后，认为最有价值的知识是写不出来的。与他在神秘体验中获得的启示相比，他写过的作品"都是稻草"。《神学大全》写到一半就不写了。

即便如此，阿奎纳仍旧是经院哲学的高峰。他的理论对基督教影响深远，直到今天，新托马斯主义还是天主教的重要思想。

那么，让我们来看看这个集大成者是怎么解释上帝的吧。

阿奎纳提出了五个方法来证明上帝的存在。这五个方法形式相近，我们只举其中一个最简单的，大致概括为：

世上万事万物都要有另一个事物作为它的原因。那么必然存在一个最初的原因，这个原因就是上帝。

这个思路很精彩，它能够完全靠逻辑推理，而不是靠神学教义来证明上帝的存在。我们之后要介绍的很多哲学学派，也是用类似的形式来证明，上帝是存在的。

但是假如您和我一样，并不是虔诚的基督徒，那么这个证明还不能满足我们的需要。

这是因为，从追问人生意义、追求个人幸福的角度说，上帝对于我们普通人最重要的意义在于：他是全知、全能、全善的。而且人类的灵魂必须永存不灭。

换句话说：

第一，上帝必须能够知道我们一生中所有的行为和遭遇。

第二，上帝必须有无上的善良，以便能对我们的行为进行公正的评判。这评判标准最好还能事先公开，比如通过《圣经》的教诲。

第三，上帝也必须有无上的能力，可以对每个人实行奖惩。

第四，必须保证每个人的灵魂不灭，这样未来的奖惩才有意义，不至于让我们陷入虚无的深渊。

只有具备了以上条件，上帝的存在才能为我们提供巨大的安慰，才能够指引我们的行动。

然而阿奎纳的证明只是说世上存在一种我们无法感知的巨大力量，却无法证明那股力量就是上帝，以及上帝能够具备以上几点能力。

而且,阿奎纳的证明本身也有问题。罗素反驳说:那什么是上帝存在的原因呢?如果"万事必有因",那么上帝的存在还要有其自己的原因,上帝如果要依赖于外物存在,那么上帝就不是全能的。假如说上帝不依赖于外物存在,那么"万事必有因"就不成立,那我们就允许有事物不依赖原因而存在,那你为什么说这初始原因就一定是上帝呢,也可以是其他事物啊。

> 对于上帝的理性证明,罗素还有一个反驳。罗素说,上帝是全知、全能、全善的。那么,上帝要不要符合善恶标准呢?假如上帝要遵守的话,那么上帝就有了自己必须遵守的规则,那上帝就不是万能的了。假如上帝可以不遵守善恶的标准,那么上帝就无所谓善恶,也就不是至善的了。
>
> 当然,神学家可以辩称:上帝是人类不能理解的。上帝的善和人类概念里的善是完全不同的。

阿奎纳作为经院哲学的集大成者,对上帝的证明都不能令人满意。这刚好说明用哲学证明信仰这条路终究是走不通的。实际上,用哲学去证明宗教,本身就有一个致命的漏洞。

经院哲学家想得挺好,他们用哲学去证明宗教,为的是让宗教也能符合理性的考验。但是别忘了,怀疑是哲学的核心精神。

当神学家们试图证明上帝存在的时候，这不也就意味着上帝**有可能**不存在吗？按照基督教的教义，基督徒绝不能质疑上帝的存在。那么可以说，自神学家们把哲学引入神学的那一瞬间起，他们就已经开始背离自己的信仰了。

在哲学史上，教父哲学和经院哲学的地位比较低。哲学史家们常常嘲笑经院哲学的无聊，最常用的例子是说，经院哲学家们会讨论"一个针尖上到底能站多少个天使""一个生来就有两个头的怪物，应该被当作一个人还是两个人接受洗礼"之类无聊的问题。

此时的哲学，在欧洲地位低下。当时有一句名言："哲学是神学的婢女。"哲学只能用来服务于神学，不能怀疑神学，更不能凌驾于神学之上。

不过哲学好歹是传下来了。不久，教会就要为自己的自大付出代价。哲学即将挺起胸膛，整个欧洲的王公贵族都要为此躲在桌下瑟瑟发抖。

但回顾哲学的发展之路，我们每个人都清楚，哲学赢得并不轻松。

在我们很多人的印象里，希腊哲学不过是一帮穿着白袍子的奴隶主在酒足饭饱之后的清谈罢了。

实际上，哲学的传承浸满了鲜血。

如果不是无数手无缚鸡之力的书生在兵荒马乱中怀抱着哲学典籍夺路逃窜，如果不是哲学家们从一场场烈火中抢夺灼手的纸屑，如果不是千百万在历史上未留名的学究呕心沥血地翻译整理，我们今天就不会触摸到那么多哲学瑰宝。

如果站在文明史的角度去看，一时的荣辱兴衰并不一定是最可怕的。雅典灭亡了，反而因此撒下了希腊文化的种子。在中世纪的基督徒看来，穆斯林是最可恶的人。但正是他们的敌人让西方最精华的文明保留了下来，最终让基督教的神学家们也视之为珍宝。

对于文明来说，最可怕的是焚书，是毁掉学校，是用暴力消灭言论。因为让人民获得幸福的方法，就在千百万文弱书生舍去生命保护的一本本书、一张张纸中。

敬字惜纸，这不光是书呆子的任务，这更是文明之路。

第七章 教会的权力有多大？

公元1208年，一支由数国士兵组成的军队堂而皇之地跨过了法国边境，他们磨刀霍霍，即将对法国平民展开烧杀和劫掠。

令人惊奇的是，沿途的法国军队非但没有阻止他们，反而加入了他们的行列。从这一年开始，法国南部的居民饱受了长达二十年的屠杀和抢劫，无人能阻止。

一支没有国籍的杂牌军队竟然能无视一个国家的主权，公开烧杀几十年。这种情景在今天看来匪夷所思，他们之所以可以这样做，全是因为这支军队的背后有一个强大的支持者：罗马教皇。

事情的起因是一个教皇特使在法国的伯爵府中被杀。正好那地方盛行异端教派。教皇趁机宣布，凡是讨伐异端的士兵都不受国家法律约束，他们过去及将来所犯的罪都会得到赦免，所欠的债也不用付息。

只用了短短几句话，教皇立刻组织出一支全欧洲最强大的军队。据说当军队攻入比塞埃城时，士兵无法区别谁是异端分子，随军的教皇特使便说：

"那就把他们都杀光，让上帝去分辨谁是他的子民。"

一个没有国土、没有军队的教皇能这么牛？我们中国人大概难以理解。

你想啊，欧洲的国家都有自己的国王。结果国王之上还有一个教皇。教皇自己只统治一小块土地，却能对整个欧洲发号施令，这太奇怪了吧。

在中国历史上，政权和宗教的关系不是这样的。即便宗教人士参与政治，也是以附属于皇权的形式，比如道士侍奉在信道的皇帝身边，趁机向皇帝进言而已。

你听说过少林寺住持向天下发号令，说当今皇帝违反佛教教义，命令全国和尚一起讨伐他吗？虽然中国历史上有过黄巾军、白莲教、太平天国这样的宗教性民变，但在这些事件中，宗教都是被政权利用的，而且民变也都没有成功。

为什么东西方有这么大的差异？

我以为，原因之一在于对宗教的虔诚程度不同。中国人对待宗教有更多实用主义的倾向，信宗教大多是为了要点儿好处。而且佛教说的是因果报应，就算你不信佛，多做好事也可以有好报。不像基督教讲人有原罪，光做好事没用，你不信仰基督不受洗就进不了天堂。中世纪的教会认为，刚出生的婴儿如果没来得及受洗就夭折了，那也是要下地狱的。

而且，中世纪是一个没有报纸、广播、电视、照片的年代，人们的信息来源不过是附近几个百姓口中的传言。按照传播规律，在这种环境下，越是离奇诡异的谣言越容易传播。

在中世纪的欧洲，绝大部分人都相信天堂和地狱是真实存在的，就是教会描绘的那个样子。据说保加利亚国王就是因为见了一幅描绘地狱的壁画而皈依基督教的。

由于耳濡目染，很多平民都信誓旦旦地说自己亲眼见过神迹。坊间到处传诵着圣徒碰触别人就可以治病、用目光可以降服猛兽的传闻。比如当时的一则传闻说，一个妇人将从教堂领来的圣饼放到蜂巢里保佑蜜蜂，蜜蜂便在蜂巢外面建了一座小小的教堂报答上帝的恩赐。人们甚至还相信，当教皇利奥九世渡阿尼埃内河的时候，河水就像《圣经》里记录的摩西分红海那样，自动分开让教皇通过。

那时有人在爱尔兰挖了一个洞穴，有些人声称他们进入洞穴并看到了真正的地狱。后来这个洞穴越来越有名，人们蜂拥而至，以致引来教皇的关注，最后以欺诈的名义下令关闭了这个洞穴。

在众多类似事件中，最著名的例子是圣女贞德，只因为她相信自己得到了上帝启示，结果她一个没念过书、没经过军事训练的普通农妇，却改变了欧洲的历史进程。

除了老百姓的虔诚之外，教会也乐于推波助澜。

那时的人们认为火山是地狱的入口——从感官上讲，这挺有说服力的。当时欧洲最高的活火山因为地质运动，火山口变大了。教皇就吓唬人说，这是因为世界上有罪的人太多了，得把入口弄大一点儿才能容得下他们进去。

当时另一个非常有名的传教士更吓人。他说人世间被定罪的人和得救的人的比例是十万比一。这是什么意思呢？咱们今天的北京市常住人口有2000多万。按照这个比例，整个北京只有200多个人能上天堂，大概也就是一个胡同的人吧……

那个传教士还说，下地狱的人会受到多久的惩罚呢？如果我们数海边的细沙，或自亚当以来所有人类及野兽身上的毛发，将每粒沙或每根毛发比作每年的苦刑，其代表的时间，只不过是受难者整个悲惨历程中开始的一刹那而已。

这比喻让人想起了佛教里的地狱，也是把受刑时间说得极长，比如人间多少年才等于第一层地狱里的一天，上面一层地狱的多少年又等于下面一层地狱的一天，等等。总之都是极力夸张，以至于直接的数字不够用了，必须连用好几次乘法才行。

教会还垄断了教育产业。"大学"的概念是在中世纪出现的。这时候就有"牛津大学""巴黎大学"了。然而这时的大学和提倡学术自由的现代大学完全不一样，都是教会学校。老师是神父，教的是神学。

这也就意味着，当时欧洲所有的文化人都得先经过宗教思想的灌输，而这也进一步加强了教会的统治。

随着教会势力的增大，教会的世俗权力也相应增强。13世纪的时候，属于教会财产的土地已经占了欧洲土地的三分之一。此时听教会的话不仅能上天堂，还能获得世俗世界的地位和身份。

罗马教会的鼎盛时期，欧洲国王登基都要到罗马让教皇册封。教会最牛的一招叫作"绝罚"（也称作"破门"）。一听这名字就很猛吧。"绝罚"的意思是，永远开除教籍，你不仅不是基督教的人，而且还是全体基督徒的敌人。

教皇用这招对付过好几任不听话的国王，因为国王手下的封建领主及其他国王也盼着自己能上天堂。虽然国王能给他们金钱和地位，但是远没有上天堂这事重要。所以当教会的命令和国王的命令互相矛盾的时候，欧洲人更愿意听教会的话。

而且欧洲的封建制度和中国不同。欧洲国王的实际权力很小，不能直接控制封建领主的产业和军队。所谓"仆人的仆人不是我的仆人"。当国王失去势力的时候，手下很容易就会反叛他。那时，哪个国王被"绝罚"，那他的敌国，甚至自己的手下，都有了借口对抗他。这个国王很可能就四面楚歌了。

所以，虽然在名义上基督教侍奉上帝，是出世的，连一支军队都没有，但实际上教会却是当时全欧洲最有实力的组织，比所有的国王都牛。

顺便一说,有趣的是,西方人在谈论中国文化的时候,常常把儒家当作一门宗教。这恐怕是因为西方人以他们的历史经验看,觉得一个封建国家没有一种全民信仰、被官方接受的宗教是不可思议的,就跟咱们觉得他们的教皇能指挥国王是不可思议的一样。

不少西方人生硬地把各种宗教特征安在儒家文化上。比如看见中国人祭孔祭祖,就说"儒教"不也有神灵崇拜吗?其实呢,咱们中国人拜孔子,是普通的崇拜,并不是当神佛信仰。而且就算是真正的神灵,中国人的崇拜也是马马虎虎的。中国人过年敢用麦芽糖去封灶王爷的嘴,感觉灶王爷就跟胡同口儿那个见谁都打招呼、一下雨就满街喊收衣服的居委会大妈似的,哪有半点儿上帝的神圣感啊。中国老百姓还有"泥菩萨过河——自身难保"之类的俗语,甚至用"佛跳墙"命名荤菜,直接拿神灵调侃了。

中国的市井小说就更猛了。

《红楼梦》里,度化女娲遗留顽石的是一僧一道,两人一起行动,一起施法,也不怕俩法术打架;《水浒传》里,和尚老道拜了把子一起去砍人;《西游记》里,道教的玉皇大帝遇到危险时叫佛教的如来佛祖帮忙。

这要让中世纪的西方人知道早就崩溃了:这里面写的都是你们的神灵啊,有你们这么不严肃的吗?在中世纪,你让一本书里除了上帝外再有一个别的神试试，不把你放火刑架上烧个十遍八遍才怪呢。

为了避免类似《西游记》的可怕书籍出现，中世纪的欧洲教会建立了强大的宗教裁判所，监视着欧洲人民的一举一动。

在很多人的印象里，宗教裁判所是个很黑暗的组织，可以随便抓人，施加酷刑，还喜欢用火刑烧人。

但我要告诉您，这些都是错的。

从理论上讲，宗教裁判所没有迫害、处罚、监禁、杀死过任何一个犯人。

因为宗教裁判所是很爱惜名声的。

最早裁判所的审讯确实不可以用刑。爱和宽恕是基督教的基本教义嘛。当年耶稣面对杀戮都毫不反抗，基督徒怎么能乱用暴力呢？

但是后来教皇亚历山大四世出台了一个有趣的命令，允许审判官们互相宽恕对方因为用刑所犯下的罪。意思是，咱俩不是都不能用刑嘛，没事，我允许你用刑，你允许我用刑，咱俩瞬间就都合法了。

此例一开，很快宗教审判中就增加了水灌、火烤、撕扯人身体等残酷的刑罚。乃至后来有的犯人看了刑具就直接招了。

教皇也曾经要求用刑"应用一次为限"。但是有的审讯官将此理解为"一次审讯用一次",所以打够了一顿以后,再审问几句,然后就可以再次用刑了,实际上等于没有限制。

当然裁判所也知道用刑逼出来的供词不可靠。出于对案件负责的考虑,犯人在招供三小时后,被要求重新招供,看看是不是仍旧认罪。你猜,如果犯人这次不认罪了怎么着?

还是打。

你说裁判所这不是自己跟自己折腾着玩儿吗?

但是光逼出来供词裁判所还不满意,为了给自己遮羞,犯人的认罪书必须写成"自愿招供"。

——是你自愿认罪的,我可没强迫你哟。

最好笑的是定罪之后的刑罚。教会不想担上惩罚犯人的名声,要判人监禁的时候,就要求犯人"必须自己进入为其准备的监狱,并使之成为其永久的家"。

——是你自愿进去的,我可没囚禁你哟。

如果犯人再不听话呢,那裁判所就把犯人交给当地政府,让他们去执行监禁等惩罚。

——是政府判你的,和我没关系哟。

然后教会还有一个说法:"教会远离血腥。"所以教会不能杀人,他们把犯人扔给当地政府处罚的时候还要警告官吏,要避免犯人"所有流血及危及生命的可能"。但教会又顺口说了一句,咦,好像火刑不会流血。

所以你就知道了为什么宗教裁判所的极刑都是火刑了吧。

这样一来,从头到尾,宗教裁判所在文件上确实和酷刑、暴力没有任何关系。但其实它们是中世纪最恐怖的执法者,无数人被它们送上了火刑架。

这个结果,其实从暴徒们冲进亚历山大图书馆毁掉书卷的一刻就已经决定了。历史忠实地履行着诗人海涅的那句名言:

在他们开始烧书的地方,他们最终会烧人。

在那个时代,欧洲的每个人都面临着如下的处境。

首先,身边每一个人都可能告发你是异端分子。教会经常到各地去布告宣传,鼓励人们检举异端,检举有奖,知情不报有罪。教会还会手把手地教人们怎么分辨异端,怎么偷偷收集罪证。

然后,只要有人告发你,裁判所就可以逮捕你。

你可能要在环境恶劣的牢房里惶恐不安地等上几个月到几年,才能等来审讯。

审讯的时候,你不知道自己被指控了什么罪名,不知道是谁检举的你,不知道证人是谁,不知道法官的姓名和身份。你什么都不知道,只有号称"上帝的猎狗"的裁判官事先精心准备的一大堆带着陷阱的问题。当然,还有各种酷刑。

此时,只要有两个证人——孩童也行,罪犯也行,甚至精神病人也行——证明你有罪，你就有罪了。

儿女可以给父亲作证，妻子可以给丈夫作证。但是，只能作对被告不利的证词，不能作有利的。

审判期间，不许联系亲朋好友。

如果有人为你辩护，则会以异端罪论处。

想减轻罪行吗？可以，裁判所会给你一段时间，让你去检举更多的异端分子。这一招彻底把宗教裁判所的活动变成了传销，只不过他们要的不是钱，而是良心与鲜血。

最后，当裁判所认为你失去了检举他人的价值后，就会对你判罚了。

最轻的惩罚是祷告恕罪。这常常是终身的，每年必须到指定的几十所教堂签名盖章，每次盖章可能还会伴随着鞭笞。有的人被要求终身穿着有明显标志的衣服并佩戴十字架，一生都会被别人歧视。

比这更重的刑罚是监禁，刑期往往是终身。监狱的条件各不相同[1]。有的监牢非常窄小，没有窗户，只在房顶开一个小口，食物从房顶上递下来——好吧，我说错了，这根本就是一口井。

此外，也有流放、苦役、鞭笞等刑罚，不细说了。

---

[1] 有的监狱很苦，以致囚禁成为促使犯人招供的刑罚之一。有的监狱生活条件就好一些，可能并不比隐修士差。甚至有的监狱会给犯人放假，让他们暂时出狱。——编者注

最后，少数顽固不化、拒绝认罪的人会被施以火刑。

再附加一条，大部分异端分子还要被没收财产，有时还包括后代的财产。这些财产常常被教会及当地政府瓜分，因此所有参与审判的人都有很大的动力去给有钱人定罪。

这是个人人噤若寒蝉的时代。

谁能想到，击败这恐怖统治的，竟然是一个出身贫寒、一无所有的书生。

除了哲学之外，他别无所有。

第八章　哲学再次惨遭抛弃

马丁·路德是一个纯粹的知识分子。作为神学院学生及拥有神学博士学位的人，他的工作是思考。思考就必须怀疑。一般的学者怀疑经院哲学家提出的论题也就算了，路德偏偏要去怀疑罗马教皇的权威。

当时的罗马教会和教民的关系，就好像是世俗政府和百姓的关系一样：

基督徒如果想获得上帝的祝福必须通过教会，其过程就像在政府部门办手续一样：要遵守教会的一切规定；要上缴足够的款项；要完成一系列的手续和仪式。

基督徒的愿望是洗刷自己的罪恶，成为"义人"。罗马教会看重信徒是否遵守律法、纳税、履行仪式这些外在的行为，认为这些外在行为是信徒成为"义人"的关键，这种观点在神学上被称为"因行称义"。

但是马丁·路德在阅读《圣经》中的"保罗书信"时发现，

保罗所持的是"因信称义"的观点。

"因信称义"的意思就是说，真心相信上帝，就可以成为"义人"。

说白了，罗马教会认为，外在的行为很重要。而马丁·路德认为，内心的信仰比外在的行为更重要。只要内心真诚信仰上帝就能得救；而是否遵守罗马教会的规定，是否上缴税款，是否完成昂贵的宗教仪式，这些都不重要。

显然，马丁·路德的观点是罗马教会不能容忍的。

在讲路德大战教皇之前，我们先看看路德的那个时代是个什么样子。

那时的基督教会里，不少人都热衷于赚钱敛财。原因之一是，有的教士出身世俗贵族，他们把奢靡之风也带了来，以致作家伊拉斯谟说："许多男、女修道院与公共妓院无甚差异。"

公平地说，在虔诚的信仰下，当时仍有大批教士坚持清贫生活。但他们拦不住宗教仪式越来越奢华，即便是安贫乐道的教士，在面对信徒的时候也不得不使用装饰华丽的衣物器具。

还有更多的钱则花在了兴修教堂上。

我们看外国电影能发现教堂在小镇上的用处特别大。举行仪式要用教堂，开会要用教堂，避难也要用教堂。这不仅是因为教堂的神圣性，也是因为教堂常常是一个地区质量最好、规模最大的建筑。

第八章　哲学再次惨遭抛弃　67

很多基督徒都舍得在教堂上花钱。教堂就拼了命往好里盖,以至于一个教堂盖上几十年都是常有的事。随便举几个著名教堂的修建时间。罗马圣彼得大教堂(重建):历经120年建成;巴黎圣母院大教堂:历经182年建成;比萨大教堂:历经287年建成;科隆大教堂:历经632年建成。

还有一座西班牙巴塞罗那的圣家族大教堂,从1882年,也就是清朝光绪年间就开始建造,直到今天还没造好。现在还有一堆吊车工人在那儿使劲干呢。

这些教堂都堪称人类艺术的结晶,不仅建筑宏伟,而且装饰美轮美奂,常常用大量的黄金、宝石装饰。

而另一方面,在大航海时代之前,欧洲人挺穷的,且不说还一直进行着花费昂贵的十字军战争。

这么大的耗费,唯一的办法就是从教徒身上搜刮了。

反正教会有无上的权力,很快,教会就有了一系列增加收入的办法。

《圣经》里多次提到,教徒要把收入的十分之一捐献出来。有了《圣经》当靠山,教会便理直气壮地制定了"什一税",规定欧洲百姓十分之一的收入都要上缴给教会。当各种主教或者修道院院长去世以后,他们的私人财产也归教皇所有。另外还有名目繁多的税费,以至后来教会的税收远超政府。比如公元

1252年，英格兰全国贡献给教皇的财产是贡献给皇室的三倍。

在中世纪，百姓将遗产的一部分捐给教会本来就是世俗习惯。而且那时候除了神父外很少有人会写字，所以遗嘱多是神父代写的。后来教皇又干脆下令，只有神父在场，所立的遗嘱才有效，这样，教会就进一步垄断了立遗嘱事业。在神父的劝导下，不少百姓在临终前把全部遗产都赠给了教会。

教会还制定了大量的禁令，从贵族怎么能当皇帝到平民该怎么结婚等无所不包。同时，教皇又有赦免一切禁令的权力，这也变成了牟取暴利的手段。甚至于在咱们的历史上常作为政权没落标志的卖官制度，教会也开始干了。

这些措施搞得教会铜臭味实在是太重，以致教皇庇护二世在即位前都说：在罗马，一切都有行情出卖，没有钱便办不通。

最厉害的是赎罪券。

基督教说每个人都有原罪，再加上出生以后犯的罪，这些都妨碍人上天堂。罗马教会认为，他们有能力来赦免人们的罪行，帮助人们上天堂。一开始，罗马只是用这个权力指挥民众，比如宣布参加十字军的人都可以被赦免罪行。在路德的年代，有位"聪明"的教皇想出了赎罪券的名目，说只要购买教会发的赎罪券，有罪的人就可以被赦免，死后就能上天堂。

可以想象，在各种致富手段中，赎罪券最行之有效，也最受到指责。这就像我们今天有一些大款，平时自私、悭吝、无恶不作，等一进到庙里就豪爽地咣咣扔钱，以为把他们做尽恶事换来的钱里的一小部分捐给神佛，就可以换来自己的幸福平安，神就会保佑他们做更多的恶事，以便赚更多的钱。你说这不是胡扯吗？你以为神佛是黑社会啊，交了钱就保护你？

赎罪券卖到后来也是这意思。而且最让百姓受不了的，是那些日常的宗教活动后来也收费了，比如每个人都要做的弥撒，以致贫苦者支付不起费用，便得不到应有的宗教祝福。这种情形连哥伦布都看不下去了，他说："凡拥有金钱者，就具有使灵魂进入天堂的权利。"

基督教原本是贫穷者的宗教。耶稣说："骆驼穿过针眼，比财主进神国还容易呢。"哪怕这句话可以解释成别的意思（很多神学家都试图重新解释这句话），退一步说，就算富人也能进天堂吧，但也不能变成只有富人能进，穷人不让进啊。

如此明显的和教义违背的行径，怎么能不引起信徒们的不满和怀疑？

但是教会有一个绝招。

我们今天到教堂里，你跟神父说你想了解基督教，请他卖你一本《圣经》。神父一定很高兴，没准儿还会免费送你一本。因为你这是愿意聆听上帝旨意的表现，值得赞扬。

然而这样的行为要是发生在中世纪，那就成了犯罪了。

在中世纪，老百姓不能私自拥有《圣经》。《圣经》如同最高机密，只能掌握在少数神父手里。普通百姓想要了解《圣经》说了什么，只能通过神父的解说。

最早，形成这种情形的原因是客观的。

首先，那时的《圣经》大多是拉丁文的。在西罗马帝国灭亡以后，拉丁文是知识分子的专用语言，老百姓不会。而且那时绝大部分平民都是文盲，根本没有阅读拉丁文的能力。

其次，早年的文字只能记录在羊皮纸和牛皮纸上。您知道今天的真皮衣服、沙发有多贵吧？在那个生产力低下的年代，一张羊皮纸的价格昂贵无比。书籍还需要人手工抄写，《圣经》篇幅又很长，成本就更高了。有的年代，一本《圣经》的价格抵得上职位较高的神父一年的收入。图书馆里供神父学习的《圣经》要用链子拴在桌子上。12世纪，能收集到24本书就能称得上是图书馆了。一部弥撒书的价值比得上一座葡萄园。

到了13世纪，这一切终于有所改观。纤维纸张代替了羊皮纸，书籍的成本慢慢降了下来。

然而禁止普通百姓接触《圣经》的命令，恰恰就是在13世纪开始颁布的。

因为垄断《圣经》的好处太明显了。既然教会的全部权威都来自这本书，那么把这本书束之高阁，也就没有人可以怀疑教会了，一切都必须以教会的说法为准。

换句话说，垄断了对权威的解释权，就等于垄断了一切。

教会本以为自己稳操胜券，但是万万没想到，先是造纸术从中国传了进来，之后又出现了一个叫古登堡的人，他改进了活字印刷术，使书籍的制作成本直线下降。

很快，普通老百姓也能买得起书了，教会再也拦不住普通人阅读《圣经》。马丁·路德攻击罗马的檄文因此可以在大众中快速传播，而不是像有些人那样只在广场上匆匆作几次口头演讲就被扔到火刑架上。

也正因为有了印刷术，欧洲人才有了众多崭新的思想，有了哲学的复兴，有了科学的崛起，有了现代文明的一切：思想自由、理性、怀疑精神、科学、光明的未来。

从这个意义上说，不是马丁·路德改变了历史，而是古登堡成就了马丁·路德。

除了印刷术，马丁·路德还有强大的群众基础。

马丁·路德是神圣罗马帝国人。当年西罗马帝国是被北方的日耳曼人灭掉的。日耳曼人灭了西罗马帝国后，经过短暂的统一，随后分裂成了神圣罗马帝国（今天德国的前身）和法兰西王国（今天法国的前身），以及其他一些小国。

马丁·路德是神圣罗马帝国人，也是日耳曼人。他攻击教皇的文章非常巧妙，他不说这场斗争是教徒和教皇之间的矛盾，而说成是日耳曼民族和罗马民族的矛盾。这下激起了日耳曼人的民族感情：当年我们把西罗马帝国都灭了，现在怎么还要受制于小小的罗马城呢？

马丁·路德的另一个群众基础，和欧洲经济结构的变化有关。这个时期，欧洲各国都在发展手工业和商业，城市居民逐渐增多。工商业和农业的一个区别是，人民不需要"看天吃饭"。

中世纪农业技术不发达，老百姓种点儿粮食都要看着老天的脸色，天气好就吃得饱，出点儿天灾那就是亡国亡家的大祸。面对多变的天气，古代农民完全没有对抗的能力，因而产生了各种祈祷的行为。在中国，就是隔三岔五地祭天、祭神。在欧洲，就是臣服于上帝的威信。用威尔·杜兰的话说："每一次收获乃是大地的奇迹与苍穹之杰作。"那个年代的农民，没法不信服、不依赖上帝。

但是城市居民和手工业者就不同了，给他们吃穿的不是大自然，而是官员、商人和消费者。他们不像农民那么依赖天时，对自然力量的敬畏也就少了很多。

因为有了印刷术，还因为有群众基础，所以马丁·路德的那些宗教檄文一经写完就在欧洲迅速传开。那时路德批评的主要对象是赎罪券。百姓们听了自然非常欢迎，神圣罗马帝国的贵族也因为深受教会税收之苦，所以支持马丁·路德。

刚开始路德和罗马还不是完全决裂的，两边吵一阵，和谈一阵。后来双方矛盾升级，教皇把路德开除出教，路德的文章也越写越猛。

这时发生了一个关键的变化。

路德之前的文章大都用拉丁文写成，符合教会的学术习惯。而此后路德的文章都改用德语写作，这使得他的文章一写完立刻就被广为印刷，平民马上就能读到也能读懂。日耳曼人头回见到这么刺激的事，马路上全是用家乡话骂教会的大字报，多好玩儿啊。大伙都跟着起哄，越闹越大。罗马教会急眼了，宣布：

把日耳曼民族整个开除出教！

教皇大概是气昏了头了。有这样的开除法吗？

法不责众啊！路德派一点儿都不含糊。罗马下令烧毁路德的著作，支持路德的人也当众烧毁教皇的训谕。教皇开除日耳曼人教籍，他们也宣布把教皇开除了。

不过，当时还是有很多人不看好路德一方。路德的对手是主宰了欧洲一千年的欧洲教会，有着难以计数的财富、教徒和大量忠实于教会的军队。路德这边只有少数日耳曼贵族和一群喜欢起哄却不一定靠得住的老百姓。

所以说，这是一场不公平的战争。弱者是路德。

不过，罗马也不想轻易使用武力。主要原因是路德的声望和欧洲贵族对路德的保护，次要原因是路德说得在理，罗马也有点儿理亏，承认路德的部分批评是对的。所以只能打笔仗。

然而，罗马神父们用的是惯常的拉丁文和学术文章讨伐路德，只有知识分子才能看懂。而路德用的是德文，以及通俗易懂并穿插幽默段子的口语文字。路德成了历史上第一个畅销书作家。他的文章一写完，不仅立刻在日耳曼人聚居的各处传播，而且还马上被翻译成各国文字，畅销全欧洲。

所以也可以说，这是一场不公平的战争。真正的弱者是教会。

路德的影响被越骂越大，再加上各国王室早就想摆脱罗马教皇的统治和盘剥，宗教革命终于遍及整个欧洲，千百万神父和知识分子卷入其中。几十年后，支持路德和罗马的两派欧洲贵族还打了一场惨烈的宗教战争。

双方打了个势均力敌。从此，欧洲基督教分成了两大派：罗马一方被称为天主教；路德一方被称为新教。另外，东边的罗马帝国在此之前还搞了一个东正教。

天主教、新教、东正教，这就是今天基督教最主要的三大教派。新教的诞生全仰仗路德的努力。

一言兴邦，这个千百万文人的终极梦想，路德做到了。

他用一支笔就改变了世界。

然而富有戏剧色彩的是，在这场运动里，最大赢家不是路德，也不是日耳曼贵族，而是一个出身平平、除了读书写作之外一无所长的知识分子。

他叫加尔文。

加尔文比路德小十二岁。他和路德同样是先学法律，中途改为研究神学。加尔文认同路德的观点，因此受到了天主教的迫害，他一路流浪，来到了瑞士的日内瓦。最终，加尔文在日内瓦确立了他在新教中的地位。

加尔文不像路德那样把新教的传播局限在日耳曼民族，而是如同保罗将基督教传播到其他民族一样，将新教的影响扩大到了整个欧洲，并且用庞大、严格的教会系统维持他的统治。很快，加尔文像他的敌人——罗马的天主教皇那样——当上了新教的教皇，日内瓦成了新教的罗马。

宗教改革最终以天主教和新教各占欧洲一半而告终。

最初的加尔文是个虔诚、博学、勤奋的教徒。

他生活简朴，不为金钱所动。敌人用金钱贿赂他，他嗤之以鼻，甚至坚决反对提高自己的俸禄。

他勤奋耐劳，每天除了吃饭睡觉，其余的时间都用来工作，从来没有休假。连他的敌人、天主教教皇都夸奖他说："好个异端，只爱工作不爱钱。如果他能为我所用，我相信天主教定可囊括四海。"

他学识渊博，在二十六岁时就写成了内容精深的神学巨著《基督教原理》。

他意志坚定，不为任何恐吓与利诱所动。天主教一次次烧他的书，他每次的反应都是增补更多的内容，重新印刷。结果是，天主教越烧他的书，他的新版著作就越厚。

加尔文简直是天生的社会运动家，具有革命者的一切优良品质，但他也有缺点——不容异己。

新教是靠着路德一篇篇雄辩的文字，从天主教的火刑架下顽强成长起来的。但加尔文和他的继承者们在日内瓦竖起了更多的火刑架。他们烧天主教徒，烧异端分子，烧跟他神学观点不一致的人，烧所有具备苏格拉底式怀疑精神的人。

在宗教改革之前，只有一个罗马教廷负责审判哲学家。

在宗教改革之后，变成了两个教廷比赛审判。有时为了对付异端，这两个原本水火不容的敌对阵营竟然能联合起来，天主教的神父被邀请坐到了日内瓦的法官席上。

当年路德反抗的是独裁，用的武器是哲学。然而，在用哲学打败了天主教以后，新教用新霸权代替了天主教的旧霸权。

实际上在近代科学家、哲学家被迫害的例子里，加尔文所干的远比天主教更有名。这再次证明了，哲学和宗教的联合是行不通的。宗教只会把哲学当作获权的工具，一旦取得胜利，就会毫不犹豫地把哲学扔到一边。

哲学要成功，必须靠自己。

然而假如我要说，哲学其实不反抗反而更好，你会怎么看呢？

第九章　想做痛苦的苏格拉底，还是快乐的猪？

抹杀异己言论、杀人、烧书，这些都让我们毫不犹豫地认为，中世纪的欧洲教会很坏很坏。它阻碍了科学、哲学和艺术，它阻碍了文明。

但是，生活在这样的世界里难道不幸福吗？

在古代的欧洲，教会负责安慰百姓的苦恼，这件事他们已经干了一千多年。有了一千多年的经验积累，教会在安慰百姓这件事上，早就找到了最优解。只要百姓相信《圣经》，那么无论遇到任何苦恼，都能从神父那里得到最好的安慰。

人生有苦恼了？——那是神对你的考验，只要通过了考验，就能得到最好的奖励。

这苦恼太大了想不通？——别啊。那是神的安排，而且是"最好的安排"。因为神是"全知、全善、全能"的，所以对你的折磨，都是为了给你最好的人生。要是没有这些苦恼，你反倒吃亏了呢。

怕死？——那就更不需要了，因为还有一个只有幸福没有痛苦的天堂在等待着你呢。你的人生就是一部必然迎来大团圆的电影，中间的情节还都是"最好的安排"，你还有啥愁的啊？

没有疑惑和焦虑，不怕痛苦和死亡，坚信一切苦难都会换来更好的奖励，这样的生活，不是很幸福吗？

唯一的条件是：你得信。

只有坚信《圣经》的内容都是真理，上面的种种安慰才能成立。

当神父向你绘声绘色地描述天堂的样子时，你得发自内心地相信，而不是举手提问："您是真的亲眼见过，还是道听途说？"

甚至连疑惑的念头都不能有，一有就破功了。

那么，这种"幸福"的生活，你愿意要吗？

为什么苏格拉底宁愿死，也要怀疑？

我先问个别的问题。

我们为什么要学哲学？前言已经回答过这个问题了：我们学哲学是想知道人生的意义是什么。回答了这个问题，我们才能拥有属于自己的人生观。

但问题是，我们享受科学的成就并不需要学习物理知识。科学家造好了各种高科技产品（比如手机），得出了各种实用的结论（比如"饭前要洗手"），我们只要拿来直接用、直接遵守就是了。就算是一个不学无术的笨蛋，也不妨碍他成为科技成果的受益者。

其实，哲学和科学一样，也有现成的产品呀！

那就是充斥在我们生活中的各种各样的人生观。当邻居大妈默念"人的命天注定"的时候，她信奉的是宿命论和决定论；当朋友在酒桌上劝你"赚钱有什么用，钱再多，早晚也是一个死"的时候，他讲的是虚无主义；当人生感悟型的散文告诫你"当下最重要，活出你自己"的时候，它其实就是萨特的代言人。

实际上，整个哲学史上那么多学派那么多说法，其中凡是和普通人有关系的观点，我们都可以在生活中找到它们的通俗版、谏言版、人生感悟版、心有戚戚焉版。我们不需要了解真正的哲学理论，就已经在"享用"哲学家们的思考成果了，并没有什么精妙的哲理是独独藏在哲学著作里，是我们在日常生活中享受不到的。

你想，假如这世上存在一种让人易于接受，又能给人带来好处的道理，人们没有理由不把这个道理改写得通俗易懂，然后拼命到处传播呀。

每个人天生都趋乐避苦。那么假如哲学书中真有什么对人类有好处而大众却不知道的人生道理的话，这不就意味着只有那些读哲学的人才是全世界最精的人,而这世上其他所有不读哲学的人都是比读哲学的人笨的傻子吗?

这不大可能吧。

我的意思是说,就像我们享受科学成就最好的办法是买个新手机而不是去学《电子电路》一样,如果我们的目的是找一个对自己有好处的人生观,那我们没必要学习哲学,只需要从各种世俗的人生观中选一个就好了。

假如明白了这一点,你还是不满意各种世俗的人生观,执意要翻开哲学书亲自研究一番的话,那么就只有一个原因了:

你不信那些现成的答案。

你怀疑它们。

祝贺你,你被苏格拉底附体了。

为什么苏格拉底宁愿死,也要怀疑?为什么我们放着现成的快乐不享受,非要亲自学哲学?

因为我们是人,不是动物。人和动物的区别在于人要思考。

而怀疑是思考的起点,也是思考成果的检验者。怀疑的最大作用在于能避免独断论,这样才能引导我们寻找正确的答案,免得我们轻信一切未经证实的结论。

所以我们才能明白,为什么当年的苏格拉底那么招人讨厌,却能被后人奉为圣贤。因为他的怀疑是理性文明的开端和标尺。

所有的思想都要因他的怀疑而诞生,最后还要能经得住他的怀疑才算合格。

正是照着这个标准思考,西方人才有了哲学,才有了科学,才创造了现代文明。

第十章　笛卡尔的疑问

开启怀疑之门的，恰恰就是教会本身。

宗教改革之后，基督教分裂成新教和天主教两个教派，双方打了很多年的仗，但最终谁都没能打败谁。最后，双方只能放下武器后签订合约。从此以后，你主张你的，我主张我的，咱们打笔仗各说各话吧。

可问题是，这些教派都号称自己是绝对真理，别人都是谬误，上帝一定会把我不认同的异端都灭了。过去只有天主教一家独大的时候，这理论还说得通。现在有两家了，上帝也没说灭了谁，这两家还都自认为是真理，可他们的观点又互相矛盾，那老百姓不就困惑了吗：到底谁是真理啊？

尤其是喜欢读书、喜欢思考的人，这时候自然会冒出几个念头：

我应该相信谁？有没有可能两方都是错的？那判断对错的标准是什么？

怀疑的大门被打开了。

第一个走进来的人，叫作笛卡尔。

笛卡尔小时候在教会学校上学，功课很棒。但是笛卡尔认为学校中所教的，除了数学之外没有任何有用的知识。他怀疑学校的课程，决心自己去独立求知。我们可以说，在笛卡尔怀疑学校课程的这一刻，他也被苏格拉底附体了。

作为一个基本没什么前人成果可以参考、没什么书可以去相信的哲学家，笛卡尔探索世间奥秘的方法只剩下一种：亲自思考世界。按他的话说，就是读"世界这本大书"。

为此，他在欧洲到处游历，过过一段荒唐的生活，还参加过军队。后来，他觉得对世界的探索已经差不多了，就定居在当时言论最自由的荷兰，专心研究哲学。

笛卡尔既然被苏格拉底附体了，那么他研究哲学的第一个任务就是用怀疑的眼光把所有的知识重新检查一遍。

这是一个很有气魄的行为——

管你是苏格拉底也好，柏拉图也罢，你们再有名，你们的书我也得先怀疑怀疑！

曾经有一位科学家拜访笛卡尔，说我想看看您的图书馆。结果笛卡尔指给他看一只解剖到一半的小牛。那意思是：我的知识不在先贤的书里，而是在实践检验里。

实际上，笛卡尔比怀疑先哲著作还要更彻底，他要彻底怀疑整个世界：我眼前的这个世界是不是都是假的？我见到的一切会不会都是幻觉、都是梦境？

其实这不算什么了不起的怀疑。就不说"庄周梦蝶"的典故了。我们在小的时候，大概都有过类似的灵机一动：我是不是生活在动画片里？爸爸妈妈是不是外星人变的？

《楚门的世界》《黑客帝国》《盗梦空间》等好莱坞片子一出，这个问题就更直观了：我们怎么知道周围人不是全都串通好的演员？我怎么知道自己不是生活在一个电脑虚拟的世界里？我怎么知道自己不是生活在梦境里？既然大脑中所有的信息都是来自外界的刺激，那有没有可能"我"其实是一个被邪恶的科学家俘虏的大脑，这个大脑被泡在营养液里，我这辈子的一切所见所闻其实都是这个科学家通过刺激我的大脑模拟出来的？换句话说，我怎么证明"我"不是一个"缸中之脑"？

笛卡尔的怀疑虽然小孩子都想得出，可是在哲学史上，这却是一个非常重要的问题。很多哲学家都被这个问题难住了：我明明知我所生活的、所感受的这个世界无比真实，但是，到底怎么能严格地去证明它是真实的呢？你要是非说一切都是幻象，这谁也驳不倒你啊！

咱们一会儿就能看到，历史上的各位聪明人是怎么应对这个难题的。

"怀疑"这事其实不难。咱们遇到任何事，都可以问一句："凭什么是真的？""它万一要不是真的呢？"只要是个"杠精"就能做到。

怀疑不难，难的是不仅能怀疑旧的知识，还能建立新的知识。也就是下面这个问题，才是最难的：在我们怀疑了一切，任何事情都不相信的情况下，我们还可以相信什么？

笛卡尔找到了答案：他想，不管我再怎么怀疑，"我怀疑"这件事是确定的，它肯定存在吧？那么，只要有了怀疑的念头，就说明"我"肯定是存在的——"我"要是不存在就不会有这些念头了。

这就是名言"我思故我在"的意思。

这句话虽然很有名，但是经常被误读。有的人以为，这话的意思是"我存在是因为我思考"，更有人引申为"人生意义就是去思考，不思考人就无所谓存在不存在了"。

这些解释都是错的。

"我思"和"我在"不是因果关系，而是演绎推理的关系。

也就是说：如果我们认为，"我正在思考"这件事是真的，那么可以推导出，"现在我存在"这件事是真的。而不是说"我不思考"的时候"我就不存在了"，存在不存在我们不知道。

你可能会问了：这不是小孩子都能懂的道理嘛，又有什么了不起的呢？

了不起的地方是，笛卡尔使用了一个非常重要的哲学工具。

现在我们的哲学事业已经有了原则，即：我们的结论必须能经得起各种怀疑，这样才能保证它真实可信。这也是科学研究的原则。

但是还有一个大问题。

我们该用什么方法才能得出可靠的、经得住怀疑的结论呢？

笛卡尔从几何学中找到了灵感。

笛卡尔时代的几何学，也就是我们一般人学的几何，是欧氏几何，源自欧几里得撰写的《几何原本》的前六卷。

欧氏几何是什么东西呢？

它一共有五条公设和五个公理。这些都是欧几里得硬性规定的。他的整个几何世界，所有的定理，都是从这几条公设和公理中演绎推理出来的。

我觉得，咱们普通人只要一学欧氏几何，肯定都匍匐在地上把它当成神了。

您先看看它的五个公理和前四个公设，不用细看，扫一眼就行：

公理一：等于同量的量彼此相等。

第十章　笛卡尔的疑问　87

公理二：等量加等量，其和相等。

公理三：等量减等量，其差相等。

公理四：彼此能重合的物体是全等的。

公理五：整体大于部分。

公设一：任意一点到另外任意一点可以画直线。

公设二：一条有限线段可以继续延长。

公设三：以任意点为心及任意的距离为半径可以画圆。

公设四：凡直角都彼此相等。

感觉到了吗？这些公理和公设都超级简单，全都是小学课堂上一句话就可以带过的知识。大部分在我们看来就跟废话一样，都想不出写出这些来能有什么用。

然而，就是这么区区几句话，竟然能一路推理，写出厚厚的前六卷《几何原本》来，内容能够涵盖世间所有的平面几何知识。几何世界千变万化，大自然中的几何图形更是无穷无尽，但都逃不过上面这简单的几句话。

这能不让人膜拜吗？

但这还不是最厉害的。

咱们来看看第五公设。

内容是：若两条直线都与第三条直线相交，并且在同一边的内角之和小于两个直角，则这两条直线在这一边必定相交。

你一看不对劲了吧。这个公设超级复杂，跟前面的公理和公设的简洁形式毫不搭配。更可疑的是，在《几何原本》里，第五公设仅仅在第二十九个命题里用过一次，就好像是一个根本没必要的累赘一样。

其他数学家也是这么想的。

历史上曾经有很多数学家，都希望能够用前四个公设推出第五公设来，以便让欧氏几何变得更加简洁。结果呢，直到两千多年后，经过无数顶尖数学家一辈接一辈艰苦的奋斗，最后才证明，第五公设是不可以用前四个公设证明出来的。

人家欧几里得写的绝不是废话！

在科学极为简陋的古希腊时代，欧几里得的聪明才智能干掉身后两千多年里的数学家。这种人是不是值得膜拜[1]？

更厉害的还不只如此。

我们想，几何知识是发明出来的吗？是谁创造出来的吗？我们能说欧几里得"发明"了几何吗？假如没有欧几里得，换一个人去研究几何，那他能"发明"出一个不一样的几何吗？在古人

---

[1] 欧氏几何并不是欧几里得一个人凭空发明的，他吸收了当时其他数学家的观点，综合编纂而成。

看来，这是不可能的。我们只能说欧几里得"发现"了几何。也就是说，在当时的人看来，几何知识是一种不依赖人类存在的真理，不管有没有人类，它都存在，它都不变。

我们再想，在客观世界里，我们能找到一个严格的圆形、三角形吗？找不到。哪怕是用尺子画出来、哪怕是用打印机打出来，都还是会存在一些误差，不可能是绝对标准的图形。

也就是说，自然界里连一个严格意义上的几何图形都没有。但是几何规律却又无处不在。

这意味着，欧氏几何囊括了复杂的自然现象，本身又是超越自然现象的。因此，笛卡尔时代的知识分子，大都觉得欧氏几何有一种神秘性、超然性。他们相信，这世上有一些理性就像几何学那样，是超越客观世界、高于客观世界的。就算人类灭亡，宇宙毁灭了，几何知识也是不变的。

这不就是绝对真理吗？

欧氏几何启发了那个时代的哲学家。如果欧几里得的确发现了绝对真理，那么咱们能不能模仿欧几里得的方法，像欧氏几何那样，找到一套能解释一切问题的绝对真理？

所以我们不难理解，那时的一批哲学家都同时还是数学家。笛卡尔就是其中的一个。

1619年11月10日晚，笛卡尔连续做了三场梦，从梦中他得到了两个启示。

第一个启示是发明了解析几何。

因为欧氏几何的伟大，在笛卡尔的时代，数学家们都重视几何而轻视代数。笛卡尔发明的解析几何，相当于把几何问题化为代数计算，既提高了人们认识几何的水平，也提高了代数的地位，说明代数和几何一样具有完美的逻辑性。特别是他的笛卡尔坐标系，直到今天我们还在使用。

第二个启示是，笛卡尔意识到可以把欧氏几何的思路应用到哲学研究上。

笛卡尔想象中的哲学体系应该像欧氏几何一样，先要有一些不言自明的公设，然后用演绎推理的方式推导出整个哲学世界。事实上，由于欧几里得的成就实在是太令人着迷了，公设加演绎推理的研究思想影响了当时整个欧洲的思想界。近代西方法学家们喜欢讲的"天赋人权"、《独立宣言》中讲的"我们认为以下真理不言而喻"[1]，这些都是典型的公设，不需要解释。然后其他的结论再从这些公设中推导出来。

笛卡尔的想法非常棒，他自己也照这模式构建了一个哲学体系，但是他做得并不好，我们简单了解一下，看不懂也没有关系，反正待会儿我们要批判它。

---

1 这两个例子来自罗素的《西方哲学史》。

笛卡尔是这么想的：

他首先有了"我思故我在"这个前提。

然后他想，我肯定是存在的，但是我在怀疑，这就意味着我不是完满的。因为完满的东西是不会怀疑的。

但是我心中有一个完满的概念，对吧？要不我就不会意识到我是不完满的了。

既然我自己是不完满的，那这个完满的概念肯定不能来自我自己，必然来自一个完满的事物。什么事物是完满的呢？那只能是上帝。

好，现在推出这世界上有上帝了。

笛卡尔又想，因为上帝是完满的，所以上帝是全知、全能、全善的。既然上帝是全善的，那么上帝一定不会欺骗我，不会让我生活的世界都是幻觉。所以我生活在真实的世界里。

证明完毕。

笛卡尔的这个证明看上去很不严谨，中间有几个步骤让人觉得怪怪的。而且他这个证明也没说出什么有用的话来，只是不让我们再陷入怀疑一切的荒谬境地中，它还不具备什么建设性。

但不用着急，他后面还会有很多聪明人继续完成这项工作。

第十一章 "形而上学"不是个贬义词

笛卡尔的疑问关系到了哲学上的一个重要概念,叫作"形而上学"。

我小的时候,看到课本上的解释是:"形而上学就是用孤立、静止、片面的方式看待问题。"在课本上,"形而上学"被当成一个贬义词,说谁是形而上学,那一定是在骂他呢。

课本上这样讲不够厚道。你听说过哪个学科一开始成立的时候就宣称:我们这个学科就是立志要孤立、片面、僵化地研究问题……那我们不就是吃饱了撑的嘛。

课本里给形而上学下定义,就好像学校里调皮的孩子专拿别人的缺点起外号一样。明明人家也是一个健康、正常的孩子,但外号就成了"爱哭鬼""小胖墩儿"。我们课本给形而上学找的这个缺点固然有一定道理,但是这么成天叫人家也不合适呀。

西方哲学中形而上学的真正意思是什么呢?

话说还要回到古希腊。亚里士多德是个百科全书式的学者,他写过各种各样的著作，从哲学到物理学，涉及了很多学科。

但是那个时候没有现代学术界"哲学""物理学"这样的分科。亚里士多德是写痛快了，想研究什么就写什么，可给整理他书籍的后人犯愁了。这么一大堆包罗万象的著作，该怎么分类、命名呢？

一个叫安德罗尼柯的人想了个办法。他用"研究有形体的事物"和"研究没有形体的事物"，把亚里士多德的著作分成了两大类。

前一类著作编在一起，起名叫《物理学》。后一类作品，也就是亚里士多德的哲学作品，也编在一起，放在《物理学》的后面。当时没有合适的名字称呼它们，安德罗尼柯一看怎么办呢，就给起了一个名字，叫"物理学之后"，也就是咱们今天说的"形而上学"。

安德罗尼柯起这个名字的本意，指的是"编排在《物理学》之后的内容"。但这个词的含义也可以引申成"物理学之后的学问"。也就是说，形而上学研究的是那些高于物理学的、看不见摸不着的学问。

这么一来呢，这个"物理学之后"的称呼，就变得非常贴切：形而上学研究的，就是那些抽象的、不同于物理世界的、看不见摸不着的学问。

"形而上学"的中文译名也很棒。

中文典出《易经》："形而上者谓之道，形而下者谓之器。"

《易经》的这句话很好理解。"形"，就是有外形、可以触摸、可以感知的东西。《易经》的这句话，是下了两个定义。

第一个定义是说，超过我们感知之外的那些无形的东西，是"道"。"道"，就是"道理"的"道"，指的是"道理""概念"这些抽象的东西。老子说"大道无形"，就是这个意思。

第二个定义是说，我们能感知到的那些有形的东西，是"器"。"器"是"器具"，就是指"东西""物质"。

让人拍案叫绝的是，《易经》的这句话，和安德罗尼柯的思路是一模一样的。《易经》的"器"，对应的就是安德罗尼柯的"物理学"。《易经》的"道"，对应的就是安德罗尼柯的"物理学之后"。日本哲学家井上哲次郎先生，在翻译"物理学之后"这个词时，联想到《易经》，于是就翻译成了"形而上学"四个字。

简直是"信、达、雅"的最高境界。

那"形而上学"到底是什么意思呢？可以简单地理解成是用理性思维去研究那些能统一世间一切问题的"大道理"。就像笛卡尔希望的那样，要寻找到一个能高于客观世界、统领一切事物的真理，可以用来回答世界的本质是什么样子的啊、人生的意义是什么啊之类的问题。

有一些朋友在批判西方科学的时候说:"西方科学都是在支离破碎地理解世界,我们的阴阳五行不同,是从整体的角度理解整个宇宙,你们西方人不懂的!"

其实呢,西方人也从整体角度研究宇宙,这门学问就是形而上学。

还可以这么理解形而上学。

很多小孩喜欢不停地问家长"为什么",让家长不胜其烦。其实,这个"为什么"的游戏玩儿到最后,追问的往往就是形而上学的问题。

举个例子。

小孩问爸爸:"我为什么要上幼儿园啊?"

爸爸回答:"因为爸爸妈妈要上班,不能照顾你呀。"

"那爸爸妈妈为什么要上班啊?"

"因为爸爸妈妈要挣钱啊。"

"那爸爸妈妈为什么要挣钱啊?"

"挣钱了才能买吃的啊。"

"那为什么要买吃的啊?"

"有了吃的,人才能活啊。"

"人为什么要活着啊?"

一般问到这种地步，家长就准备打人了，对吧？

可是，家长要打人并不是因为孩子无理取闹——求知怎么能算是无理取闹呢？而是因为家长没有能力回答这个问题，他们恼羞成怒了。因为孩子最后问的"人为什么活着"的问题，正是形而上学最重要的问题之一。加缪说过："真正严肃的哲学问题只有一个，那就是自杀。"研究"人为什么不自杀"，其实就是在研究"人为什么活着"。你看这孩子一下子就提出了一个最根本的哲学问题，一般的家长怎么可能回答得上来呢？

再举一个例子。

刚才说的"为什么要上幼儿园"是一个社会科学问题，类似地，不断追问自然科学的问题，最终也会通向形而上学。

比如，小孩问"太阳为什么会每天升起、落下"，家长可以用牛顿力学来解释。但如果小孩进一步问："为什么太阳要遵守牛顿力学？"这时候家长就又要打人了："太阳不遵守牛顿力学还能遵守什么啊？这是什么破问题啊？"

实际上，小孩这里问的又是一个形而上学问题：为什么物理学规律是普适的？我们为什么相信在地球上被检验有效的力学原理，宇宙万物都会遵守？甚至于为什么我们相信，那些我们没有观测到的宇宙天体，也会遵守同样的物理规律？我们哪里来的自信？

这个问题再继续追问下去，就是在追问这个世界的本质：世界的本质是物质的还是精神的？世界的本质是物理定律还是我们对物理定律的信念？

回答这些问题都是形而上学的任务。

> "世界的本质是什么"的问题，在哲学里又称作"本体论"。
>
> "哪些知识真实可信"的问题，在哲学里又称作"认识论"。

第十二章　我的心灵与我的身体无关

我们知道形而上学很重要了，但是，笛卡尔推理出的"上帝存在"之类的结论，感觉没什么说服力，也没有什么新鲜内容。那这笛卡尔的学说，和我们还有什么关系吗？

有。通过"我思故我在"，笛卡尔还推理出了另一个结论："我的心灵"和"我的身体"，是两种不同的东西。

推理的过程很简单。

首先，"我"可以想象我的身体不存在。比如在"缸中之脑"、《黑客帝国》的思想实验里，我们都在想象自己的身体不存在。

其次，"我"不能想象我的心灵不存在。因为"我思故我在"嘛，心灵无法想象自己不存在。

那么结论就是，我的心灵和我的身体不是同一个东西。

这种观点又叫作"二元论"。我的心灵一个元，我的身体一个元，一共两个元。

说白了，笛卡尔抄起了一把大斧子，在"我们自己的心灵"和"心灵之外的事物"之间，"咔嚓"一下，劈了一斧子。把我们的心灵和外面的世界分成了两半。因为分成了两半，这两半之间是如何联系的，就成了大问题。在后来的好几百年中，好多哲学家在这个问题上花费了大量的工夫，也很难有一个令人满意的答案。后来有的哲学家反应过来了，直接反对二元论，认为这种划分是我们对世界的一种误解。

其中一个反对二元论的学派，就是我们熟悉的唯物主义。它说世界的本质是物质的，我们的精神世界不过是大脑细胞活动的结果。换句话说，这世上不存在独立的心灵，所谓的"心灵"，是物质（脑细胞）产生的副产品。这种观点就叫作"物质一元论"。当然，相应的也有唯心主义的一元论，认为世界的本质是精神的，外面的世界不过是我自己心灵的产物罢了。

我们暂时不讨论这些观点，我们先说说二元论对于我们的人生有什么切实的帮助。

首先，二元论很容易被我们接受。虽然后面的哲学家们对此有所反驳，但是从我们自己的感觉来说，把自己的心灵想象成一个事物，把自己的身体，乃至于整个外部世界都想象成另一个事物，这很容易做到。

而且，二元论有个比较庸俗的用法，可以帮助我们躲避痛苦。按照二元论的观点，我们的精神世界是独立的，那么外部世界对我们的影响仅仅在于感官体验。其余的精神体验都属于我们自己的心理活动。

比如有人打了我一下。这个事件对我只有两个影响：肉体上的疼痛是感官体验，随之而来的屈辱是心理活动。

这就是说，我们遇到的所有痛苦都可以分成两类：感官上的和精神上的。

感官上的痛苦并不难忍受。因为感官体验是相对的，快乐得到得越多，人对快乐就越不敏感，就越难以忍受痛苦。反之亦然。这就好比富翁吃鱼翅不会觉得多快乐，但是饿汉吃一口饱饭就能感到无上幸福。所以只要不是即将死亡，忍受感官上的痛苦总会给我们带来一定的回报。

并且，当我们把自己的心灵想象成独立于外部世界的时候，感官上的痛苦就会被归为一些非常简单的精神刺激：疼痛、饥渴之类。当你集中精神专门应对它们的时候，就容易感到麻木且更能忍受。

相对于感官的，是精神上的痛苦。在客观世界里，人的力量终究有限。再厉害的人都无法保证自己永不受苦。而在精神世界里，只要意志坚定，我们自己就是王。最不济了，还可以选择当阿Q，通过幻想也可以保证在精神世界里不受伤害。

当我们把人生痛苦分成感官体验和精神体验这两类以后，就会发现，还有什么痛苦是不可忍受的？想象一个除了死亡之外你最害怕的东西——被囚禁？被鞭笞？被凌辱？

是殴打吗？肉体的疼痛总会终止，要么是你停手了，要么是我麻木了。是饥饿吗？饥饿的结果要么是死亡带来的平静，要么是一顿幸福的大餐。是羞辱吗？只要我的意志足够坚定，在我的精神世界里，我可以视一切为粪土。他人的嘲笑和蔑视只存在于外界那一元，和我的精神世界无关，那么又何来凌辱之说？既然肉体的疼痛、饥饿和羞辱都不会伤害我，那贫穷和世俗的压力又有什么可怕呢？

更进一步说，二元论能帮助我们的关键是：我们在自己的精神世界里是无敌的，而一切体验归根结底都是精神体验。

在一般人的观念里，外部世界的痛苦令人恐惧，我们不得不一边使出浑身解数躲避这些痛苦，一边还要为了它们可能的到来而惴惴不安。但是，外部世界并不由我们随心所欲地控制。当我们为了趋乐避苦而硬要控制外物的时候，一方面我们要承受巨大的压力（我们物质生活中的压力全部源于此），另一方面我们永远都会遇到失望和挫折。

而在二元论的观念下，世界被一分为二：外界和内心。痛苦虽然来自外界，但真正承受痛苦的是我们的内心。因此，我们虽然仍旧需要尽力去改变外物，但在客观世界这一元里的得失其实不重要，关键是固守自己的内心这一元，固守住我们获得体验的最后一关。而在内心世界里，我们自己能完全做主，这就让人产生了很大的安全感。

举一个例子。传统的对待生活的方式是，我们想到"考试不及格会给我们带来痛苦"，那我们的对策就是好好念书，努力通过考试。但辛苦念书会给我们带来肉体的痛苦，对考试的担心给我们带来了很强的不安全感，而且就算考试通过了，人又会自动产生新的欲望和新的焦虑，陷入永无止境的担忧之中。

而新的人生观是这样的。我想：不管考试的结果如何，外界对我的这些影响都只体现在我的精神世界里。只要我闭上眼睛，专心驾驭我的内心世界，那么外界发生任何事都不会伤害我。这样我也不用费心念书去忍受肉体痛苦，不用为担心考试的结果而惴惴不安。我不为任何外物所扰，反倒清静自在。这是什么境界？说不好听了，这是阿Q；说好听了，这叫"八风不动"，这是古代高人的境界。

从二元论进一步来说，还可以得到唯我论。

笛卡尔从怀疑一切到确信"我在"的论证都是令人信服的，但是他往后的工作都不太可信。假设我们只停留在"我在"的阶段，停留在"缸中之脑"的想象里，那么我们只能确认我自己存在，外界的一切存在不存在我们不知道，这就叫"唯我论"。比如，我认为我的生活是一场虚幻的梦境，这就是典型的"唯我论"。

这是怀疑主义常常得出的一种结论,也是哲学家们非常讨厌的结论。因为虽然唯我论明明在理,但是太荒谬了。哲学家们不是神仙,也要吃要喝要生存。而对于一个唯我论者来说,外部世界都不存在,那哲学家到底还吃不吃饭、喝不喝水啊。

不喜欢哲学的人也常常用"唯我论"的荒谬来攻击哲学:哲学果然是无用的学问,最后的结论还不是个笑话吗?

其实不是这样。唯我论虽然很难让我们完全接受,却是一个值得认真考虑的世界观。

首先,和二元论一样,唯我论很难被彻底反驳。我们永远都可以质疑自己生活的世界是一片幻觉,或者只是一个梦。当你思考"世界的本质是什么"的时候,唯我论永远立在一旁幽幽地望着你,挥之不去。

其次,唯我论对我们的普通生活也有很大的影响。它可以让我们变得更坚强。在采用唯我论的时候,我们会感到天上地下唯我独大,我们不用害怕任何事物,只要面对自己的内心就可以了。唯物主义者会嘲笑这是一种源自无知的幻觉。但我觉得就像有时需要虚构的艺术作品来安慰我们一样,就算在唯物主义者看来是虚构的东西,对我们同样有用。

电影《少林足球》里,谷德昭饰演的落魄胖子在面对困难时大吼:

"这都是幻觉，吓不倒我的！"

这种呐喊能给人力量，不是吗？

对于很多人来说，在今天满足温饱不是一件特别难的事。也就是说，我们日常的很多痛苦，不是来自挨饿受冻，而是来自精神上的压力，来自别人对我们的否认、拒绝、孤立、羞辱，来自我们在乎的人对我们的否认和失望。那么想象一下，假如我们生活在另外一个世界：在这里，我们看到的所有的一切都和眼前的一样，唯一的区别是，每一个人都不是真实的人，都是电脑控制的机器人。当一个人骂我"垃圾"的时候，他只是被人工智能控制的程序，而不是他真的这么想，那么，我还会觉得愤怒吗？我们甚至还能感到一种"没有人注视我"的安全感。

那这个世界和现实之间的差别是什么？就是"我有没有认为别人没有自由意志"，就是一个弱"唯我论"的世界。

所以，"唯我论"可以在我们承受精神压力的时候，给我们带来巨大的轻松感。

唯我论还可以和目的论结合在一起。

简单说，目的论就是认为世间万物是因为某种目的而存在的，比如"世上有苹果是为了给人吃"。这种观念经常被宗教使用。既然上帝创造了世界，那么上帝在设计世界的时候，每一项设计都应该带着某种目的。当然，随着神学的没落，这种目的论很容易遭到抨击。伏尔泰就讽刺说：这么说来，神创造鼻子就是为了架上眼镜啦?

但目的论可以成为唯我论的好朋友。在坚持唯我论的时候，虽然我们相信自己是天下唯一的存在，但是我们还能看、能摸、能感受到世间的一切啊。即便这一切都是幻觉，那为什么要出现这些幻觉呢?

假如我是这世界唯一真实存在的事物，那么很容易想到，或许这些幻觉都是为了我才创造出来的吧。

电影《楚门的世界》里，主人公从小就生活在一个虚假的世界里。这个世界里的每一个人、每一个物件都是被别人布置好的。他的整个人生是一个被精心策划的电视直播节目。他拜访哪个商店，哪个商店才开始装模作样地运营。他走到哪里，哪里才会出现安排好的路人。

假如我们带着唯我论的观念生活，也会有这样的感觉。对于我来说，外界的一切事物，不都是等我感受到的时候才会出现吗？如果把世上的一切都想象成只为我一个人安排出来的，也可以说得通啊。没准儿只有我才是这个世界上最重要的主角，其他人只是木偶、演员或者是幻象。

张爱玲的短篇小说《倾城之恋》里，已经是明日黄花的女主人公本想靠情场手腕俘虏男主人公，怎奈技不如人，眼看就要错失良婿，这时日军突然向香港开战。在战火中，男女主人公同生共死，得以终成眷属。

此时张爱玲写道:"香港的陷落成全了她……谁知道呢,也许就因为要成全她,一个大都市倾覆了。"

这段话是典型的唯我论和目的论。一场仗全是为自己打的,这种话千万别随便跟人说。你要是跟暴脾气的人说,他会打你。你要是跟历史老师说,他会给你零分。你要是照着这种观念生活,没准儿下次打仗就把命送了。

但是《倾城之恋》反而能够成为脍炙人口的名篇,正说明了唯我论和目的论能赋予人生一种特殊的美,能给予我们一个理解人生的全新视角。

继续说笛卡尔。

笛卡尔从小就体弱多病。他出生几天后母亲就死于肺病。笛卡尔受到母亲的影响,生下来就不住地咳嗽。当时医生都认为他没希望了,只因为一个护士坚持照顾他,他才活了下来。笛卡尔的全名叫"勒奈·笛卡尔",其中"勒奈"意为"再生",可能就和他多难的出生有关。

虽然活了下来,但是笛卡尔的身体一直都不太好。他年轻的时候,医生仍旧说他活不长。小时候在教会学校学习时,他学习好,校长还是他父亲的远房亲戚,因此笛卡尔受到了格外的照顾。校长看他身体不好,特许他可以不参加早晨的宗教仪式,想睡到几点就睡到几点。从此,笛卡尔一生都保持着早晨不起床、躺在床上思考问题的习惯，常常一赖床就到中午了。

后来笛卡尔不是当兵了嘛。据他自己说，他当兵的时候，在冬天，早上要钻到"火炉子"[1]里面思考。这点也符合他肺不好的病征，喜暖畏寒。

除了体弱多病这个缺点外，笛卡尔或许是哲学家中最适合当情人的一个。

他非常勇敢，参加了不只一场战争，甚至因为作战英勇，有个公爵想要授予他中将的称号。

笛卡尔25岁的时候，有一次他带着一个仆从在北欧乘坐一条船旅行。船员看他一副富人的打扮，随从又少，私下商量要谋财害命。他们没想到，博学的笛卡尔能听得懂他们的语言。这时笛卡尔突然拔出剑，强迫船员把船划到岸边，安然脱险。

他也很能打。有一次，一个醉汉侮辱了笛卡尔带着的姑娘。笛卡尔打飞了醉汉的剑，但是饶了对方的性命。笛卡尔说，他没法在一位美丽的女士面前杀了这么肮脏的人。

他还特别聪明。有一次，教皇的使节组织了一场顶级的学术研讨会，其中也邀请了笛卡尔。笛卡尔要求现场的学者们提出他们认为绝对正确或者绝对错误的命题。然后笛卡尔把这些命题从

---

[1] 有人认为这是一个比喻，罗素说，朋友告诉他当地房子的壁炉确实可以进人。

反面证明了一遍：你刚才说这命题正确，我就证明它怎么错；你说它错，我就证明它是真理。笛卡尔一顿雄辩，最后在场的学者全都惊了。教皇的使节当即对笛卡尔说，与世人分享你的发现是你对上帝的责任，你这一肚子学问要是不发表，你会下地狱的，知道吗？

不光勇敢，笛卡尔还很有风度，据说有个人因为争抢女人要找他决斗。笛卡尔只说了一句话，就消除了那个情敌的敌意。笛卡尔对他说：

"你的生命不应该献给我，应该献给那位夫人。"

笛卡尔最浪漫的传说，是他在45岁的时候，认识了23岁的伊丽莎白公主。当时两人都住在荷兰。笛卡尔成了公主的老师。他和公主频繁通信，教给她哲学和数学知识。两个人在信中有时也会谈一些私人生活，渐渐成了无话不谈的好朋友。

现在有很多关于两人的浪漫传说，比如笛卡尔画了一个心形的曲线送给公主，等等。其实都是莫须有的事。伊丽莎白虽然是公主，但是她家在权力斗争中已经失势，当时正在荷兰流亡——说白了，伊丽莎白过的是惶惶不可终日的流浪生活。所以她的精神状态很不好，在和笛卡尔的交往中，免不了会有一点儿精神上的依赖。但是他们在通信里没有超过朋友的言论，至少从信件里看，就是普通朋友。

——其实我直说了吧，之所以那么多传说和八卦，还不是因为"哲学家"和"公主"这种名号听着就浪漫。您看,"伊丽莎白"这名,多好听!一听这名字,直接就脑补出一个树荫下穿着白纱裙的优雅美少女啊。要是这公主起名叫"王大锤",也就没这么多段子了。

当然"王大锤"公主本人也确实挺依赖笛卡尔的。可这笛卡尔吧,太能招人了。几年以后,有个23岁的瑞典女王,也喜欢上笛卡尔的才华了,非要笛卡尔千里迢迢去瑞典给她做家庭教师。笛卡尔一开始百般推辞,但是这位瑞典女王一而再再而三地坚持,甚至派了舰队司令和一艘军舰来接他。对于笛卡尔来说,能得到权贵如此恩宠,这不仅仅是脸上很有面子,而且是用自己的思想去改变世界最好的机会,所以最后就答应了。

但问题是,去瑞典就意味着和伊丽莎白公主远隔万里,那时候没有电话也没有互联网,距离变远就意味着通信时间成倍增加,两个人之间再也不可能这么亲密交流了。而且这时候伊丽莎白家里还特别惨,变故不断,她在精神上特别需要笛卡尔。笛卡尔不忍心啊,想来想去呢,冒出一个主意来:要不干脆把伊丽莎白一起带到瑞典得了。那时候欧洲王室之间有千丝万缕的血缘关系,这瑞典女王的母亲跟伊丽莎白还能攀上亲戚,而且女王的母亲当时还正好在荷兰探亲,正准备回瑞典。你说这不巧了嘛!笛卡尔就极力促成此事,想让伊丽莎白跟女王的母亲一块儿去瑞典。

结果呢,这贵族之间的人际关系啊……这女生的微妙心理啊……瑞典女王家啊，也没说不行，但是对这事办的是拖拖拉拉，拖拉到最后，伊丽莎白也看出来了，随便找了个借口说自己经不住船的颠簸，决定不去了。从此以后，伊丽莎白就跟笛卡尔分开了，通信越来越少。

再说这笛卡尔，扔下了女学生，坐着军舰吹着口哨，就直奔女王而去。结果一进了瑞典的王宫，就傻了。

这瑞典女王是个有名的女强人。用某个数学家的话说，她是"一个有着撒旦那种身体耐力的、肌肉发达的运动员，一个无情的女猎人，一个老练的女骑手"，"就像瑞典的伐木工人那样不怕冷"。

这瑞典女王要求笛卡尔每周用三天早晨的时间从5点开始就给她上课。您可以打开世界地图看看，瑞典那地方可比咱们东北靠北多了，跟西伯利亚一个纬度。按笛卡尔的话说，"在这个国家里，人的血也要像河水一样冻成冰"。而且笛卡尔到瑞典的时候还是冬天，去上课的时候他还要穿过"斯德哥尔摩最萧瑟、最多风的广场"，要命的是这个女王在他上课时还喜欢开窗户呼吸新鲜空气……

笛卡尔从小就喜欢赖床，结果现在隔三岔五地就要早晨5点前起来到雪地里吹凉风，没待几个月就得了感冒，后来转成了肺炎，治疗无效就去世了。

这位瑞典女王在历史上很有名，是个颇为传奇的女中豪杰。

她邀请笛卡尔本是为了求学,但她没想到,她和哲学史最大的联系却是害死了哲学大师。

好在我们还有后来人。

笛卡尔说过:"不管多么荒谬、多么不可置信的事,无一不是这个或那个哲学家主张过的。"

这句话使他不仅成为伟大的哲学家,还成为哲学史上伟大的预言家。在笛卡尔之后,我们将会看到更多稀奇古怪的奇思妙想。您会发现,您小时候觉得自己有过的特离奇的想法,这帮哲学家早就想过了。

第十三章　寒冬夜行人斯宾诺莎的救赎

笛卡尔有很长一段时间都生活在荷兰。在当时，荷兰是全欧洲言论最宽容的地方，是科学家、哲学家和异端分子的避风港。

在这个背景下，哲学家斯宾诺莎的故事就很讽刺了。

斯宾诺莎的父辈生活在葡萄牙，那时候葡萄牙还属于西班牙统治。当时西班牙的统治者是个狂热的天主教徒，疯狂迫害他眼中的异教徒。偏偏斯宾诺莎一家信仰犹太教。无论在新教还是天主教眼中，都属于异教徒。

在残酷的统治下，斯宾诺莎的父辈受尽了苦难，一直想找个机会逃出去。终于在1588年时，西班牙的"无敌舰队"被英国打败，西班牙的海上实力大为削弱。斯宾诺莎的父辈得以找到一艘船，从海上逃到了荷兰。斯宾诺莎就是在荷兰出生的。

在荷兰，有很多同样来避难的犹太教徒，斯宾诺莎一家自然和教友们生活在一起，算是找到了组织。

这本来是一个美好的故事,但问题出在斯宾诺莎身上。

斯宾诺莎是哲学家,哲学家就喜欢怀疑,喜欢独立思考。斯宾诺莎经过自己的思考,得出了和教会不一样的神学观点。结果他的几个"朋友"诱骗他说出这些想法,然后跑到犹太教会去报告。

于是,在自由之都荷兰,因为躲避迫害而聚集起来的犹太教会,却把斯宾诺莎给迫害了。

客观地说,犹太教也有自己的压力。虽然荷兰的宗教政策甚为宽容,但毕竟整个欧洲都处于基督教严格统治的气氛之中。在荷兰的犹太教会希望能在不违反自身教义的前提下,尽量不得罪基督教。而像斯宾诺莎这种敢于怀疑世间一切的哲学家,犹太教会很担心包容他会触怒荷兰的基督教会。

有一个例子可以说明当时荷兰犹太教会的处境。

在斯宾诺莎15岁的时候,有一个犹太年轻人写了一篇评论信仰的文章。那文章并没有严重违反犹太教教义,但是触犯了基督教教义,犹太教会因为担心惹怒基督教,强迫这名青年悔改。具体的悔改仪式是:要这个年轻人躺在教堂门口,让教徒们一个个跨过他的身体。

那是一个自尊心很强的年轻人,他无法忍受这种羞辱,回家后就开枪自杀了。

这件事,仿佛提前宣布了斯宾诺莎继续搞哲学研究的下场。

不过，犹太教会对斯宾诺莎还算宽厚。当长老发现斯宾诺莎有异端倾向的时候，长老并不打算严惩他，而是希望能"挽救"他。经过反复劝说后仍旧无果，长老甚至答应每年给斯宾诺莎一大笔钱，只要他能妥协，哪怕是假装的都行。

提出这样的条件，只能说明长老太不了解斯宾诺莎了。

西方哲学史两千五百多年，我们介绍的哲学家有十几位。如果把这些人按照品德排序的话，斯宾诺莎就算不能独居第一，那也绝对是并列第一的。

他性格温柔，待人宽厚，但又坚强诚实，绝不可能在教会压力和金钱的诱惑下违心撒谎。

他拒绝了长老的提议，教会对他失去了信心，在斯宾诺莎24岁的时候，教会宣布把他开除教籍。在开除的时候，教会用极为恶毒的话诅咒他："让他白天受人诅咒，夜里受人诅咒；躺下时受诅咒，起来了还受诅咒；出外去受诅咒，回来又受诅咒……将律书中所载的一切诅咒全堆压到他的头上，普天之下都抹掉他的名字……"还禁止任何人与他交谈、通信，禁止阅读他的作品，禁止帮助他，禁止靠近他，禁止和他同居一室。

从此，斯宾诺莎在荷兰的地位一落千丈。人们躲避他、厌弃他。斯宾诺莎的父亲也不肯收留儿子。父亲去世后，姐姐又要霸占遗产。为此斯宾诺莎和姐姐打了场官司，最后他赢了官司，但是他马上又把赢得的财产送给了姐姐，自己只留下一张床。

斯宾诺莎教过的学生写信骂他说："你是世间可悲可怜的小人，而且是供蛆虫享用的尸骸和养料。"

还有一次，一个狂热的教徒试图用匕首刺杀他，幸亏斯宾诺莎在关键时刻及时转身，结果他的脖子还是受了伤，但侥幸保住了性命。

斯宾诺莎的一个朋友，被荷兰法院指控反对神学。有一个官员想要连带指控斯宾诺莎，斯宾诺莎最终脱身。但是他的那个朋友被判了10年徒刑，服刑一年多后就死在了监狱里。

后来斯宾诺莎的著作《神学政治论》匿名发表，刚一发表立刻就进了天主教会的《禁书目录》。而且人们很快搞清楚了作者的身份。书中违反教义的言论受到了暴风雨般的攻击，有人说这本书是"一个叛逆的犹太人和魔鬼在地狱中杜撰而成的"。

从他18岁起开始的30年间，教会一共颁布了50道诏令，禁止阅读和流传他的作品。在他临死前两年的时候，荷兰的地方政府命令，凡是发现任何有印刷斯宾诺莎作品企图的市民，都要向政府报告。

用18世纪的作家莱辛的话来说：

"人们谈到斯宾诺莎，就好像他是一条死狗。"

这种种遭遇足以摧毁一个人，或把一个温厚的人变得暴虐厌世。

但当一个人找到自己的哲学答案以后，他是不会被摧毁的。

贫困的斯宾诺莎放弃了遗产，一个人搬到了荷兰的海牙，以磨光学镜片为生。他终身未婚。斯宾诺莎喜欢过他拉丁文老师的女儿，另一个同学则用一条珍珠项链夺走了女孩的心，但是最终也没跟那女孩结婚。

磨镜片的收入很少，所以斯宾诺莎一生清贫。晚年虽然出了名，却仍旧过着清苦的生活。

曾经有位富商愿意资助斯宾诺莎，可被他拒绝了。后来富商临终时要把全部遗产都送给斯宾诺莎，斯宾诺莎说服他把钱财送给了另一个人。那个人很感激斯宾诺莎，送了他一笔钱，确实缺钱的斯宾诺莎终于收下了这笔钱中的一部分。

斯宾诺莎也有结交权贵的机会。

在他出名以后，神圣罗马帝国的一位选帝侯称赞他是天才，邀请他去海德堡大学当教授，讲学的待遇很优厚，说只要他讲的内容别触犯宗教信条就行了。但是斯宾诺莎犹豫了六个星期，最后还是拒绝了。他回答说，自己不知道怎么把握才能不触犯宗教信条。

法国国王路易十四还暗示过斯宾诺莎，只要他声明下一本书献给路易十四，就可以得到一笔丰厚的养老金。斯宾诺莎回答说，我的确需要金钱，但"我只将我的著作献给真理"。

这可不是故作清高，因为他确实穷。

斯宾诺莎的身体本来就不好，常年打磨镜片又使得他吸入了过多的粉尘，再加上生活清苦，在拒绝了路易十四的请求四年后，他便在贫病交加中去世了，只活到了45岁。

如果是在写一篇学生作文，那么写到这里，我们应该赞美斯宾诺莎的美好品质，为我们自己的庸俗人生暗自羞愧。但我们这本书的主题不是求善而是求真，所以更应该引起我们兴趣的是：在如此恶劣的生活环境下，斯宾诺莎是靠着什么样的哲学信念，才得以保持宽厚的性格和平静的心情呢？

我们慢慢看。

首先，斯宾诺莎是笛卡尔的继承者。

我们说过，笛卡尔有一个很棒的想法，就是按照欧氏几何学的模式来建立哲学体系。具体来说，就是先找出一些不言自明的公设，再以这些公设为基础，按照演绎推理的方法建立整个哲学体系。

笛卡尔的想法不错，具体工作却做得不太好。斯宾诺莎则完美实现了这个想法。

斯宾诺莎最有影响的著作叫《伦理学》，在他去世后才发表。这本书的全称是《按几何顺序证明的伦理学》。

看明白了吗？用几何去论证伦理学（伦理学也是哲学研究的

一部分），这不完全就是笛卡尔设计的路数嘛。等翻开这书，你肯定就崩溃了。

书里没有一点儿口语，上来就是这种形式：

定义1：××。

公理2：××。

后面则类似于：

命题19：因为××（根据公理1）乃是××（根据定义12），所以（根据命题6）××。此证。

完全就是一本数学书，如果没有强悍的逻辑思维，根本没办法看明白。

我们来看看斯宾诺莎到底说了些什么。另外再剧透一句，鉴于后人对斯宾诺莎的批判，斯宾诺莎具体说了什么其实对我们普通人来说并不重要。这里介绍他的学说主要是因为他的思路挺有趣的。所以如果看不明白也没有关系，可以跳到下一段。

我们开说吧。

首先，要找到公设对吧。

笛卡尔把一切都怀疑了，我们就必须找到一个绝对存在的、不可能被怀疑的东西作为公设。

既然这个东西绝对存在，那么它肯定不能依赖别的物体存在。

斯宾诺莎把这种东西称作"实体"。

实体的特征是，这东西自己就是自己存在的原因，不依赖外物存在。这意味着，外物也不可能摧毁实体。否则的话，实体的存在就要依赖于"外物不去摧毁实体"，等于还是依赖于外物了，对吧。

既然实体自己是自己存在的原因，外物也不能摧毁它，那么实体肯定是永远存在的。用类似的方法，我们也可以证明出，实体是无限的，是唯一的，是不可分的，是善的。

如果实体是无限的，是唯一的，那么这就等于在说，世间万物，我们每一个人都是实体的一部分。因为只是一部分，所以是不完美的一部分。

这么一个永恒的、无限的、唯一的、不可分的东西，你想到了什么？就是上帝嘛。

斯宾诺莎就是这么想的。因为实体是无限的，如果有上帝的话，那么它一定是实体本身，不可能不是实体。用个通俗点儿的例子说，如果上帝不是实体，上帝又无所不能，上帝不就可以改变实体了吗？这又和实体的定义不符了。

所以，斯宾诺莎承认上帝，但他心目中的上帝不是基督教或者犹太教中人格化的上帝，而是无所不在的实体。

当然，这种观点肯定会遭到宗教迫害了。

然而我们也可以理解，斯宾诺莎的世界观给他带来了强大的信念。

简单地说，世间万物皆为上帝，我自己也为上帝的一部分，那么我与上帝同在，自然充满无限的力量。其他人即便与我作对，他们也是上帝的一部分，他们的行为也都是上帝的意志（这点和基督教是相同的）。所以无论外人如何对我，我都应该坦然接受。

复杂地说，实体永远存在，我属于实体，那么我也可以永远存在。即便肉体消失了，我也是实体的一部分。而且一想到我和世间万物都是一体的，就可以感受到无限的力量和安全感，也就什么都不怕了。

再者，实体是善的，作为实体一部分的事物，即便单独看是邪恶的，它本身也是为了善的目的而存在，也是善的一部分。因此无论多么丑恶的现象，我们都应该宽容接受。

斯宾诺莎的学说大致如此。

顺便一说，这种人和万物一体的观点在中国哲学里很常见。中国很多学派都追求"天人合一"。比如庄子讲"天地与我并生，而万物与我为一"。北宋儒学家张载更认为宇宙万物都是一体的，所以我们侍奉父母，友爱他人，就相当于爱整个宇宙了。

佛教也有类似的观点。大乘佛教认为我们感官所见到的万物之间的区别，都是一种虚假的幻象。世间万物的本质是一样的，都叫"空"。这也可以近似地理解成万物之间没有区别,是一体的。

其实,斯宾诺莎的世界观离科学家的想象也不太远。

著名科幻作家阿西莫夫写过一套史诗巨著《基地》。在后几本小说里,阿西莫夫构建了一个神奇的星球。在这个星球上,所有的动物、植物甚至一草一木共同构成了一个整体,大家共享相同的意识、记忆、感情和感觉。星球上的生物个体死亡以后,组成该生物的原子会最终变成星球上其他生物和物体的一部分。所以这个星球上不存在真正意义的死亡,只有各种物体之间的转化。意识是全星球物体共享的,因此也不会消失。

阿西莫夫的这个设想可能来自曾经在科学界流行一时的"盖亚假说",认为地球是一个生命体,能够自动调节地球的环境,为生物创造生活条件。这个假说我觉得不靠谱,但是阿西莫夫构建的这个世界描写细致、设定合理,让人觉得非常真实。起码在逻辑上这个世界有存在的可能。

当然,阿西莫夫描写的世界和斯宾诺莎的哲学体系有一定的区别。斯宾诺莎的哲学指的就是我们自己生活的世界,而不是什么外星。但阿西莫夫可以帮助我们想象,如果世界真像斯宾诺莎说的那样是一个实体,那将是种什么感觉。

哲学史上有个不难理解的现象，生活越是困苦的哲学家，他的学说就越关注个人幸福。反之，生活富足的哲学家，学说更容易脱离现实。斯宾诺莎就是典型的前者。

当斯宾诺莎意识到自己的幸福应该通过理性思考来追求的时候，他发现，在得出最终答案之前还需要很长时间。那么在这段时间里，自己该怎么生活呢？

他总结了几个可以暂时执行的原则，大意是：

第一，说话要尽量让别人明白，只要别人对我们的要求不会影响我们实现自己的目标（比如求知），那就尽量满足。

第二，只享受为保持健康所必需的生活乐趣。

第三，只求取为生活和健康所必需的金钱。

这些生活准则并非出于斯宾诺莎的哲学思考，而是他以一个普通人的身份、一个立志求知者的身份思考出来的。这些结论平实朴素，完全就是心灵鸡汤的标准素材。

所以，不妨参考一下吧。

在斯宾诺莎的时代，哲学有一个非常光明的前途。

按照笛卡尔的设计，斯宾诺莎把哲学研究推上了一条井然有序的道路。其他的哲学家可以像做数学研究那样，发明新的体系，创造新的定理，或者按照逻辑规则修改、补充前人的成果。如此，哲学成果也就必然会越来越完善，越来越接近真理。人类找到哲学的终极答案不过就是时间问题了。

但是,有人不服。

不服?这胆子也太大了吧?要知道,笛卡尔和斯宾诺莎的观点可是有全体数学家当后盾的。

谁这么大胆,敢反对数学家?

嗯……是科学家们。

第十四章　科学派VS数学派

为什么科学家会反对数学家呢？

当然，科学家并不排斥数学，搞科学研究怎么可能不用数学呢？然而在科学家看来，数学只是一个工具，并不是真理。这就好比尺子一样，科学家必须用尺子来观测自然。但尺子本身不代表任何东西，尺子上的刻度、单位都是人为规定的。我们完全可以换用带有另一套单位的尺子，也不影响任何科学结论。

那科学家们是靠什么搞研究的呢？

靠归纳法。

这应该归功于培根，说过"知识就是力量"的培根，一位和笛卡尔同时代的知识分子。

在培根之前的时代，人们虽然也在研究自然世界，但是很多人并不注重客观实验。他们讨论理论，关心的是什么理论更完美、更简洁，感觉上更舒服。

比如天文学。从古希腊到经院哲学时代，大部分人都相信星球的运行轨道是正圆形，星球做的是匀速运动。理由仅仅是，正圆是几何里最"完美"的图形，匀速最"自然"。

那时人们在辩论的时候常常说："你这个解释在数学上是不对称的、不完美的，看我这个更和谐更美。"或者说："亚里士多德说世界是什么什么样的，你看我的模型可以把亚里士多德的解释推广到全宇宙。"完全是一副清谈的做派。

这么研究，怎么能发展出科学呢？因此，培根强调要重视事实。而在事实的基础上进一步形成科学知识，就要靠归纳法了。

归纳法的意思是，人们通过观察多个个别的现象，总结出普遍的规律。比如，人观察到，每一次把石头扔出去，最后石头总要落地。那么他就能总结出"空中的石头总会落地"这一条规律来。

与之相对的，就是前面介绍过的"演绎推理"。简单地说，就是从已知的前提，按照逻辑规则，推理出一些结论。比如，如果"空中的石头总会落地"是真的，那么就可以推理出"我扔出的石头总会落地"。

我们今天取得的所有科学成就，都是综合使用归纳法和演绎推理的结果。

举个例子。

科学家先观察到某些现象（比如木头用火一点就燃烧），用归纳法假设出一条科学规律来（是高温引起木头燃烧吗？），然后用演绎推理从这个假设中得到一些推论（那么烧红的烙铁虽然没有火苗，也应该可以用来点燃木头），再根据这些推论去做实验，看实验结果是不是符合假设的理论（哇，果然点燃了）。然后科学家就可以写篇《论木头燃烧的原因》发表了。

这套科学方法里既有归纳法，也有演绎推理，但其基础、起关键作用的，是归纳法。科学家们"轻视"演绎推理，关键在于他们发现演绎推理有一个巨大的缺陷。

这个缺陷就是，演绎推理不能给我们带来任何新知识。

数学理论，比如欧氏几何，都是先想出一些公设，然后就靠纯粹的演绎推理来得出其他的内容。但是推理是等价的，所以推理得出的内容其实都包含在它的前提条件里了。换句话说，一本《几何原本》的全部知识其实就是开头的那几条公设和公理，后面厚厚的十三卷内容不过是在不断用其他的形式去重复那些公设和公理罢了。

而科学的任务是探索自然界，获取新的知识。毫无疑问，数学是不可能完成这个任务的。归纳法是科学家们的唯一选择。

对于哲学事业，数学方法就更危险了。

笛卡尔他们研究哲学，不都先要有公设吗？问题是，这些公设有什么根据吗？斯宾诺莎说世上存在实体，你能做一个实验给我证明吗？说白了，笛卡尔和斯宾诺莎构建的哲学世界，整个学说不过只是几句公设，而这几句公设还没什么根据！

我们说了，研究哲学的原则是避免独断论，但数学家这不就陷入独断论中了吗？

对于这一点，笛卡尔时代的哲学家们可能还不同意。因为他们觉得，欧氏几何的权威无人能敌，是不可撼动的真理，所以欧氏几何的公理和公设并不是欧几里得想当然得出的，而是必然真理（你能想象平行线相交吗？）。欧氏几何的成功给笛卡尔那样的哲学家们以信心，他们认为也可以在哲学领域里找到类似欧氏几何那样绝对正确的公设。

然而几百年后，数学家们发现了公设体系完全不同的非欧几何，而且还正好用在了相对论上。这说明了，欧氏几何并非宇宙中唯一的真理，只不过是人类用来描述自然的工具而已。对于科学家们来说，数学是通向真理的桥梁，但不是真理本身。

这意味着，数学派的哲学家们创造的不过是能用来衡量世界、随便可以用其他系统来代替的尺子，他们却把这些尺子当作了世界的真相。

当然，这些都是后话了。在笛卡尔的时代还没有非欧几何，所以数学家们的底气还很足。

第一个向数学家发起挑战的科学派哲学家叫洛克。

洛克不仅是个公务员，还是个医生，而且医术高明，治好了一个连御医都治不好的贵族。洛克具备了一个合格科学家应有的实事求是的精神，所以一瞧见笛卡尔的观点就觉得浑身不爽。

我上小学的时候，老师常这么教训我们，说我们现在的心灵就像是一张白纸，在上面画什么，我们就会成为什么样的人。这个"儿童心灵是白纸"的说法，追根溯源，可以追到洛克的身上。

洛克说，刚出生的婴儿，内心就像是一张白纸或者一块白板，什么都没有，人的思想都是靠后天学习得来的。没有什么知识是人不用学习，先天就能领悟的。在洛克看来，笛卡尔、斯宾诺莎等人号称的那些公设，全都是无根之木。

笛卡尔说人的心中天生就有上帝的概念，洛克说这不对，在有些原始部落人的心里就没这种观念。逻辑、理性这些东西原始人也很少提，也不是人先天就有的。

洛克也承认人的本能是天生的，比如直觉之类。但洛克认为，这些本能就和动物捕食、生存的本能一样，是一种生理、心理上的习惯而已，并不是什么比客观世界高一等的理性，更不可能由此建立起一个哲学世界来。

洛克说的也挺有理，是吧。

顺便一说，洛克在政治上的贡献也很大。他是一个自由主义者，在王权当道的时代就提出了"人人生而平等""天赋人权"

等概念。他的理论影响深远，美国的《独立宣言》甚至直接引用了洛克的著作中的话。

洛克的哲学观点带有一部分政治内容。他是自由主义者，最痛恨独裁。所以洛克认为，如果像笛卡尔等人所说的，有一些真理是不言自明，是人先天就有的，那么这种观点可能会被独裁者利用。独裁者可以给人民灌输有利于自己统治的信仰，使得人民不懂得觉醒。

无根之木——科学派对数学派的攻击非常准确。但是数学派没有含糊，他们也找到了科学派的弱点。

这个弱点就是，科学派没法保证结论的可靠性。

这不扯呢吗？这世上要是科学不可靠，还有啥是可靠的呢？

数学家们自有道理。

数学家们指出：归纳法永远都只能立足于有限的事实之上，而不可能把所有的事物全部实验一遍。比如你说"空中的石子一定落地"，那你实验过全宇宙古往今来的所有石子吗？你只是观察了一部分石子，就得出了这个结论。

所以，科学得出的真理顶多是一种概率真理。科学家不断做实验，顶多是把科学理论正确的概率提高了一点儿，却永远不能保证科学理论绝对正确。

用白话说，假设人类已经做过十亿次物理实验，都证明牛顿是正确的，但反对者还可以问，你怎么能保证第十亿零一次的实验还会正确呢？

当然，有人可能觉得这种反问是抬杠。很多科学家都不在乎这种质疑。我们今天已有的科学成就已经证明了归纳法的强大威力。光抬杠有什么意思呢？

所以科学家派也挺理直气壮的。

洛克的学说给当时的哲学界带来了很大的影响。原本数学家一枝独秀的哲学界，这时出现了数学派与科学派双雄争霸的场面。

由于这场争论是哲学界的一件大事，所以哲学家们给这两派学说分别起了名字。

笛卡尔、斯宾诺莎代表的数学派，被称为"理性主义"。

在归纳法里，最重要的是实验数据，是观测结果，它们是科学理论的基础和证据。这些东西可以用一个词来统称：经验。

所以洛克代表的科学派被称为"经验主义"。

要特别注意的是，在我们这本书里，会多次用到"经验主义"这个词，它一律指的是我们刚刚说的这个意思，而不是日常生活中的"教条主义"——"办事只靠过去的经验，不懂得变通"的意思。不要搞混了。

为了能记得更有条理，我们简单总结一下这两派学说的异同：

理论名称	理性主义	经验主义
代表人物	数学派哲学家	科学派哲学家
研究方法	演绎法	归纳法
优点	严谨	产生新的知识
缺点	不产生新的知识，公设未必可靠	结论不能保证绝对正确，永远有出错的可能

我们可以用一个比喻来描述这两个学派的特点。

假如哲学是一座通向终极真理的巴别塔的话，那么理性主义者的塔高耸入云，每搭建一次，都似乎马上可以触摸到天堂。但是这座塔的根基却是几根破木头，经验主义者们经常溜达过来，随便踹上几脚，这座塔就塌了。

经验主义者不同，他们的塔盖得极为结实。但是由于能力有限，他们只能零零散散地在各地建造一些矮塔，这些塔既连不到一块儿，又没法盖得很高。因此，经验主义者们的塔虽然结实，却根本没法满足人类的要求，盖得再多也没有用。

好热闹的赶紧搬板凳，来看看这两派是怎么争论的吧[1]。

---

[1] 这里用"数学派"和"科学派"来区分理性主义者和经验主义者，只是为了便于理解而打的一种比方，并不是说数学家都是理性主义者以及科学家都是经验主义者。

第十五章　莱布尼茨的哲学论战

上一章我们讲到了经验主义的掌门人洛克，率先举起了挑战理性主义的大旗。

笛卡尔等理性主义者们开始还挺纳闷儿呢。他们想啊，我们这套哲学都是欧洲最牛的数学家、知识分子搞的。那是些什么人啊，敢跟我们挑战？

结果他们一看洛克的国籍，就都释然了。

哦，原来是个英国人啊。

英国人怎么了？

假如翻开英国的学术史，我们就会发现，这简直就是"跟欧洲大陆对着干"的历史。英国人和欧洲大陆不一致，是有传统的。

就说理性主义和经验主义之间的分歧吧，其实可以上溯到柏拉图和亚里士多德的分歧。他们俩对世界的看法就不一样。一个重视心灵理性，一个重视现实经验。

以"人"这个概念为例。

柏拉图说,"人"这个概念比"张三李四"这些具体的人更真实。"张三李四"生了又死,来去不定,只有"人"这个概念是恒久的。

亚里士多德则说,"张三李四"是具体的,我们看得见摸得着。而"人"这个概念,完全是我们看过了这么多具体的人,然后在脑子中产生的。所以真实存在的是具体的事物,不是概念。

亚里士多德是柏拉图的学生,但是观点和柏拉图相悖,为此亚里士多德还说了一句名言:"吾爱吾师,吾更爱真理。"

到了经院哲学时期,英国的神学家就开始和欧洲大陆神学家不一样了。

欧洲大陆神学家继承的是柏拉图,英国神学家继承的是亚里士多德,两边也是一顿吵架。

到了笛卡尔时代就顺理成章地演变成:欧洲大陆哲学家大都是理性主义者,而英国哲学家大都是经验主义者。

如果不怕被指责牵强的话,我们还可以说,重视个别经验、对独断论充满警惕之心的经验主义,是英国人古板的民族性格的体现。而试图从万物根本一劳永逸地建立一个大一统理论的理性主义,正是荷兰和法国浪漫精神的代表。

我个人以为,英国之所以总和欧洲大陆不同,是因为中间隔了一片海。虽然不算太远，可终究什么事都得坐船来回，因此英国就保持了一定的独立性。

比如宗教改革的时候，英国国王和天主教会有了矛盾。但英国国王也没转向日内瓦的加尔文教，而是宣布英国的基督教改名圣公会，英国国王控制圣公会，这在欧洲大陆上是没有的。

再比如，荷兰是当时欧洲最自由的地方了吧，其实英国也比较自由。当时的欧洲大陆，民事法庭可以用刑罚逼供。而英国规定，只有特殊法庭才能用刑。

所以，英国也吸引了一批哲学家和科学家，拥有很强的学术实力。

给理性主义者来了一个下马威的洛克，气宇轩昂地站在泰晤士河的入海口，遥指海峡对岸大喝一声：还——有——谁——

对岸还真有人接招，他是德国人，叫作莱布尼茨。

像笛卡尔一样，莱布尼茨也是一位数学家，而且还是一个神童。

说到这里，有一个有趣的小规律：数学家里特别容易出神童。除了莱布尼茨外，还有帕斯卡、高斯、欧拉、拉格朗日、哈密顿、冯·诺依曼、伽罗瓦、维纳，以及当代的陶哲轩，这一长串数学家全是各种神童，随便哪个人的故事都是一个传奇。相比之下，其他行业里出神童的比例似乎没有这么高。我想，这也许是因为数学既不像文科那样需要生活经验的积累,也不像物理、化学那样需要实验数据,所以最容易体现出少年的天才头脑来。

我们来看看莱布尼茨是怎么个天才法的。

拉丁文对大部分欧洲人来说都属于外语,是知识分子才用的学术语言,而莱布尼茨12岁就拿本拉丁文的书自己搁那儿自学——您想象一下一个六年级小学生自己背六级单词是什么感觉?直接把他老师给惊着了。那老师不许莱布尼茨看这些书,说这些书不适合他。幸亏有一位大人物正好路过,见到这种情况后对莱布尼茨大为赞赏,把那老师给批评了。

莱布尼茨17岁就获得了哲学硕士学位,20岁完成博士学位的学习。但当时的莱比锡大学认为他太年轻了,觉得不像话,就没给他博士学位。莱布尼茨一生气,转身就去了外地的另一所大学。在去这所大学的路上,他一边赶路一边写了一篇论文。等到了那地方,把论文一交,人家直接就给了他博士学位,还邀请他当教授。结果莱布尼茨说我不想干,还给拒绝了。

当时,另一位天才帕斯卡已经发明了计算器,但是这种计算器只能计算加法。莱布尼茨改进了它,让它能运算乘法、除法和开方。当时很多人认为,思考和计算是人类独有的、神秘的东西。而莱布尼茨和帕斯卡两个人,把这种神秘感给打破了。

总而言之吧,就是很天才。

在哲学史上，大部分哲学家都安贫乐道。研究哲学嘛，人生都看开了，还在乎什么名利。然而莱布尼茨这人却有些市侩。

表面上，莱布尼茨对基督教表现得非常虔诚。他生前发表的著作，写的都是符合教义的内容，什么三位一体，什么圣恩，一点儿错都没有，还大肆攻击那些和教会意见不同的人。

然而作为一个哲学家，莱布尼茨怎么可能没有自己独立的想法呢？他并不是一个虔诚的信徒，平时很少去教堂。内心里，他在很多地方都和斯宾诺莎有共鸣。

莱布尼茨还见过斯宾诺莎本人。开始斯宾诺莎并不信任他。但经过长谈，莱布尼茨渐渐取得了斯宾诺莎的信任，斯宾诺莎让他看自己的手稿，还让他抄录其中的字句。当然，这些倾向莱布尼茨生前都没有表现出来。

莱布尼茨还喜欢给各种贵族夫人小姐写信，用自己的学术观点取悦她们。信的内容是比较正经的，但一个正经的哲学家也没必要把时间都花在这上面。我觉得放到今天，莱布尼茨就是那种在社交软件上加了一大堆女网友，喜欢天天在网上贫嘴，却又从来不约女网友出来见面的那种人。

还有一个好玩儿的事：

有个皇族成员想光耀门楣，叫莱布尼茨替他写一部家族历史。莱布尼茨满口答应了（可能还是他主动提出来的）。

您想，其实这不就是个软文吗？你找点儿史料把他们家夸一顿不就完了嘛，随便来个会写字的都能干这活儿。然而莱布尼茨是怎么写的呢？他说，这个家族的历史，是整个皇族历史的一部分，必须和整个皇族的历史结合在一起写。但是要研究皇族的历史呢，又必须先研究地理。然而这片土地又是地球的一部分，所以我们要从地球的形成开始研究。

然后那个皇族成员左等右等也不见莱布尼茨的书写完，就派人去看看。结果那人一看就崩溃了：莱布尼茨正兴致勃勃地写远古时代的地球发展史呢。

所以说，古板的知识分子就算是想市侩，结局恐怕也是悲哀。

一般的学者如果取得了一定的社会地位以后，往往对名利看得就淡一些，因为咱已经有了收入和地位，可以把全部的精力都放在对真理的探求上，这不是最美好的事吗？

但是莱布尼茨不，他到了晚年已经声望很高，甚至一度同时被五个王室雇用，可是他还是非常热衷于参与公共事务，总恨不得在各种公共事务上刷出存在感来。

他不断提出各种改进社会的提议：为德意志地区引进丝织品，在柏林建立公共卫生系统，在维也纳修建路灯及国家银行、传染病患者隔离病房。这些当然都是很棒的建议，对国家和人民也有好处，但是以莱布尼茨当时的地位，这些提议都是他没法实现的。

典型的例子是，他梦想着要在全球各大城市成立科学院，其中甚至包括北京。他可能还真给康熙写过一封信。不过这个梦想实现起来比较艰难。在莱布尼茨生前，只有柏林科学院成立了，他成为第一任院长。但是科学院缺钱，他就提出增收各种苛捐杂税，包括什么灭火器税、桑树税、烧酒税，结果得罪了不少人，最后科学院成立的开幕式上竟然都没人请他出席。

混得太惨了……

莱布尼茨是数学家，在哲学上是一个理性主义者。他很快就接受了笛卡尔等人的学说，不仅发展出了属于自己的哲学体系，还和洛克展开了激烈的论战。

洛克说，理性主义者们所谓的一些先于经验的公设啊，理念啊，和动物的本能没有区别。莱布尼茨针锋相对地反驳：你知道人跟禽兽有什么区别吗？区别就是禽兽做事只凭经验，人却能根据经验总结出必然规律。禽兽不知道思考，总以为过去发生的事情在以后相似的场合下还会发生。所以人可以利用禽兽的习性，去设计陷阱捕捉禽兽。

而你们这帮经验主义者，只强调经验，不承认必然规律，那你们的联想能力不就跟禽兽一样了吗？

话说得可真狠啊！

但应该强调的是，在论战中，莱布尼茨是非常有风度的。他把自己和洛克辩论的书信集结成了一本《人类理智新论》。但是当这本书写成的时候，洛克已经去世了。莱布尼茨认为对手不能答辩了，自己发表和他的辩论是不公平的，于是在自己生前一直藏着这本书没有发表。

当然，除了要灭洛克之外，莱布尼茨还有自己的哲学成果，我们也简单说一下。但就像斯宾诺莎一样，莱布尼茨后来也被驳倒了，所以不用仔细看。如果看不下去，跳过去也可以。

莱布尼茨是理性主义者，自然他也是使用先公设后推理的那套过程。

莱布尼茨的公设是这样的：

物质是占据空间的，对吧？那么只要是能占据空间的东西，就可以被分成更小、更简单的东西。

物质被无限地分下去，最后剩下的，一定是不占据空间的"东西"——要是占据空间就能再分下去了。

这"东西"不占据空间，所以它不是物质。所以它是精神。

所以一切物质都是由精神组成的。

嗯……有点儿扯吧？

莱布尼茨给这些不能再分了的、不占据空间的东西起名叫"单子"，他的理论也就被称为"单子论"。

和斯宾诺莎分析实体的方法类似，莱布尼茨用逻辑推导出每一个单子都是不同的。莱布尼茨在给他的贵族小姐们解释这件事的时候，说了一句名言："世上没有两片树叶是相同的。"黑格尔说，据说贵族夫人在听到这个解释以后，立刻兴致勃勃地去公园里找树叶，看能否找到两片完全一样的。这真是个哲学理论被庸俗化的典型例子。

莱布尼茨的理论让人想起了斯宾诺莎。两个人的理论都是靠几句"凡是……皆……"之类的话推理出来的。然而结论却相差很大：莱布尼茨的世界是由一群极小的精神组成的，斯宾诺莎的世界里，所有物体是一个整体。两个核心观点基本上是相反的。这怎么能让人相信理性主义者所说的公设是真实可靠的呢？

我觉得，这正表明了理性主义者的弱点。因为理性主义者所有的结论都建立在不一定靠谱的公设上。只要公设、推理过程中有一点儿不可靠的东西，整个体系就不知道扯到哪里去了。最后得出来的结论也就很难让人信服了。

笛卡尔时代，理性主义者和经验主义者在欧洲掀起了一场哲学大战。像在哲学的童年里一样，哲学家们也是一群小孩，问题无论巨细，都喜欢辩论一番。他们通过书信往来和出版书籍的方式，超越了空间的限制，热情地参与每一个哲学问题的辩论。

假如那时有网络的话，他们或许会盖出如下的楼来：

标题：最近有个问题很头晕

发表人：笛卡尔

正文：最近有个问题我想了很久，请问，除了"我思"之外，这世上还有什么是不可怀疑的？

（1楼）游客甲：楼主貌似说得很有理，有时我也常想，我是不是生活在梦里？那生活还有什么意义？

（2楼）游客乙：你们这些异端真是不消停，又跑这里发帖来了。我已经举报了。愿主惩罚你们。坐等删帖中。

（3楼）笛卡尔：回1楼：我想到一个解决的办法。我们可以参考几何的方式，从确凿无疑的事实开始构建一个哲学大厦。可惜我最近在给瑞典女王上课，我没有时间。

P.S.[1]提醒楼上，这论坛的服务器在荷兰，教会删不了帖子……

再P.S.瑞典这地方好冷，最近感冒中，求安慰。

再再P.S.人家最近还坐了瑞典女王的军舰呢！

（4楼）斯宾诺莎：摸摸楼主，感冒要喝鸡汤多睡觉哦。你用数学公式建立哲学大厦的设想我已经完成

---

1 P.S.是Post Scripts的缩写，解释为附言、后记，后演变成注明重要信息的方式。——编者注

了，给我邮箱，我给你发一份。

（5楼）笛卡尔：为了上课我天天早上五点起，还睡什么啊。小时候上学都没起那么早过。（>_<）

（6楼）游客丙：楼上的！还在这里放毒！别让哥见到你，见到你一次打你一次！

（7楼）游客丙：发错了，是楼上上。

（8楼）斯宾诺莎：回楼主：克制贪睡的欲望，这也是善的一部分呢。（笑）

楼上：我们理性讨论好吗？送你最美好的祝福。

（9楼）洛克：笑。又在这里碰见楼主了，貌似楼主到处发帖啊。好吧，我再回复你一次：你们这些理性主义者太荒谬了。世界建立在定义推理之上？不要用你们的荒诞理论忽悠人了。我再说一遍：人生是一块白板！白板懂不？你生下来不学习就会思考？真晕。

P.S.斯哥，镜片还有货不？再给我整点儿，具体规格给你发站内信了。

（10楼）莱布尼茨：楼上的，又跑这里来了？上次咱俩那帖子你咋不回了呢？你敢回答这个问题吗：你说知识都是靠经验来的，那人类获得的永远都是片面的、局部的知识，怎么可能存在几何这种具有普遍必然性的真理呢？

（11楼）瑞典の尊贵王室の女王：笛笛！又看到你半夜上网！还不睡觉，明天又赖床！

P.S.笛笛你对早起有意见吗？你知道人家每天几点起的吗？还要化妆的说！

再P.S.楼上的几位注意了，别以为我查不到你们的IP，谁再敢骂我们家笛笛，小心我拿军舰轰你们哦！

（12楼）笛卡尔：(⊙_⊙)……匿了……

第十六章　遭遇最强对手牛顿

17世纪的欧洲，爆发了一场跨越英吉利海峡的学术战争。这是科学哲学家和数学哲学家的战争，也是英国和欧洲大陆的战争。

英国战士洛克在和莱布尼茨的辩论中没有占到上风，可以说，在第一个回合里，英国人没占到什么便宜。

但是很快，英国最重量级的选手要上场了。

没有他，以英国小小的面积，要想对抗整个欧洲大陆恐怕是痴人说梦。而有了他，英国学者一下子就成为全世界最权威、最有话语权的人。

这个威震天下的神仙就是牛顿。

牛顿，旷世天才，伟大的物理学家、数学家、天文学家、哲学家、神学家、炼金术士、小心眼儿、世界末日预测者。

——对，你没听错，牛顿晚年通过复杂的公式，计算出了世界末日的具体时间，就在2060年。

呃……似乎就快要到了，好在我们还有时间把剩下的故事说完。

牛顿最重要的成就是力学。他发现了万有引力定律，洞察了天体运行的规律。他提出的力学定律在长达几个世纪的时间里都是不可撼动的。

牛顿的第一身份是科学家，自然，在哲学上他倾向于经验主义。牛顿热衷于做实验，他的成就也都来自实验，因此他有一句名言："我不发明假说。"潜台词就是，理性主义者们那些坐在屋子里空想出来的假设，哥们儿我是不同意的。

牛顿不仅在哲学上倾向于经验主义，在现实中还是洛克的好朋友。洛克赏识牛顿的才华，依靠他的社交关系提携过牛顿。一看洛克被莱布尼茨欺负了，牛顿二话没说，挽袖子就上：

兄弟给你报仇！

牛顿说到做到，只不过……他赢得可有点儿不光彩。

牛顿和莱布尼茨都是数学家。牛顿灭莱布尼茨，就灭在了微积分发明权这件事上。

现代历史学家普遍认为，这两个人各自发明了微积分，所以微积分的基本定理叫"牛顿-莱布尼茨公式"，是用两个人的名字合在一起表示的。

但当时没人知道真相。人们只知道牛顿和莱布尼茨都发表了自己的微积分论文，而牛顿的完整论文要比莱布尼茨发表得晚。按照咱们今天的习惯，学术发明权的问题很好解决。谁先发表的论文，哪怕早发表一天，谁就应该拥有发明权。

莱布尼茨的论文呢？比牛顿早了足足三年。

但当时牛顿的声望、权势都比莱布尼茨大，再加上很多英国人出于民族主义心理支持牛顿，所以两个人在学术界大吵了一番。无非就是指责对方某年某月看过自己的笔记、某年某月我给你的通信中透露了我的微积分思想之类。

架吵了很久，莱布尼茨向在学术界有巨大声望的英国皇家学会申诉此事。

不久，英国皇家学会经过详细认真的调查后庄严宣布——牛顿才是微积分的发明者，莱布尼茨是个大骗子。

备注：此时的英国皇家学会会长就是牛顿，而且是他本人起草的这份调查报告。

不仅如此，据霍金说，当时大部分为牛顿辩护的文章都是牛顿自己匿名写的。

牛顿的声望本来就极高，再加上有英国皇家学会的支持，牛顿没事还使两招阴的，莱布尼茨的处境可想而知。

这是科学史上一件很不光彩的事，但莱布尼茨在其他场合表现出了他的大度，他赞扬牛顿，说他对数学的贡献是之前人类所有科学成就的总和。这简直是高到不能再高的评价了。

牛顿的学霸行为还造成了另一个后果。莱布尼茨的微积分符号比牛顿的更简单易用,当时整个欧洲都采用了莱布尼茨的微积分符号,包括我们今天用的微积分符号也是以莱布尼茨的为基础。但英国出于民族主义,坚持使用牛顿的微积分符号,使得英国和欧洲大陆之间的科学交流受到了严重的阻碍。一百多年后,英国实在绷不住了,才放弃了难用的牛顿的微积分符号,改用莱布尼茨的。这一百多年的死要面子给英国学术的发展造成了巨大的损失。

顺便一说,这不是牛顿唯一的学霸行为。他不仅对外国学者狠,对自己的同事同样毫不留情,比如对罗伯特·胡克。胡克也是历史上有名的大科学家,制作过一些很牛的机械,还发明了"胡克定律"以及"细胞"一词。

最开始是因为一个光学问题,胡克当众批评了牛顿的观点。牛顿这个人呢,非常讨厌别人批评他,用我们今天的话说叫作"玻璃心"。而且他的玻璃心已经严重到有点儿变态的程度,用一位英国数学家的话说,牛顿被"一种病态的害怕别人反对的心理统治了一生"。

谁敢批评他,他会恨死那人。

当时,胡克和牛顿都是英国皇家学会的成员,可是胡克资历很深，已经有了很大的声望，牛顿只是个刚出道的新人。而且牛顿这人还不善言辞，无论是教书还是演讲，都很少有人愿意听牛顿讲话。甚至因为上课没听众，牛顿有时"只好对着墙壁自说自话"。

于是占尽优势的胡克就把牛顿狠狠地损了一顿，牛顿非常生气，却只能忍气吞声。

两个人毕竟都是文化人，又是同事，所以吵了一顿之后，还互相给面子，写信讨论起科学问题来。结果两个人又因为谁先发现了万有引力的平方反比定律吵起来了。

吵着吵着，胡克抓住牛顿的一个低级错误，在皇家学会当众宣扬，羞辱牛顿。可想而知牛顿有多生气。没办法，比人家地位低，牛顿还是忍了。

1686年，牛顿终于扬眉吐气。他发表了代表他力学成就的《自然哲学的数学原理》（以下简称《原理》），为自己赢得了巨大的声誉。这本《原理》中就包括了和胡克有争议的平方反比定律。当时胡克地位尚在，再加上牛顿好朋友哈雷（就是哈雷彗星的发现人，因为他出的钱，《原理》才得以出版）的调停，牛顿在《原理》中注释了一句，说平方反比定律也被胡克独立发现过。

《原理》发表之后，牛顿名声暴涨。因为《原理》不易得，有一位科学家甚至自己亲手抄了一本。胡克看牛顿赢得了那么大的声望，急了，接二连三地要求牛顿进一步承认是他先发现的平方反比定律。

此时的牛顿声望日盛，算是翻了身，已经不用再看胡克的眼色行事了。所以牛顿对胡克的回应是：不仅没承认胡克，还在《原理》中把几乎所有涉及胡克的注释都删掉了。

闹啊，你还闹不？

胡克虽然很生气，但地位已失，回天乏术。牛顿那时的声望已经无人能敌。

晚年的胡克变得脾气古怪、愤世嫉俗，找机会就咒骂牛顿，但一直骂到死，也没有撼动牛顿的一根汗毛。

说牛顿小心眼儿，是因为之后还发生了一连串事情。

胡克晚年双目失明，两腿浮肿，在伦敦去世。

几个月后，牛顿成为英国皇家学会会长。

不久，皇家学会的胡克实验室和胡克图书馆被解散。

牛顿要烧毁胡克的手稿和文章，但被人阻止了。

胡克存放在皇家学会的研究资料和实验器材在搬迁中"丢失"。

皇家学会取下了胡克的照片，以致到今天一幅胡克的画像都没留下来。

傻瓜都能猜到这些事是谁干的。

胡克也算是一代大科学家，结果身后遭遇如此不堪。论品性，胡克的心胸也未必比牛顿宽广，只能说成者王侯败者寇。胡克输在了学问和声望没有牛顿高、死得比牛顿早上，落下了一个连画像都没留下的结果。

牛顿能在和他人的斗争中节节胜利，归根结底，靠的是他在力学上的伟大成就。别人对牛顿什么都能质疑，唯有在学术上，谁也打不过他。

但就算是牛顿这么强的对手，莱布尼茨仍旧给了他一次反击。

牛顿最伟大的成就是发现了万有引力。但牛顿还有一个问题，就是没能说明相隔万里的星球之间到底是怎么产生引力的。连牛顿本人都不相信，相隔这么远的星球在没有任何媒介的情况下还能发生力的作用，他说："在我看来，这种思想荒唐至极。"

这也不能怪牛顿，因为直到后来爱因斯坦发表了相对论原理，对引力才有了令人满意的解释。

而在当时，聪明的莱布尼茨立刻发现了牛顿的弱点，他攻击牛顿说，你如果不能解释物体之间到底通过什么媒介产生了引力，那么你这理论就是一番空话。

莱布尼茨这反驳又准又狠，牛顿真没法招架。

而法国人同样有民族偏见。笛卡尔在牛顿之前提出过"旋涡说"，大意是宇宙中充满了一种叫"以太"的物质，这种物质形成了旋涡，所以才出现了星球的公转和自转。不知道是不是为了报复牛顿在微积分上的霸道,法国人在很长一段时间里都坚持"旋涡说"而排斥万有引力定律,直到后来伏尔泰对万有引力大加赞扬,情况才有所改观。就像英国在微积分上吃的亏一样,法国的物理学界也因此吃了大亏。

所以说,在学术上,民族主义真是要不得呀。

牛顿和莱布尼茨之间的对战告一段落。但以牛顿的成就,他对哲学的影响绝不只是搞搞辩论那么简单。

我们下一章就来讲牛顿对哲学的影响。

这一章最后再说点儿八卦。

除了是科学家、数学家、神学家外,牛顿还是一个炼金术士。牛顿留下了65万字关于炼金术的手稿,据说他的藏书中十分之一都是有关炼金术的。

牛顿和化学家波义耳常年沉迷于炼金术。这不是牛顿愚昧,而是因为那个时代化学和炼金术还没有分开。牛顿研究炼金术,是在用化学的方法来研究物质,从这个角度上说,牛顿也可以称作化学家。

然而大经济学家凯恩斯不这么看。凯恩斯收集了不少牛顿的炼金术和神学手稿,写了一篇《牛顿其人》。在文章中他说,牛顿把大量的时间都用在研究长生不老药、点石成金术和所谓的"哲人石"上(the philosopher's stone,就是《哈利·波特与魔法石》里的"魔法石"[1]）——这是一种传说中的宝物，据说法力无边，又能长生又能点金，一旦在手，要啥都有。

据说波义耳逝世后，牛顿急切地想知道他掌握的一切。牛顿找来了波义耳的大量论文，并想方设法从波义耳的朋友那里搞来标本，认为这些材料中就可能有"哲人石"。

牛顿去世以后，人们在他的尸体里发现了大量的汞，很可能是和牛顿长期从事炼金术研究有关。牛顿晚年行事乖僻，举止古怪，有些人认为这也是汞中毒的表现。

再说一个小八卦。

牛顿被苹果砸到脑袋，从而想到万有引力定律的故事我们已经耳熟能详了。但历史学家们考证，这个故事有很大的可能是子虚乌有。牛顿只和朋友们说过，他看到苹果落地，从而想到了引力问题。牛顿被苹果砸这件事之所以传播甚广，主要是伏尔泰这个大嘴巴到处宣扬的。

然而，现在的牛顿故居和剑桥大学还各有一棵苹果树，成天被游客们指指戳戳："瞧，当年牛顿就是在那里被砸的！"看来，在街边立个牌子写上"武松杀西门庆处"这种事，古今中外都是一样的。

---

[1] "The Philosopher's Stone"是《哈利·波特与魔法石》原版的书名，美版给改成"The Sorcerer's Stone"，据说是因为美国出版商害怕"The Philosopher"吓跑了见哲学就头痛、不爱思考的美国人……

第十七章　万物皆物理？

大部分哲学家之所以能在哲学史上留下一笔，当然是因为他们亲自研究了哲学，就具体的哲学问题提出了出众的看法。

然而牛顿能给哲学留下影响，却不是因为他进行了什么哲学研究，而是他在物理学上的成就实在太大，余波就把哲学给影响了。

这个成就就是他的力学。

简单地说，我们衡量某个学说、理论、定理是不是好用，有两个标准：

第一看它能否准确地预测未来，第二看它是否足够简要。

先解释第一条。

理论是用来指导行动的。理论好不好用，就看它能不能准确预测特定条件下的事实的出现。

比如古代人研究历法，为的是预测天气，好指导农业生产。历法对天气预测得越准确，就越成功。

再比如天文学。如果一个天文学理论只能解释过去已有的观测资料，这不叫本事。关键看能不能预测到未来的天文现象。预测得越准确，理论就越优秀。

第二个标准，就是一套理论在保持准确性的前提下，越简练越好。

我们今天都接受"日心说"，知道地球绕着太阳公转，同时地球自己还自转。但是不要忘了，运动都是相对的啊。假如我们以地球为静止不动的宇宙中心，同样可以描绘出太阳等星球相对于地球的运动轨道来，同样可以符合天文现象。这不就成了"地心说"了吗？

之所以我们没选择"地心说"而选择了"日心说"，并不是因为前者不准确，而是因为在两者同样准确的前提下，"日心说"更加简洁。在哥白尼之前的时代，坚持"地心说"的天文学家们为了让理论能和观测结果符合，不得不给太阳等星球画出非常复杂的轨道来。比如让太阳在一个大圆周运动上再做小圆周运动，就像螺旋一样。如果他们按照观测结果不断地修正理论，那么这套"地心说"学说有一天也可以和"日心说"理论一样准确。但是模型和计算过程就无比复杂了。

如果我们按照这两个标准去评价牛顿力学，那么它绝对称得上是第一流的理论。

我们知道，牛顿的力学定律非常简单，就三句话，初中生就能学会。

但是这简单的三句话,却可以解释小到一块石子、大到一颗星球,乃至宇宙中一切物体的运动规律。而且以当时的观测条件来看,预测的结果很精确。就算是向来被人们当作神祇的群星,牛顿说它们下一步该出现在哪里,它们就出现在哪里。

学会了这几条公式的人就可以指着天空说:

星辰万物,皆服从于我。

再庞大复杂的世界,也敌不过几个数学公式。

从有文明开始,人类面对宇宙的种种奇妙现象只能俯首膜拜。这种情况已经有几千年了。这时牛顿轻轻一点手指,整个宇宙立刻缩身于他的三条定律中,不敢有半点儿造次。

就像英国著名诗人蒲柏在牛顿去世后写的赞诗中的词句那样:

自然和自然律隐没在黑暗中

神说"要有牛顿"

万物俱成光明[1]

这不就是神吗?

要换成是我,那时候也得成为牛顿的粉丝,简称牛腩。成天往胡克和莱布尼茨的博客上刷留言:谁说我们顿顿抄袭了,就算是抄,你们有他抄得那么好看吗?

---

[1] 这段诗有众多翻译版本,本文摘自罗素著、马元德译的《西方哲学史》。

公元1643年,牛顿出生在英格兰乡下的小村子里。他的母亲只想让他当一名普通的农夫。公元1727年牛顿逝世后,被安葬在英国最高级别、埋葬众多英国国王的威斯敏斯特大教堂里。英国为他举行的是国葬,送葬队伍绵延好几英里[1],为他抬棺材的是一位公爵、三位伯爵和一位大法官。

一个平民出身的人能获得比王公贵族还大的荣耀,这就是科学的力量。

就在牛顿下葬的同年,地球的另一端,伟大的雍正皇帝正在下诏驱逐传教士。南怀仁送给康熙爷的各种科学书籍和实验器具,被清廷贵族们扔到了一边。贤臣们叫着:"其所云人之知识记忆皆系于头脑等语,于理实为舛谬。"——西洋人竟然说知识存在于人脑里,这话太扯淡啦!

然而,说完这话的一百多年后,侵略者就把按照牛顿力学设计的炮弹,扔向了中国的海岸。

我们回到牛顿时代的欧洲,看看牛顿力学在当时造成了什么样的影响。

首先,它大大缩小了神学的地盘。

原先人类难以给现象繁多的物理世界一个满意的解释,自然倾向于诉诸神力。如今牛顿给了解释,而且无比精确。

不仅是物理世界,连灵魂的存在也被局限得很小了。

---

[1] 1英里约等于1609米。

第十七章 万物皆物理?

在古代，人们想当然地认为，没有生命的物体必须受到外力才会运动，有生命的物体自己就能运动。这就是存在灵魂的证据呀，灵魂是负责"驱动"身体的（亚里士多德对此吐槽：那照这么说，磁石也是有灵魂的，因为磁石引起了铁的运动）。然而牛顿和他之后的科学家们证明，生物的机体也遵守物理定律，也遵循能量守恒、动量守恒的规律。生物运动可还原为纯粹的力学现象，并不需要灵魂的"驱动"。

顺着牛顿力学的思路，有人开始想，既然世间万物都要臣服于运动规律，那么动物、人类的身体，是不是也会臣服于这些规律呢？进一步想，是不是人类的思想、感情也会符合运动规律呢？是不是我们头脑中的一切意识其实都不过是物质运动的结果呢？

用物理学来解释包括人类意识在内的整个世界，这种观点就叫作"机械论"。

机械论很好理解，我们在学校都学过辩证唯物主义。机械论就是除掉了辩证法之后的唯物主义，也可以叫作"机械唯物主义"。

机械论和我们之前说过的经验主义、理性主义都不太相同。

经验主义和理性主义关心的是真理的来源，一个说是归纳，一个说是推理。机械论在这个问题上倾向于经验主义，认为我们能观测到的东西就是真的。但机械论并不真的关心这个问题，当经验主义者们讨论经验到底可靠不可靠的时候，机械论者不屑于回答这个问题，他直接说：经验不可靠还有啥可靠？

对于理性主义，机械论者就更不屑一顾了。机械论者不相信这世上存在什么高于客观世界的理性。他们认为精神是由物质决定的，精神世界也要符合物理定律。所以研究这世界，我们只要学好科学就行了。

在哲学史上，机械论并不是一个特别新鲜的观点，最早从古希腊时代就有了。实际上，今天各个流派的哲学，在古希腊都可以找到源头。只是牛顿之前的机械论缺乏根据，影响力也就不大。牛顿的出现使得机械论有了坚实的基础。科学研究不断证明牛顿力学的成功，也就相当于在不断扩大机械论的地盘。

有科学在，谁打得过它啊？

就像经验主义者集中在英国、牛顿是英国人一样，机械论的急先锋也是一个英国人，他叫作霍布斯。

霍布斯出生在英格兰，时值西班牙的腓力二世时代。据说霍布斯的母亲因为听说西班牙的"无敌舰队"要打过来了，在惊吓中早产，生下了霍布斯。

霍布斯基本上和牛顿是同一时期的人。霍布斯和笛卡尔类似，不大相信书本上的知识。霍布斯说："如果我读的书跟别人一样多，我就不会知道得那么多了。"霍布斯给培根当过秘书，可想而知他受到了经验主义的影响。

霍布斯拿铃声来说明他的机械论观点。他说,在"铃铛颤动直到我们听到声音"这个过程中,铃铛只有运动没有铃声,空气只有运动没有铃声,传到我们的耳朵里就产生了铃声。所以真正存在的是运动,不是声音。

作为英国人,作为机械论者,霍布斯也参与到了英国哲学同欧洲大陆哲学的辩论之中。他发现了理性主义者的空谈弱点,说斯宾诺莎的哲学结论没有什么意义,推理出来的不过是一堆定义罢了。

除了霍布斯外,当时还有个叫拉美特里的法国医生写了一本《人是机器》的书,说人体完全按照力学规律运转,精神只是人脑中肌肉的作用。人跟动物的区别在于人脑离心脏比较近,供血多,所以人就有理性。

这些话放到今天看来就是疯话。但是今天医学家对人脑的研究其实仍没跳出这个思路:大部分医学家认为大脑的物质运动是产生人的精神和思维的根本原因。

在其他流派的哲学家看来,机械论未免过于冷冰冰,而且后面我们会说到,它还会导向一个非常危险的结论,因此它一直饱受批评。然而我觉得,无论最终对它的评价如何,机械论本身的初衷是很美好的:它要建立一个用数学统治的美丽新世界。

17、18世纪的人们崇拜牛顿的学说,那时的机械论也被认为有着伟大的前途。机械论者希望,有一天在医学、心理学、伦理学、政治哲学等领域，都可以应用牛顿力学，或者像牛顿力学那样能用几个简单的数学公式去解释。

到了这时，人类理解、设计社会也可以像用力学去计算天体一样简单便捷。人类可以按照这些公式，设计出一个完美的社会。我们可以自信满满地保证每一个社会政策都是对人类利益的最优解，就像我们可以保证每一台新发明的机械都是对力学的最优解一样。那样可以避免多少人间悲剧啊。

或许有一天，人们发现解读世间万物的密码真的就存在于一组数学公式中，一切都豁然开朗，人类对世界的见解跨入了全新的时代。这梦想不切实际吗？在牛顿之前人们也没想过运动的规律原来可以这么简单呀。

在我看来，机械论寄托了一个理科生对世界最美好的幻想：

伟大的宇宙啊，无论你多么广阔多么复杂，终将归结于数学公式之中。

机械论，也就是机械唯物主义，它对我们普通人最大的优点是，很容易被接受。

人活着就要和物质打交道，这是最基本的事。你想想，假如有一个为了一日三餐要忍受肉体痛苦搬砖挖墙的工人，他每天最重要的事情就是用劳动技巧来减少肉体的痛苦，想办法多挣一口饭以满足口腹之欲。对于这种时刻同肉体感受斗争的人来说，你和他讲什么唯心主义，那自然会被当成不知人间烟火的无聊空谈。

而且机械论还有日益强大的科学奇迹作后盾。只要人稍微了解一下现代医学，就很容易接受"意识乃是神经活动的结果"这一机械论最关键的结论。可以说，我们周围的大部分人，对生活的看法多少都带一些唯物的观点。

然而机械论也有弱点。

虽然人们可以通过实验证明物质能对意识产生严重的影响（比如脑萎缩会降低人的思考能力，打一棍子可以让人立刻昏厥，喝酒、嗑药可以让人产生幻觉），可以证明人类不能靠思想意念去改变物质，但是也仍旧不能严格证明意志完全由物质决定。

当一个人的身体丧失生理功能而死去的时候，我们看到他一动不动，对刺激没有反应，我们认为他的意识消失了。但我们如何去证明这一点呢？或许这个人一动不动仅仅是因为身体失去了生理功能，而不是意识消失呢？虽然这个假设很古怪，但是机械论却难以反驳它。

还有另一个批评。唯物主义说物质不依赖意识存在。但是，当人没有意识的时候，又怎么知道那些物质是存在的呢？唯物主义者或许说，科学可以证明。但是科学要建立在经验的基础上。在意识无法触及的领域里，自然无法产生经验。因此，科学对这些事物只能猜测，却证明不了任何东西。你或许不会同意这个说法。没关系，对于这一点我们后面还会说到。

第十八章　你相信宿命吗？

当然，这些反驳和批评只能说明机械论的证据不够充分，却难以彻底击垮机械论的基础。特别是在牛顿时代，那时人们沉浸在对科学的过分乐观之中。从牛顿开始的两百多年中，科学都是一路高歌猛进。科学越进步，机械论的威信就越高。

但是，这不是一件好事。

机械论虽然可以条理清晰地解释这个世界，但是按照机械论的说法，人类不过是这个世界中可有可无的一件事物而已，和桌子板凳、花鸟鱼虫没有本质的区别。我们的意识不过是一系列物质作用的结果，随时可以消失，毫无永存的希望，更谈不上还有什么人生意义。就像世间的其他事物一样，存在就存在了，消失就消失了。这很容易推导出虚无主义和享乐主义。

但这还不是最可怕的，最可怕的是这个：

决定论。

决定论的意思很简单，既然世间万物都可以用物理规律来解释，那么每一个事件之间必然要遵循严格的因果关系。如果人的意识是完全由物质决定的，那肯定也得服从严格的物理定律。那么，整个世界该如何发展，该走向何处，都是由自然定律决定好了的。就像人们根据力学可以预测星辰位置一样，人们也可以根据自然规律来预测未来所有的事件。

一个支持决定论的证据是，在20世纪之前，人们认为世界上不存在真正的随机数。

我们在生活中可以靠掷骰子获得随机数。但如果以物理学的观点看，骰子最终的点数是被骰子的形状、密度、摇晃它时的手劲等一系列客观原因决定的，骰子的运动也得严格遵守物理规律。只要我们知道之前任何一瞬间的全部的物理数据，就可以计算出骰子最终的点数。普通人以为骰子的点数是随机的，只不过是因为所有数据的计算量太大，超过了人类的能力而已。

同样的道理，我们今天摇500万大奖的抽奖设备，无论再怎么设计，最终落下的是哪一个数字小球，也要被物理定律严格决定。只不过人们会把各个小球的质量、形状做得尽可能一样，以至于摇奖时间的一点点改变或者一丁点儿细微的震动，都可能改变最后的结果。影响最终结果的因素多到人类很难计算的地步，才能导致所谓的随机效果。

学过计算机的同学知道，计算机里也不存在真正的随机数。计算机生成的所谓随机数，实际上是取一个现成的数字（比如系统时间），经过一系列固定公式计算出来的。

没有随机，那就意味着一切都可以计算。数学家拉普拉斯曾说，只要拥有足够多的数据，他就可以按照机械定律推出未来世界的全部面貌。这就像某些科幻小说里设想的那样，假如有一台超级计算机，就可以计算出未来的一切。

能预测未来，这听上去挺美妙的，为什么可怕呢？

可怕的地方就在于，一旦我们接受了最严格的决定论，那就意味着人类没有了自由意志。因为我们的意识是由组成我们身体的物质决定的，组成我们身体的物质又是由物理定律决定的，所以，我们头脑中的每一个念头，在前一秒钟已经被决定好了。如果我们这么一环一环地回溯回去，那么我们一生中的一切所思所想、我这本书中的每一个字、您看这本书时在头脑中迸发出的每一个念头，其实都是在几万亿年前的宇宙大爆炸的那一瞬间就被决定好了的。且不说这想法很诡异，关键是，那人生还有什么意思啊？

既然一切都是决定好的，那我们为什么还要努力奋斗，为什么还要劳动？人生还有什么意义？如果人类只是被操控的木偶，活着听从因果律摆布，死后化为虚无，那还有什么人生意义呢？

这还算次要的，更要紧的是，人之所以要为自己的行为负责，是因为人有自由。这点我们在讲奥古斯丁的时候已经说过了。那么，假如人的全部意识都是事先被决定好的，人就没有自由,那不就没有道德可言了吗?人就不需要为自己的行为负责了呀。

这就像有的人在为罪犯辩护的时候,会列举罪犯一生的种种遭遇,说他如何被歧视、受到多少不公正的待遇,这才铸就了他易于犯罪的性格。这么一看,这人之所以犯罪不是他自己能控制的,都是社会的错啊!推而广之,人的任何行为,我们都可以说是外界环境促成的,那人岂不是做任何错事都不应该受到惩罚了吗?

因而,从决定论——特别是从严格的决定论所导出的结论,是荒谬甚至恐怖的。如果按照决定论的观点生活,人类的社会秩序将会荡然无存,人类的一切工作都会变得没有意义,一切罪行都可以得到饶恕。这世界显然不是任何一个哲学家想要的。

但是,要想打败决定论又谈何容易。我们前面说了,决定论有科学作后盾,更何况还是在对科学盲目崇拜的牛顿时代。什么人能对抗全体科学家,找到机械论和决定论的漏洞,将其一举击溃?

还真有人做到了。我们下章再讲。

在进入下一章之前,再说一些关于决定论的趣事。

对于决定论的逻辑我们可能会点头认同,但大概没有人会当真,会觉得自己真没有自由意志。

我们一考察自己的头脑,就能发现没有任何东西在控制着我们啊,明明我们愿意想什么就想什么啊。你看,我想拿一个杯子，我拿起来了吧；我不想拿，就没拿吧。谁管得着我呀。

但是决定论者会说，你感受到的自由其实只是错觉。比如当我们遇到一个选择的时候，我们觉得自己既可以选A，也可以选B，没任何人干涉我们的选择，所以我们觉得自己是自由的。但是无论你事前怎么犹豫怎么思考，最终你必须选择一个答案。哪怕你说我不选，或者我两个都选。总之，只能有且只有一个结果。决定论者会说，如果让时间回到你未作出选择的一刻，让你重新思考一遍，那么你的思考过程不可能变，依旧会得出同样的结果。

所以，你觉得自己是自由的，这感觉本身也是被因果律决定好的。连你试图反抗因果律这行为本身，也是被因果律决定的。

这很像希腊神话中那些关于宿命的故事。大致的内容都是预言家说出了某个预言，当事人很害怕，就做出了某些自认为能绝对避免命运的行为。结果这行为阴差阳错，反而让预言成真。最终预言还是实现了。

说到古希腊，还有个段子。

决定论在古希腊哲学里也有。当然那个时代没有牛顿力学，但古希腊人知道因果律。既然凡事有因必有果，那么很容易想象世间万物都是在因果律下被严格决定的。

那时候有个哲学家叫芝诺，平时总念叨着一切都是注定的。结果有一次，他的奴隶犯了错误，他就鞭打那奴隶作为惩罚。但是他的奴隶很聪明，辩解说：主人，按照你的决定论学说，我犯错是天生注定了的，不是我自己能控制的，所以你不应该惩罚我。

然而芝诺更聪明，他回答说：你说得没错。但是按照同样的理论，我鞭打你也是天注定了的。所以你就挨打吧。

决定论对生活也有安慰作用。唯我论把人看得最大，可以安慰人。机械论和决定论把人看得渺小，也同样可以安慰人。

假如我们生活中的一切都是被决定的，那么我们也就不需要努力，不需要奋斗，没有压力，一切随遇而安就好。

决定论和宿命论很像。

当我们遇到挫折的时候，我们常会安慰自己说"这是命"。比如俗语说"人的命，天注定，胡思乱想没有用"，用来安慰人是很管用的。

然而有些人很狡猾，遇到好事的时候就不说是"命"了，男女相聚，说的是"缘"。缘是什么？佛教概念里讲的是因果报应。遇到好事讲"缘"，意思就是说这是因为我之前做过什么好事，这是我应得的。但自己遇到坏事就像前面说的，不讲因果改讲宿命论。但等到讨厌的人遇到坏事呢，就又是因果了，骂人家这是"报应"，这是"活该"。那么，要是自己讨厌的人遇到好事了，怎么办呢？多半心中暗骂：某某某你等着，三十年河东三十年河西，谁笑到最后谁笑得最好——他又开始讲辩证法了！

第十九章　干掉因果律——休谟

挑战机械论和决定论的人,乃至挑战整个科学体系的人,马上就要出场了。

这个人叫休谟,也是一位天才。休谟12岁就进入英国苏格兰的爱丁堡大学,但是念到一半就不念了。

23岁的他完成了名著《人性论》,但是这本书没人愿意出版。休谟非常沮丧,觉得是自己水平不行。实际上休谟小瞧了自己,不是因为他的水平太差,而是因为他太超前了。一年后,他去掉了《人性论》中可能触犯当局的内容,以及一些超越时代的观点,把它改写成更浅显的作品,这才得以出版,书卖得也还算可以。

休谟是英国人,也是经验主义者。但休谟认为他之前的经验主义者和理性主义者都有根本缺陷。你想,这两派吵了很久,明明相反的观点,却谁也说服不了谁。说明什么呢?那些哲学家都是固执己见的笨蛋吗?这显然说不过去啊。休谟认为他找到了原因,那就是双方讨论的问题超过了人的经验范围。

休谟认为,你们讨论"何事真实存在"之类的问题,实际上这些问题人类根本没有能力回答,所以你们才能怎么说怎么都有理,正反两面的观点都能成立。

不但空中楼阁式的理性主义者如此,连经验主义者也犯了类似的毛病。

举个例子。

洛克不是有"白板说"吗?洛克认为人的经验是从后天的客观世界而来。在洛克之后还有另一个英国的经验主义者贝克莱,他认为世界上没有物质,人的经验都是心灵中的观念。

这两个观点一个唯物、一个唯心,谁也说服不了谁。唯物者可以说,一个物体你不意识到它,它就不存在?这岂不是荒谬?唯心者可以说,我不意识到它但它还存在,是因为还有其他人意识得到它。如果人人都意识不到它,你又怎么知道它是存在的呢?

这话说来说去近乎抬杠了。

于是休谟就说,你们都错了,错在你们讨论的问题超出了人的经验范围。"经验从哪儿来的"这个问题,我们根据经验回答不出来,所以,只能老老实实说不知道。

所以在休谟这里,经验就是人的感觉印象。我感觉到了什么就是什么,至于这感觉从哪儿来的,是真是假,我不知道。

《黑客帝国》的世界观就是这样。我只知道自己体验到的世界是20世纪。至于我体验到的这个世界是真实存在的,还是计算机虚拟出来的,我不讨论这事,因为这个问题已经超出我们讨论的能力了。不管怎么讨论都是空话,所以我老老实实说不知道。

还不止如此。

哲学理论也像是武侠小说中的武功一样,同一个武功由不同的人来用,效果大为不同。同样是经验主义,洛克只能算是初窥门径,休谟就能把经验主义发挥到极致。

笛卡尔说"我思故我在",就算我们怀疑一切事物,"我"这个概念是怎么也怀疑不了的。换句话说,"我"的概念可以超越一切事物。

可是休谟觉得这个说法不对。

你现在想象一下,"我"到底是什么呢?

你心里肯定产生了很多念头,或许是自己的名字,或许是自己的身体,或许是过去的一段记忆。不管是什么,这些念头都属于感官经验,都是由耳朵、眼睛等感官来感受到的。你试试能不能不依靠任何感官经验来形容"我"是什么?形容不出来了,是吧?

因此,休谟认为,我们所谓的"我",不过是一堆经验片段的集合而已,并没有一个独立于经验的、实在的"我"存在。

笛卡尔认为"我"是超越了客观世界的真实存在,实在是太天真了。在休谟看来,"我"不过是后天学习到的一堆经验片段而已。真正有没有"我"呢?同志们,对不起,咱不知道!

他比笛卡尔怀疑得还狠啊。

休谟的哲学观可以用来解决下面这个问题。

我们说过,我们永远没法证明自己是不是生活在《黑客帝国》式的虚拟世界里。那该怎么做才能安心呢?

休谟的回答是,不知道就不知道,没关系。我们能得到的经验就是眼前的生活,在有明确的证据证明面前的生活都是幻觉之前,我们就照着自己平时的经验正常生活下去就可以了。我们没必要也没能力去无限地怀疑世界。反正想也想不出结果来,就别想了吧!

比如,如果有学生念着一半书突然产生了哲学思考:"天哪!万一我生活的世界是一团假象怎么办?太可怕了,我该怎么办?"休谟的反应跟孩子的妈是一样的,他会一拍桌子:"熊孩子,想那么多没用!继续念书吧!"

话说得远了点儿,正因为很多人不接受休谟的这个观点,才使得文艺创作者们有各种花招可以玩儿。比如《黑客帝国》后两部里的招数:让观众怀疑反抗军的基地也是虚拟出来的。比如《盗梦空间》里,让观众怀疑所谓的真实世界也是一个梦境。

只要我们不接受休谟的观点,那么这些花招永远都是无敌的。我们可以在所有的电影、小说中都搞这一套,在故事结尾跳出一个超出故事世界观的事物朝观众一笑：哈哈哈哈，你所经历的一切都是假的！（或者都是幕后黑手精心营造的！）

一般的观众看到这里或许会鼓掌赞叹，可咱们这些经过哲学反复折磨的人会觉得，这花招挺没劲的，是吧？

休谟和笛卡尔一样被苏格拉底附体了。他打算用怀疑论来抛掉前人所有不可信的经验。休谟想，有什么知识是切实可信的呢？

他找到两种。

第一种是不依赖于经验的知识。比如几何学，它自身是不矛盾的，完全符合逻辑规则，而且不依赖经验存在。我们前面说过，在现实世界中观察不到任何严格的三角形，但是我们仍旧有三角形这个概念。三角形不依赖外物存在。那么在休谟看来，关于三角形的知识，就是可靠的。

自然，像斯宾诺莎、莱布尼茨这些人的哲学体系，因为根基是可疑的，所以不在休谟的承认之列。

第二种可靠的知识是我们自己感受到的经验，摸到什么、看到什么，这些都是可信的（当然，还是那句话，这经验是不是来自幻觉我们先不管）。

休谟想来想去，觉得可信的知识就这两种，于是他很彪悍地说了一段话：我们去图书馆随便拿起一本书，问这些书中包含着数和量的抽象推论吗，包含着关于实在事实和存在的任何经验的推论吗，如果都没有，就可以烧掉它，因为里面只有诡辩和幻想。

休谟这么想有一定的道理。从理性主义和经验主义的争论来看，人类仅有两个获得知识的办法，一个是靠演绎推理（而且还没得到新的知识），一个是靠经验。休谟把其中最不靠谱的——理性主义者们的那些公设都给去掉了。剩下的除了经验之外，还留下了纯粹靠演绎推理能成立的知识。与激进的经验主义者相比，休谟已经很厚道了。

下面还有更猛的——休谟要亲自办掉科学。

研究科学，最重要、最基础的一条规律叫作因果律。就是说，凡事有因必有果。牛顿认为，苹果落下来一定是由于什么原因造成的，这才有了万有引力定律。蒸汽上升是带动机器的原因，这才能有蒸汽机。总之，万事万物之间必须都存在因果律，我们才谈得上科学研究。

但休谟偏偏就拿因果律下手了。

刚才说，休谟认为只有两类知识是可靠的。一类是像逻辑和几何那样，既逻辑严谨又不依赖于外物存在的知识；一类是我们感官体验到的知识。

那么，因果律属于第一类知识吗？我们能不依赖于经验，只靠逻辑推导出因果律吗？

显然不能。

一个因果律是否成立，总要关系到具体的事物。我们知道"点燃爆竹"和"爆竹爆炸"两者之间有因果关系。我们能知道这一点，纯粹是靠经验得来的。假如有一个原始人完全没见过、没听说过爆竹，那他无论怎么演绎推理，也不可能想出爆竹爆炸的原因。

还可以这么说，休谟认为，我们根据逻辑只能判断事物是不是自相矛盾。就像我们可以用逻辑去判断数学知识是不是可靠。但如果我们用逻辑去分析燃放爆竹这件事，我们会发现，我们完全可以想象我们没有点燃爆竹，只是一扔爆竹，爆竹就爆炸了的情景。这个情景并不违反逻辑规则，只和我们的经验矛盾（比如"爆竹没有点燃就不会爆炸"，这是个来自经验的知识）。所以只靠理性是无法察觉因果律的。

总而言之，因果律不符合第一类知识。

> 顺便说一下，演绎推理中说的"因为，所以"并非属于因果律。比如在几何里，我们说"∵（因为）两直线平行，∴（所以）这两条直线不相交"，这里面的意思并非指"两直线平行"这件事导致了"这两条直线不相交"这件事发生，而是指，当"两直线平行"这个命题为真的时候，"这两条直线不相交"这个命题也为真。

第十九章　干掉因果律——休谟

那么，因果律可以靠经验总结出来吗？

比如在地球上，苹果一离开树枝肯定会掉在地上，我们通过日常经验就可以认识到这一点。那么这算不算我们认识到了，"苹果离开树枝"和"苹果落在地上"这两件事中存在着因果关系呢？

休谟说，不能，因为你就算之前多次看到苹果离开树枝落到地上这个现象，你也不能保证，下一次苹果还一定会落到地上。

你怒了，你说，这不是纯粹的抬杠吗？

休谟摇摇头说，这不是抬杠。

什么叫因果律呢？你不能说因果律就是"一件事的发生是另一件事发生的原因"，这相当于同义反复，说了跟没说一样。

因果律是什么呢？在经验世界里，我们可以把因果律说成："如果A事件发生了，那么B事件一定会发生。"更严格的说法是：

一、A事件发生在前，B事件发生在后。

二、二者发生的关系是必然的。

比如，苹果必然落地的事件我们可以分解为：

一、"苹果离开树枝"发生在前，"苹果落地"发生在后。

二、这个关系是必然的。

想象一下，如果我们是一个一无所知的小孩子，只靠经验，怎么能知道苹果一定会落地呢？唯一的办法就是，我们一遍又一遍观察到"苹果离开树枝"和"苹果落地"这两件事总是紧接在一起发生。我们就明白了,哦,苹果这东西原来不可能飞上天去啊。

但问题是,通过经验,我们观察到的只是因果律中的第一条:A事件发生在前,B事件发生在后。

那么第二条呢?

这个关系的必然性我们是怎么观察到的呢?

这个"必然"能让人看见?这个"必然"能让人感觉到?没有,"必然"这个东西不在我们的经验范围之内。我们之所以认为这里有"必然"性,是因为我们过去无数次地看见了这两件事连在一起发生,所以就想当然地认为,这两件事之间有必然的联系,在未来也会永远连在一起发生。

休谟尖锐地指出:这种"想当然"是错的。

休谟认为,人相信因果律其实是一种心理错觉,只因为我们发现两件事总在一起发生,我们就期待它们能再次一起发生。但这其中并没有可靠的根据。

(你也不能说"科学证明了地球有引力,所以苹果脱离树枝和苹果落地之间是必然的因果关系",因为牛顿必须先认为苹果落地存在原因,才可能去研究这个原因。换句话说,"万有引力定律"就是揭示物体运动的因果律的,自然不能用"万有引力定律"去证明存在因果律,不然就成了循环论证了。)

举个简单的例子，假如有一个没有科学知识的原始人，他通过观察发现，公鸡打鸣之后，总伴随着太阳升起，没有一天例外。那么他会认为，公鸡打鸣是太阳升起的原因。这显然是错的。

罗素有一个比喻，说假设农场里有一只鸡，每次一看到农场主来，就被喂食物，那么这只鸡就会以为农场主和给它喂食之间有因果联系。但结果有一天，农场主带来的不是鸡食而是一把猎枪，农场主把鸡杀了。换句话说，鸡通过观察发现，农场主和喂食这两件事总在一起发生，便以为其中有因果关系。但实际上，耗费它毕生时间得到的观察结果，仍旧不能证明这两件事之间有必然联系或者因果关系。

从逻辑上还可以这么解释。两件事连在一起发生，发生了一回，经验只能告诉我们这是偶然的。那么无论这两件事连在一起发生了多少遍，它还是偶然发生的。因为再多次的偶然累计在一起也不可能把偶然变成必然。

还可以这么说，我们之所以相信有因果律，是因为我们认为，我们将要经历的事情和之前经历过的事情是一样的，我们经历过的事情肯定会不断地重复。但显然这是错误的，且不说我们的经验可能只是片面的（就像农场里的鸡），何况世界本身也是在不断发展变化的。

休谟的质疑不是抬杠。类似的误区在生活中常会遇到。

统计学上有一句经典的话，"相关性不代表因果性"。

意思是说，统计结果如果发现，有两个数据A和B，每当A上升的时候，B也跟着上升；每当A下降的时候，B也跟着下降。一般人会觉得，这说明了"A是引起B的原因"。

实际上这是错的。

比如，某个小镇过去几十年的统计数据表明，每当冰激凌销量增加的时候，淹死的人数就增加。那么，能说明卖冰激凌就是淹死人的原因吗？当然不是。而是因为人们在夏天的时候才喜欢吃冰激凌和游泳，所以"夏天到了"才是淹死人数增加的真正原因。

休谟的意思是，我们在经验中发现的仅仅是相关性，永远无法发现因果性。

或许你还是不服气。你会想，所谓的两种可信的知识是休谟自己说的，我偏说因果律就属于可信的知识，你又能怎样？

你这么想没关系，咱们还有一种比较简单的思路。

因果律是怎么来的呢？是我们先观察到两件事总连在一起发生，并且这两件事自己还不单独发生，我们就说这两件事有因果关系。这用的是归纳法。

但归纳法是怎么回事？归纳法要从个别的事件里总结出普遍规律来。什么叫"普遍规律"呢？"普遍规律"就是相信在某个条件下，某件事情必然发生。这不就是因果律吗？也就是说，研究归纳法的前提，是必须相信存在因果律。

这不就成了循环论证了吗？

实际上，连归纳法本身都值得怀疑：归纳法为什么能成立呢？是因为人们相信世界上有一些规律，不仅在过去有效，在未来仍旧有效。有了这个信念，我们才去归纳。可是，我们怎么知道"有一些规律，不仅在过去有效，在未来仍旧有效"呢？是由观察现实，发现"哎，有些规律总有效啊"，从而归纳出来的。换句话说，我们"通过归纳法总结出了归纳法"，这不又是循环论了吗？所以归纳法本身也有问题。

休谟对因果律的讨论说明，因果律没法从经验中得来。假如我们要让因果律成立，那它必然像理性主义者认为的那样，属于超越经验的规律。但是，理性主义者的那些公设明明又不可靠。这么说来，可就真没咒念了。

别着急，我知道你或许还有些不服气，晕晕乎乎地看到这里，觉得好像有道理，但又好像有问题。

不用担心，别说你了，休谟时代的知识分子听到休谟的论断后，也都不服气。因为这太荒谬了。假如没有因果律，人还怎么活着？人为什么还要劳动，还要生产？我举起了杯子，明明我做的"举"这个动作就是杯子离开桌面的原因，这种显而易见的事还有人怀疑？

更何况那是个科学蒸蒸日上的年代。人们认为牛顿准确地揭示了宇宙的真理，认为只要科学不断前进就可以解答宇宙中的一切秘密。而因果律和归纳法又是一切科学的基础，统治行星万物的物理学怎么可能是建立在完全不靠谱的基础上的呢？

但是哲学家们不这么认为。

他们拿来休谟的论点一看：理性主义有独断论的危险，啊，对！一切都得从经验出发，啊，对！因果律和归纳法是循环论证，啊，也对！所以因果律不能用经验证明，所以没有因果律自然也没有归纳法，啊……啊……也对啊！

于是哲学家们都崩溃了。

第二十章　哲学遇到麻烦了

休谟把一切都毁了。

首先科学的基础岌岌可危。

科学研究的前提是，世间万物必须存在着某种普遍规律。我们必须相信，砸到牛顿的那个苹果，和千万年中掉到地上的无数苹果之间的运动规律是相同的，这才能去研究力学。

但休谟会问，科学家凭什么认为世间存在普遍规律？万有引力万有引力，牛顿认为万物都有引力，他说这话有来自经验的证据吗？万一没有呢？

假如我们真认同了休谟，那就麻烦了。我们做科学实验还有什么意义呢？科学家们比较两个实验的数据，不管这两个实验条件有多像，其实也不过是在比较两个毫无关系的偶然事件，那怎么可能得出有意义的结论呢？

然后，休谟把哲学也给毁了。

理性主义已经被驳斥成独断论了，还剩一个经验主义。可经验主义吃饭的家伙是归纳法,这回也被休谟给整没了。

莱布尼茨曾经批评经验主义者说,人和禽兽的区别就是,人能总结出必然规律;禽兽只有纯粹的联想,只知道过去发生的事情未来还总能发生。

休谟要听了这话,肯定会反驳说:你错了,我和禽兽不一样,我认为过去发生的事情,在未来不会发生。

休谟有一句名言——你怎么知道明天的太阳会照样升起?对休谟不屑一顾的人,把这句话当作休谟白日做梦的笑话。而对于被休谟说服了的人,这句话代表的是休谟结论的可怕结果。

在康德以前,哲学家大部分都是业余的。因为那时的大学里还没有单独的哲学系,哲学都是在神学课上教授的。

休谟也是业余哲学家。他的正经工作是公务员,此外还是一位重要的历史学家,写了本非常畅销的《英国史》。《罗马帝国衰亡史》的作者吉本就说自己深受休谟的影响。

休谟以一种贵族式的悠闲姿态说,哲学对他而言只是一种个人爱好,在业余时间玩儿玩儿而已。可是他这一随便玩儿玩儿,就把整个哲学都玩儿进去了。

哲学家们不得不承认休谟的结论在逻辑上是正确的,但仅凭常识就知道这结论是荒谬的。这说明了什么?这只能说明哲学的荒谬。

我们说哲学的一切都是从怀疑开始的。

近代哲学从笛卡尔的怀疑开始，这个怀疑让人们踌躇满志，觉得有一个广阔的空间可以施展拳脚。然而一路怀疑下去，到了休谟的怀疑，把人类所有的知识都怀疑没了，只剩下荒诞。哲学还怎么搞下去啊？

或许你会说，没关系，不还是有科学的权威在吗？科学在不断地创造奇迹，足以让休谟的怀疑论不攻自破。

你不提这事还好，一提更要命了。

休谟说没因果律，科学非说有。那科学坚持因果律的结果是什么？前面说了，是决定论！那人就成了傀儡，没有自由意志了呀。

好家伙，在因果律问题的两端，一边是没有因果律，那科学就完蛋了；一边是有因果律，但就会没有了自由和道德。你说你相信哪个？两个都不好受。

当然，我们这些受过辩证唯物主义教育的人，觉得还是有出路可走。我们可以说，为什么非要走极端呢？我们可以在极端中间选一个点嘛。比如，我们可以相信意识依赖于物质存在，但是意识不被物质决定，我们的思想是自由的。这样，我们既在客观世界里保留了因果律，保留了科学，又在自己的头脑中保留了自由和道德。多完美！

这么想确实很舒服，不走极端，又左右逢源。然而这种狡猾的选择也要付出相应的代价。

我们说过,我们的原则是避免独断论。

那么,当你在左右两个极端里选择中庸的时候,你不能说我随便选择中间的哪一点都行,你必须说明白,为什么你要选一个点,为什么不能更靠左一点,或者更靠右一点。

我们刚才在休谟的怀疑论和科学的决定论中间选了一点,对吧?我们认为因果律只存在于物质中,不存在于人的意识中,人的意识里保留了自由意志。那么我的问题就来了。

我们姑且认为人有自由意志。那么请问,动物有自由意志吗?植物有自由意志吗?如果说动物有植物没有,难道是因为前者能动后者不能动吗?那微生物有自由意志吗?或者动植物的关键区别是前者有脑?那请问脑的定义是什么?这定义能决定自由意志的有无吗?无脊椎动物的神经中枢算脑吗?鱼是脊椎动物,有类似于高等动物的大脑结构,螃蟹虾米是无脊椎动物,后者所谓的大脑仅仅是神经节。那你的意思是说,螃蟹没有自由意志而鱼有?或者说,一个只有螃蟹虾米的鱼缸是决定论的,扔进去一条鱼就不是了?

如果退一步,说自由意志的区别在于生命和非生命之间,那脱氧核糖核酸有自由意志吗?蛋白质有自由意志吗?你是说,一小块培养皿里的蛋白质有自由意志?

如果进一步,说自由意志的区别在于人和动物之间,那人和

第二十章　哲学遇到麻烦了　185

动物之间的关键区别是什么？很多高智商动物如狗类会表现出感情，会向人类学习，它们这一切都是单纯的生理刺激的结果吗？如果说人和动物的关键区别在于理性，那婴儿有自由意志吗？原始人有自由意志吗？类人猿有吗？猩猩有吗？到底是在进化的哪一瞬间，人类和动物之间有了本质的区别？难道你是在说……灵魂吗？

如果区别在人类和动物之间，这不就意味着，人类在进化中的某一瞬突然"嘣"的一下就冒出自由意志来了？我们是不是可以说，宇宙从诞生开始，一直都按照严格的因果律按部就班地运动着。突然间，当某个星球出现"高级生命"或者什么"理性"的时候，从这些"高级生命"中突然迸发出一种东西，彻底地改变了整个宇宙的因果律，从此整个宇宙再也不是按照严格的决定论发展了。

你是说……理性可以改变整个宇宙？你是唯心主义者吗？

如果理性有这么大的力量，这玩意儿是从哪儿来的？换句话说，如果你既是一个唯物主义者，又否认决定论的话，那么请问，自由意志这东西是从哪儿来的？如果人的意识仅仅是由脑神经决定的，是由符合因果律的物质决定的，为什么它能逃脱大自然的因果律，能够超越其上呢？那你还是唯物主义者吗？

…………

这样的讨论还可以无穷无尽地说下去。

明白了吗？假如咱们要取巧，要选择两个极端答案的中间一点，那就必须有充分的理由，把那个点分毫不差地标出来。否则就必须面对无穷无尽的诘问。如果你不能圆满地回答，那么你的答案显然是出自想当然，那又和独断论有什么区别？

类似的困境，生活在休谟时代的经验主义者也遇到过。休谟的怀疑论是经验主义的必然结论，但经验主义者不愿意也不可能放弃归纳法。于是他们就说，不就是认为因果律和归纳法本身是循环论证，不能靠经验证明吗？那我们就像理性主义者那样，说因果律和归纳法是人天生就有的理性知识不就行了，反正科学也间接证明了归纳法的成功。这么一来，整个经验主义不就都立得住了？这有点儿像怀疑主义者说"所有的话都必须被怀疑"的时候，还必须补上后半句"除了本句话之外"，要不就成了自相矛盾了。

然而立刻有人会反对说，经验主义不是说一切知识都得从经验得出吗？那你凭什么又说因果律和归纳法可以是特例？假如它们是特例的话，为什么其他知识不能是特例？为什么不能一切知识都不从经验而来？

这和我们前面说过的困境一样。选择了中庸之道固然可以避免两个极端的缺点，但也同时失去了两个极端的理论支持，很容易被别人驳倒。

顺便一说,我们生活中其实存在着很多类似的中庸观点,听着很美,实际上由于缺乏可操作性,完全就是一句废话。

比如,今天我们很重视环境保护。面对种种人类行为对自然造成的破坏,有人提出了,我们要"敬畏自然",要"顺应自然"。

问题是,什么叫"顺应自然"呢?从人类诞生开始,人类就在改造自然啊。最基本的农作物啊、家畜啊,都是人类改造自然的产物。那么,为什么我们把经过人类多年培育、离开人类就毫无生存能力的麦子种子放到地里,这叫"顺应自然",但当我们为了麦子更好地生长而放了一些化肥到地里,就算"违背自然"呢?假如你说,因为化肥是工业的产物,所以是在"违背自然",那问题是,农业和工业的区别在哪儿呢?农业用木头、工业用金属吗?用木锄头锄地是"顺应自然",用金属锄头锄地就是"违背自然"吗?那么一个盗猎者用木棒捕杀国家保护动物,算是"顺应自然"吗?或者,农业和工业的区别在于后者用机器生产吗?那机器的定义是什么?古人用织布机织出来的布就是不自然的吗?或者你说用非生物能驱动的机器才算工业,那么原罪是燃烧吗?难道雷电把干草点燃了是不自然的吗……这里面可以有很多质疑,我们不一一细说了。

所以，什么"敬畏自然""顺应自然"也都是美好的废话。合理的说法是"我们对自然的改造应该给人类带来好处，不给人类带来坏处"，这仍旧是人类中心论，"自然"在这里没有什么特殊的高贵地位。

闲话少说，来看看哲学的困境吧。

现在有两个会严重摧毁生活的哲学观点。一个是休谟的怀疑论，一个是科学的决定论。可怕的是，这两个观点正好是互相矛盾的两个极端。反对一个就等于拥护另一个，采取中庸之道的那些结论，更像是诡辩论而不是严谨的推理。

我们可以用游戏做一个比喻。这时的哲学世界出现了两个boss（此处指游戏中首领级别的守关怪物），一个是火属性，一个是水属性。两个boss攻击力超高且属性相反。一般的玩家别说两个boss了，连一个都打不过。玩家们纷纷扔掉游戏手柄大叫：这就是一bug（漏洞）啊！谁设计的烂游戏，根本就打不过去嘛！

就在这时候，一个大家从未见过的新面孔分开了众人。这人面带微笑，取出宝剑，一阵闪光过后，两个boss轰然倒地。

周围的人们都看傻了，他们拥到那个新面孔面前："不知少侠贵姓高名？"

那新面孔谦虚一笑，拱了拱手：

"各位承让，在下康德。"

康德的个人秀即将开始。

在下章开始之前，我们插播一个关于因果律的有趣讨论。

还记得前面说过的决定论吧，我们说过，决定论是从"万事万物都严格服从因果律"这一点推出来的。在这里，决定论是和因果律紧紧联系在一起的。

然而，假如我们相信决定论，又会导致我们永远无法发现和使用因果律！

这到底是怎么回事呢？

刚才说了，因果律的意思就是"A发生以后，B必然发生"。我们假设这个世界有因果律，世界符合决定论。那么科学发现还是要用归纳法，对吧？所以科学家们要发现A和B之间有因果律，就必须不断地让A发生，再看是不是每一次B都会随之发生。

但这里有一个条件，就是A的发生必须是人能控制的。这样我们才能不断地改变A发生的条件和环境，才能绝对保证只有A，而不是其他因素造成B的发生。举例子就是，我们怎么知道苹果离开树枝是苹果落地的原因呢？我们得把各种可能同样是苹果落地的原因都排除了：天气啊，地理位置啊，苹果的品种啊。所以我们得在不同的天气下，在不同的地区，用不同的苹果来观察这个事件。结果发现，所有的条件都可以更换，但是苹果落地还是紧随着苹果离开树枝而发生。那么根据归纳法，我们就能知道，苹果离开树枝是苹果落地的原因了。

然而，假如我们生活在一个决定论的世界里，那么A的发生并不是我们能控制的，因为我们没有自由意志。因此，即便我们做再多的实验也无法确认A就是B的原因。就好比当我们看到苹果离开树枝和苹果落地这两个事件的时候，这两个事件的发生其实都已经在宇宙生成的那一刻，由其他的什么东西（比如叫"原因C"）决定了。无论我们如何更换天气条件、地理位置、苹果的种类去做苹果落地实验，我们也永远无法排除那个"原因C"。甚至连我们反复做这些实验的行为也都是"原因C"决定的，因此我们永远也无法发现因果律。

这意思是，假如我们接受这世界是符合决定论的，那么我们可以相信这世上的确存在着因果律，但我们却永远无法把它们找出来。这并不能推翻决定论，不过可以让决定论陷入一种很尴尬的境地：在决定论的世界里，科学同样是没有意义的。

你说这科学多娇气呀，没因果律了不行，因果律太厉害了也不行。

好了，我们终于可以迎来康德一掌定乾坤的高潮戏了。

等等，好像还忘了点儿什么事……

第二十一章　教会的衰落

那个到处迫害哲学家、试图让全世界只剩下一种声音的欧洲教会，我们还一直没往下说呢。

假如我们让中世纪的教会制定一份"通缉危险分子名单"，我猜想，排在第一位的既不是马丁·路德，也不会是斯宾诺莎，而应该是古登堡。那个给欧洲带来活字印刷术的人。

欧洲教会的尊严尽失是从印刷术的出现开始的。这也赖那时的欧洲封建领主各自为政，行政效率低下。如果是换在乾隆时代的中国，管你什么活字印刷，一场轰轰烈烈的禁书运动下来，一样可以给你禁得差不多。

中世纪的欧洲就没那么美好了。印刷术的出现造成了出版业的空前兴盛，从行政成本的角度看，教会不可能在每本书出版之前一一进行检查，只能等到发现了违禁书籍之后再进行查抄和销毁。

因此，1559年天主教会开始推出《禁书目录》，并且不断更新它。最后一份《禁书目录》到了1948年还在出版，那时候第二次世界大战都结束了。

教会规定，凡是印刷、出版、阅读《禁书目录》上所列书籍的人，一经发现都会受到严厉的惩处。我们之前提过的很多哲学家，比如笛卡尔、斯宾诺莎、洛克、休谟，还有后面的康德、帕斯卡，他们的著作都上过这本《禁书目录》。

但是《禁书目录》也造成了意想不到的反效果。这里就显示出中国古代中央集权的优势了。放到乾隆那儿，这本《禁书目录》只需要给各级官员当作内部刊物就可以了。而天主教会对欧洲的统治是间接的，它必须把《禁书目录》公开，让欧洲人民根据自己的宗教信仰自觉遵守。

因此，在荷兰、波兰、德意志那些教会不太管得到的乡村和城镇里，隐藏着大批印刷商和出版商。他们在罗马安插眼线，一旦最新的《禁书目录》出版，这些商人立即夜以继日地印出最新的禁书。就像我们今天的"少儿不宜"反而成了宣传卖点一样，《禁书目录》也让很多人起了好奇心。在天主教会管不到的地方，这些禁书的传播速度反而很快。

当然教会还有别的招儿——宗教裁判所。教会还可以通过世俗的力量谴责你、咒骂你、开除你、驱逐你。只要社会上大部分的人都相信教会，教会就有种种办法给敌人施加压力。

宣扬"日心说"的伽利略就是这么被裁判所玩儿死的。

有人说，伽利略被裁判所迫害，受了酷刑。这是不对的，裁判所没对伽利略用刑。因为用刑那叫"整"，不叫"玩儿"。

整人一点儿技术含量都没有，玩儿得你有苦说不出才叫本事。

说到伽利略插一句，伽利略为人所熟知的一项实验是从比萨斜塔上扔下两个质量不同的球，来证明自由落体的速度和物体的质量无关。

首先，这个实验伽利略本人从没有记录过，最早是伽利略的一个朋友在伽利略死后12年写的一本传记中提到的。历史学家们大多认为这个实验是杜撰的。

其次，这个实验结果也是错的。因为虽然两个球受到的空气阻力是一样的，但是两个球受到的重力不同，用重力减去相同空气阻力得到的合力，不再和各自的质量成正比，所以实际的加速度也是不同的。只要学过初中物理，列个式子就明白了。

给伽利略当过助手的物理学家巴利安尼曾经用两个体积相同的铁球和蜡球做过这个实验。当落体高度达到大约15米的时候，两个小球的掉落速度就明显不同了，所以我们有的书上画的比萨斜塔实验，就算抛开历史因素，也是错的。物理老师用真空管比较羽毛和铁球的实验才是正确的。

真正有价值的，是伽利略的另一个思想实验。当初亚里士多德认为越重的物体下落速度越快。伽利略就想象，假如金属球的掉落速度比木头球的掉落速度快，那么我们用一根绳子把这两个球连在一起扔下去，按说掉落速度慢的木头球，会拖慢金属球的掉落速度。也就是说，两个球合在一起的掉落速度会比金属球慢。但是，两个球合在一起的质量不是比单独一个金属球更大了吗？那不是掉落的速度又要比金属球单独掉落更快吗？这理论自相矛盾，自然也就不攻自破了。

当然，伽利略影响最大的是对"日心说"的论证。

教会恨伽利略，也就恨在"日心说"上了。

那个时代的教会，其实并不反对科学研究。因为在他们看来，自然万物都是上帝的作品，研究自然也是神学的一部分，没什么不好。

但是，科学研究的结论绝对不能和《圣经》矛盾。比如，《圣经》明确说"大地静止不动"，那么就绝对不能说"地球绕着太阳转"。

其实，单纯讲"日心说"教会也能接受，只要把"日心说"当成一个比喻，而不是事实就行。也就是说，你可以说"咱们可以把地球看成是绕着太阳转的，这样一来群星运动的公式是……但其实地球是不动的哦！"在伽利略之前，哥白尼提出了"日心说"，教会就允许哥白尼的著作经过修改后继续使用。

但是伽利略不一样。

伽利略造出了当时最好的望远镜，发现了很多和"地心说"

冲突的证据。比如"地心说"认为地球是宇宙的中心，只有地球不动，其他星球都动。那为啥地球这么特殊呢？过去的解释是，群星和地球不是一种东西。地球是由土元素构成的，而土元素有"向宇宙中心运动的趋势"，所以地球就在宇宙的中心固定不动。而群星呢，是由一种叫"以太"的元素构成的，可以在天上运动。可是伽利略通过望远镜发现，月亮上有和地球一样的山脉，不是什么特殊的物质。那"地心说"的理论基础就不成立了。

诸如此类的证据，伽利略发现了好多。于是伽利略最后认为，"地球绕着太阳转"不是一个假设，就是这个世界的真相，就是对宇宙最好的解释。

教会当然不干了。

伽利略关于"日心说"的名著叫作《关于托勒密和哥白尼两大世界体系的对话》，但是这本书出版之前，伽利略就因为谈论"日心说"被宗教裁判所请进去过一回。

伽利略当然被吓坏了，拼命辩解自己的研究与《圣经》不矛盾。但是教会不理那一套，判决伽利略的说法是异端，要求伽利略"放弃'日心说'，不准再讲授、捍卫'日心说'"。伽利略签字认罪。这份判决书伽利略拿一份，宗教裁判所留一份存档。

后来，教会里换了个教皇，这人跟伽利略之前还是朋友。渐渐地，伽利略的胆子就大了，后来就出版了讲"日心说"的《对话》。而且伽利略也不傻,他知道教会的底线是不能和《圣经》矛盾,因此在写作的时候很注意保护自己。他在《对话》的前言中就声明,他把"日心说"当作纯粹的假说——您不是允许"日心说"是假说嘛,那我这回就是假说了啊。

写完《对话》后,伽利略先把这本书献给了教皇,让这位教皇朋友先审审,等到教皇批准之后,这本书才被出版。但是在这里伽利略做了一件非常奇怪的事。虽然教皇是伽利略的老朋友,但是在这本《对话》里,伽利略安排了一个愚蠢的角色,在书里被大大嘲弄了一番。熟悉教皇的人一眼就能发现,这个蠢人的言谈举止和教皇一样。我不明白为什么伽利略要得罪这个有权有势的好朋友,或许是因为他实在看不惯这位教皇朋友对"日心说"的敌视,在真理面前非得图一个最痛快。我也不明白为什么教皇看了这书后还允许出版,或许是教皇本人没认真看这书,或许教皇本来觉得没什么问题,是后来敌视伽利略的人对教皇进的谗言,把教皇给惹火了。

总之,这本书出版后的第二年,教皇的立场完全改变了,命令该书停止销售,市面上的书全部收回。并且命令宗教裁判所把伽利略抓了回去,说他违反了1616年"不能讨论'日心说'"的判决。伽利略一听就急了,回家把自己那份判决书拿出来说:你看看,你这判决明明没有"不能讨论'日心说'"这条啊!

这时候裁判所不慌不忙地拿出他们存档的那份判决书,在判决书的最后，赫然就写着"不能讨论'日心说'"这几个字[1]。

这都行？

有理没处说去啊，伽利略服了软，在监狱里自愿补写了《对话》，以便让内容更偏向"地心说"。但是没有用，他还是被判有罪，判了监禁，"刑期以我们认为必要为准"。已经69岁的伽利略还遭受了羞辱，跪在大庭广众之前，穿着代表悔罪的白色长袍，手执蜡烛，当众表示"公开放弃、诅咒和痛恨地动说的错误和异端"。

有人说，在判决几天以后，当伽利略被押解至某监狱，从囚车上艰难地下来的时候，他弯下腰用手指触地，喃喃地说道："唔，它还在动。"

后来，伽利略双目失明，身体十分虚弱。经过了一番活动，才得以改成回家乡软禁。结果一直被软禁到死。

伽利略事件震慑了欧洲的学术界。笛卡尔曾经有一个雄心勃勃的计划，写一本光听名字就很霸气的书——《论世界》。他想要统一他所有的科学理论，其中就包括地球转动的观点。当笛卡尔知道伽利略被判刑后，深受打击，他不敢再提地球转动了。可是没了这个理论，笛卡尔的其他科学理论也难以统一。最终，他

---

1 教会到底有没有修改档案，此事尚有争议。

的著作只写了一小部分。

其他的哲学家也差不多，要么听到风声不对就往荷兰跑，要么就匿名发表作品，或者干脆终止了自己的研究，有些人的作品只能在去世后才发表。

不过，就算这些人再异端，好歹他们还都信个上帝呀，等机械论和决定论一出，教会就彻底疯了。

其实决定论倒不一定非和教会矛盾。决定论确实没给上帝留出干涉世界的空间，一切事物都按照自然规律自行运转。但上帝是全知全能的，上帝也能知道未来发生的一切事情。所以在决定论的世界观中，上帝完全可以在世界生成的那一瞬间，把后来宇宙万物的发展都安排好，这也不违反基督教教义。

话是这么说，但机械论和决定论想拒斥上帝也很容易。特别是机械论，一不留神就会跑到无神论那边去。

我们前面说过的机械论者霍布斯就是个例子。

虽然霍布斯也信仰基督教，但是他的著作《利维坦》宣扬的是自然神论，也就是说，上帝在创造了世界之后，基本不干涉世界的运转。也就是说，人们现在的日常生活跟上帝已经没什么关系了。这在当时的教会看来，自然是异端无疑了。

《利维坦》一出来，教会和保守势力都怒了。一查这人谁啊，原来就是一家庭教师出身，没权没势的，嘿，办你还不容易嘛！

正好那个时候英国闹革命，革命党克伦威尔把英国国王查理一世当众斩首。过了几年，克伦威尔又嫌议会碍事，让军队把议员赶出了议会，把议会大门锁上，在门口挂上"吉屋出租"的牌子。最终，克伦威尔成了英国实际的统治者。

正在混乱的时候，霍布斯结束旅居法国的生活回到了英国。克伦威尔也信基督教啊，于是，教会和保守势力就准备趁机对霍布斯下手。

但教会没想到，霍布斯的《利维坦》除了讲机械论外，还有一多半在讲政治。《利维坦》的政治理论里有一个观点，说当君主已无法再保护臣民安全时，臣民可以转向服从新的君主。这个观点正好给事实上篡位独裁的克伦威尔提供了理论基础。所以霍布斯在英国受到了克伦威尔的保护。克伦威尔连英国国王都给弄死了，还怕什么教会势力？霍布斯自然高枕无忧。

克伦威尔善于打仗，但不善于治理国家。他当上独裁者几年以后，国家的问题越来越多，举国上下怨声载道。阴谋刺杀、反叛他的人层出不穷，甚至连他女儿都反对他。不久，克伦威尔病倒去世。他死的时候已经臭名昭著，据说死讯传到荷兰时，孩子们沿着运河奔跑，高兴地呼喊："魔鬼死了！"

很快保皇党复辟，流亡在外的查理二世被请回英国。查理二世在他30岁生日那天，在民众盛大的欢迎仪式中进入伦敦，当上了国王。

查理二世跟克伦威尔可是仇大了。克伦威尔杀了查理二世的爸爸，夺了他们家的王位，还到处追杀查理二世。查理二世一度把手脸涂黑，伪装成贫民，在野地里露宿。最惊险的一次，他躲在一棵树上，克伦威尔的部队就在树下搜寻，却没有发现他。等查理二世好不容易流亡到欧洲大陆以后，也有一段时间过得和贫民一样，经常吃了上顿没下顿，吃最粗陋的食物，还经常赊账。

查理二世复辟之后，为了解恨，让人把克伦威尔的尸体挖出来，一番上绞刑架之类的折腾后，把克伦威尔的头颅挂在了威斯敏斯特大教堂尖顶上，一挂挂了好多年。

总之，克伦威尔下台，新国王查理二世恨他入骨。这回霍布斯没了保护人，教会又准备对他下手了。

但我们之前说过，霍布斯当过家庭教师。他当初教的学生就是查理二世。

教会当时就崩溃了。

查理二世登基后，有一天在街上遇到了霍布斯，认出这就是自己以前的老师。他把霍布斯接到宫中。从此不仅每年给霍布斯送钱，还在寝室里挂上了他的画像。在查理二世的保护下，霍布斯虽然也受到了冲击，但是很轻。他失去了出版自由，但还是可以偷偷到荷兰出书，他的理论早就名扬在外了。

第二十一章 教会的衰落

虽然没受什么攻击,但其实霍布斯也冤,因为机械论的正主儿牛顿让教会给放过去了。

在历史上,我以为有两个人对基督教权威的打击最大。一个是牛顿,一个是达尔文。

有意思的是,这个对教会打击最大的牛顿,却被教会赐予了巨大的荣耀。这一方面是因为英国教会比较开明,另一方面也是因为牛顿本人是个虔诚的教徒。

有的书在讲科学史的时候,会把科学家和教会当成不共戴天的敌人,一个无比光辉,一个反动透顶。实际上在那个年代,别说科学家了,连那些被烧死的异端算一块儿,几乎每个人都信基督教,而且不少人还无比虔诚。什么哥白尼、伽利略、牛顿,全是基督徒。拉美特里那样的才是真正的特例。

开普勒是"日心说"的大功臣,他有个开普勒三大定律,为牛顿研究万有引力铺平了道路。但开普勒研究天文可不是出于什么唯物主义精神,开普勒把太阳看作圣父、恒星看作圣子、宇宙中的以太看作圣灵。他研究天文学是为了印证他的神学观:世界是上帝根据完美的数的原则创造的。

牛顿也是个虔诚的教徒。他的名著《自然哲学的数学原理》中,第一句话就表达了自己对上帝的信仰。在他的力学中,像"第一推动力"等地方,都给上帝留下了位置。正因为他的成就和信仰,所以牛顿在生前就很受教会推崇,死后还被葬在了威斯敏斯特大教堂里。

但是，科学的探索精神注定是不安分的。就算牛顿是个虔诚的教徒，他也不会满足于常规的宗教生活。人们后来发现，牛顿一生中把很多精力花在了神学上，足足留下了150万字的手稿。他的研究很有趣，其中重要的一项工作是解读圣经密码。

所谓解读圣经密码，就是通过跳字、断句之类的方法，从《圣经》中找到隐藏的内容。在我们看来这种解读行为有些荒诞[1]，但是牛顿虔诚地认为，他的物理学定律和圣经密码一样，都是上帝留给人类的神秘线索。研究圣经密码和研究物理学一样重要。

而且牛顿还通过复杂的公式计算出了世界末日的时间——2060年。

不过不用紧张，牛顿在做出预言后又补充说，他并不是想给出具体的时间，他这么做是为了让其他预言末日的人闭嘴。

牛顿这么说是有原因的。因为基督教预言人类将会经历最后的审判，以后世俗生活就结束了，进入新的时代。所以基督教一直对预测世界末日情有独钟。

---

[1] 在牛顿之后，很多人继续投入圣经密码的研究中。有些人通过计算机声称找到了大量的信息，能和历史事件一一对应上。有很多人质疑这种方法并不严谨。其中有一位圣经密码的发现者Michael Drosnin在接受《新闻周刊》访问的时候急了，说谁要是能在《白鲸记》里找到某位总理被刺杀的密码，他就服。Michael Drosnin这话一出来，就有很多人投入在《白鲸记》找密码的工作中。结果真有人找出甘地的了，而且除了甘地外，还找到了林肯、拉宾、肯尼迪等名人被刺杀的信息。

第二十一章　教会的衰落

前面说过，就因为这个信念，基督教才在公元64年的罗马大火中，被认为是纵火者。中世纪的时候，人们不是习惯把遗产捐赠给教会吗？那时大都要在遗嘱的开头写上："因为这世界之末日将近。"意思是，反正也快到世界末日了，这钱留给后代不如捐给上帝。

不仅是牛顿的时代，在整个历史里，每过一段时间西方世界都会出现一些世界末日的预言者，预言末日将在什么年代到来的都有。这是因为末世论具备了能引起恐慌又无法查证的特点——就像休谟说的，谁能证明明天太阳一定会升起，谁又能证明未来某天不是世界末日呢？所以末日论就跟楼下大妈串舌头说"水价要涨了"一样，一传就灵。

总之，教会放过了牛顿。虽然教会没有放过达尔文，但这无所谓了。我们都知道故事的结局：教会势力越来越弱，再也没有能力把人送上火刑架。到了后来，伏尔泰成天咒骂基督教，尼采大喊"上帝死了"，谁都不能把他们怎么样了。

其实，教会势衰的征兆在很多年前就出现了。

这是在笛卡尔出生五个世纪之前，那时候还没有马丁·路德，还没有新教，连赎罪券都还没有呢，就已经有人看罗马不爽了。

这个人是神圣罗马帝国的皇帝亨利四世。他觉得自己很牛，为啥我的国家非要每年给罗马教会捐那么多钱呢？

他就开始和罗马吵，吵到后来他竟然宣布罗马教皇是伪僧侣，要其下台。

教皇对付这种不服的主儿，只有一个办法："绝罚"你。虽然教皇翻来覆去只有这么一招儿，但这招儿太灵了。

我们前面说过，欧洲国王管不住自己手下的领主，领主们又信奉教会。亨利四世被"绝罚"后，立刻叛乱四起。亨利实在扛不住了，无奈之下，不得不千里跋涉来到教皇的住所前求饶。贫民出身的教皇拒绝接见他，亨利就在大雪中站了三天三夜（据说还没穿鞋子），然后教皇才出来让他吻了自己的鞋，宽恕了他。

这个例子经常被提起，用来证明中世纪教皇的权威。但是有些文章忘了说故事的后半段。

亨利四世是个很厚黑的家伙。他回去以后一看没什么事了，嘿嘿一笑从怀里掏出一个小本儿来：谁当初背叛过我，我都记着哪。没过多久，亨利四世把当初背叛他的人都给灭了。稳定了局势后，他立刻翻脸再次讨伐教皇。

教皇只有一招儿呀，"绝罚"呗。

可是这次亨利四世早有准备。

面对第二次"绝罚"，亨利四世啥事也没有，直接带兵杀到了罗马。教皇只能从罗马仓皇出逃，最后凄凄惨惨地客死异乡。

当然，这时候教会势力还很强盛，后来继任的教皇又把局势扳回去了。宗教改革的时候，新教还拿这件事出来说，用来激励

第二十一章 教会的衰落 205

日耳曼人的民族情绪，号召人们为亨利四世报仇。

虽然这件事比笛卡尔的时代要早五个世纪，但它已经揭示了教会必然衰落的原因：教权和王权之间有着尖锐的矛盾。在对抗中，教会唯一的武器是信仰，一旦这信仰被哲学、科学和民主思想慢慢消磨掉，教会的权力也就立刻萎缩，说话再也不好使了。

率先颁布《禁书目录》的教皇是保罗四世，他以严酷的统治闻名。此外，他还有一大"功绩"。

话说有一天，他来到西斯廷教堂，抬头一瞧，看到墙壁上米开朗琪罗所作的绝世精品《最后的审判》里有好多裸体形象。教皇一看火就上来了：胡闹！这画上怎么有这么多不穿衣服的！太不像话了！他立刻叫人给画里的人物画上裤子和遮羞布，毁了这幅杰出的作品。

保罗四世任时是罗马教会严酷统治的高潮时期。但就在他死后，罗马连续四天发生暴乱。人们拆下保罗四世的雕像，把它拖到街上，又丢到河里。人们还烧掉了宗教裁判所，释放了犯人，毁掉了文件。

我们在讲哲学史的时候说，笛卡尔、斯宾诺莎的时代还在讲教会迫害，休谟的书也被教会禁了，但是等到说后面的康德、黑格尔等人的时候，教会顶多就是在《禁书目录》里添几个书名，实际已经不能把他们怎么样了。

1835年，除了罗马之外，欧洲各地的宗教裁判所都被取消，不久以后，罗马的裁判所也改换名字，很快就失去了逮捕审判的权力。宗教裁判所带来的黑暗时代就这样结束了。

当然，这世上永远不缺少为了取悦神灵而无所不为的人。他们相信神灵会赏赐给他们幸运、财富、长寿和天堂。他们乐于攻击一切和经文相悖的东西，认为只要把经文上说过的话重复上一万次，就可以得到赏赐了。

比如下面这位牧师的话：

"认为太阳的直径有几百万英里，与地球相距9100万英里，这是愚蠢的想法。太阳只有32英里宽，距离地球不过3000英里。情况一定如此，完全合情合理。上帝创造太阳，为的是照亮地球，他必然要把它安放在靠近服务对象的近旁。如果有人在齐翁镇盖所房子，却跑到威斯康星州的基诺沙去安装电灯为它照明，你会怎么想呢？"[1]

这话不是说在天主教统治的中世纪，而是在20世纪30年代的美国，那时候爱因斯坦的相对论已经被科学界普遍接受，美国作为20世纪的科技大国，正在科学的天空中冉冉升起。

说这话的人曾经悬赏5000美元让人们向他证明地球是圆的。

---

1 引自《西方伪科学种种》（马丁加德纳著，贝金译）。

第二十一章 教会的衰落 207

就像咱们今天那些动不动悬赏几十万元挑战科学院的民间科学家一样，这人自然不可能相信任何与他相左的言论，也就不可能把这悬赏给任何一个人。然后他就可以得意洋洋地宣布：谁也拿不走我的悬赏，瞧，科学家们都是一群懦夫加笨蛋。

顺便一说，这家伙为了宣传"世界是扁平的"这个观点，出了好几趟国——

他来了一趟环球旅行。

第二十二章　宅男拯救哲学

接下来是属于德国的时代。康德终于来了。

包括康德,以及后面的谢林、黑格尔、费尔巴哈、叔本华、尼采、马克思、胡塞尔、海德格尔,还有对哲学影响颇大的爱因斯坦、海森堡[1]。这个超豪华阵容全部都是德意志人。他们中有不少是犹太人。后来希特勒迫害犹太人,结果让一堆超级智囊脱离德国国籍到英美去作贡献了。

想到在这漫长的年代里,全世界哲学家都唯德国马首是瞻,想到爱因斯坦外星人般的天才,想到马克思对全世界的巨大影响,想到德国在第二次世界大战时超强的工业和科技能力,这不

---

[1] 此外,在物理学界还有欧姆、赫兹、亥姆霍兹、克劳修斯;文艺界还有巴赫、贝多芬、瓦格纳、门德尔松、歌德、海涅;数学界有高斯、希尔伯特;医学界有罗伯特·科赫;社会学界有马克斯·韦伯;政界有俾斯麦。如果算上和德国关系源远流长、同属于德意志民族的奥地利,那么还有维特根斯坦、波普尔,还有莫扎特、舒伯特、约翰·施特劳斯、茨威格、卡夫卡、弗洛伊德、薛定谔、泡利、玻尔兹曼等。往前捯,能影响世界史的还有古登堡和马丁·路德。

禁让人遐想，假如没有希特勒，假如没有种族迫害和侵略战争，德国那得多牛啊？

当然，历史不能假设，想想而已。

假如宅男这个行业要拜什么祖师爷的话，我觉得康德挺合适的。

康德住在当时德国最东边一个偏远的小镇里。这个地方偏远到今天已经不属于德国而属于俄罗斯了。那个时代，没有电视没有广播，学者大多会到处游历，为的是增长见闻，也是为了和其他学者多交流。就像笛卡尔为了读"世界这本大书"而两次参军一样。

康德却是个另类。在漫长的一生中，他只短暂离开过家乡的小镇一两次，最远只到过100公里外的地方。他几乎一辈子都蜗居在自己家里，而且终身未婚。其实康德有两次求婚的机会，但全都因为他的优柔寡断而错失良机——完全就是宅男的典范呀！

你可能撇撇嘴，说这样的宅男我见得多了，康德在今天也就算个普通水平，也没什么了不起。

不，我敢自信地说，今天所有的宅男谁也比不上康德分毫。

要知道康德那个年代，没有互联网，没有电话，没有电视，没有广播，连照片都没有。所以咱们看那个年代的小说和电影，人们没事就聚会啊，吃饭啊——因为不这么社交就没事干啊。偏偏这两样康德都不喜欢。宅男康德和这世界的联系除了和友人聊天外，就只有看书和通信了，基本上全是面对着固定不动的文字。那是什么感觉呢？大概就跟在一个老式图书馆里住了一辈子一样吧。

你说今天哪个宅男能跟他比？

还有一个细节给了我很深的印象，据他那个时代的人说，康德的睡觉方式是这样的：

"他先坐在床上，轻轻地躺下，将一个被角拉到肩膀上，再掖到背下，然后特别熟练地将另一个被角用同样的方法整好，接着再将身体的其他部分盖好。这样把自己像茧子一样裹好后，他便等待着睡意的来临。"

我虽然不会这么做，却觉得心有戚戚焉。或许对于一个常年单身的宅男，他睡觉前的状态是他内心世界最好的写照。

康德是个大器晚成的人。觉得自己年事已高但是一事无成的人，可以拿康德来激励自己。

康德的父亲是马鞍匠，家里非常清苦。康德上了大学以后，常常因为贫困而中断学业。在他23岁的时候，他的父亲去世了，家里没有了经济来源，康德不得不中断学业，自己想办法谋生。

作为一个无权无势的大学毕业生，康德能找到的最好的工作是给人当家庭教师。在当了八年家庭教师后，他通过努力，终于回到大学拿到了硕士学位，在大学里当上了老师。

然而，康德当上的不是教授，而是地位最低的编外教师。学校不给发薪水，他的收入由上他课的学生们提供。在随后的岁月中，康德不断地申请当教授，但是不断地失败，结果这个编外教师康德足足干了15年，直到46岁的时候，才获得了教授的职位，这是非常晚的了。

而且当上教授以后，康德仍旧很多年拿不出重量级的学术著作来。虽然他当时已经有了一些名声，但是除了最了解他的少数几个人外，没人认为这个身材矮小、面貌丑陋的老教授，将会是那个一举打败两大哲学怪兽、一统哲学江山的救世主。

其实，康德早就在酝酿一部巨作。朋友们不断催他完成，但他本着宅男的拖沓性格和知识分子的优柔寡断，一直拖着不肯写完。这一拖就拖了12年。

那时很多圈内人都瞧不起康德。有一次，康德的学生在柏林一个有很多哲学家参加的宴会上说，康德正在撰写一本新书，完成后会让所有的哲学家汗颜。在场的哲学家笑了笑回答说，很难想象一个业余哲学家会有这样的本事。

倒也怨不得那些哲学家短视，这时候康德已经差不多56岁了，想想笛卡尔、休谟都是什么时候出的书？和他们相比，康德早就过了创作的年龄了。

康德的压力也很大，看自己这岁数，可能再写不出来就得把满腹学问带进棺材里了。他这才一咬牙，抓紧用了短短四五个月的时间把他最重要的《纯粹理性批判》写完。

大！功！告！成！

写完后康德心满意足地等待众人的反应。结果足足等了一年，才等来第一篇书评，而且完全把康德的意思理解错了。

为啥啊？因为康德的书太难懂了。

德国古典哲学的一个共同特点是晦涩难懂，不只是康德，德国哲学家全这德行。要不怎么说德国人缺乏情趣到一定程度了呢。而且康德这人尤其无趣，他说他的书是写给专业哲学家而不是普通读者看的，因此书里没有具体的事例，全都是干巴巴的理论。而且第一版因为写得太仓促，还留下了不少矛盾和漏洞。

康德曾经把《纯粹理性批判》的原稿给他一个脑子特别好的朋友看。他的朋友读了一半，实在坚持不下去了，把书稿还给康德说：我再读下去，就要精神错乱了。

我们学英语的人都知道，英语里一个句子可以带上很长很长的从句。德语和英语同属于日耳曼语系，在句子长度上更是有过之而无不及。想一想，这本《纯粹理性批判》里有的句子长到写满一页还没有写完。一整页的文字你在那儿读读读，读了五分钟还没遇见句号，那是什么感觉。

我想起一件无关的事。

我上大学的时候一个人吃饭，就打一份饭一份菜。有一次打了一份小白菜。我就吃。咬了一口，嚼不断啊，我就继续往后面咬，还嚼不断，我咬啊咬，这菜怎么这么长呢，最后一整根菜都让我鼓鼓囊囊地塞在嘴里了。我硬着头皮把这口菜生吞到肚子里，再一看，这碗里就这么一根超长的菜，这一口吃完菜碗已经空了。然后很没辙地又去打了一份新菜。

不知道为什么，我就觉得读康德这长句子的感觉，应该跟我吃小白菜的感觉差不多。

当然康德后来是出名了。而且他很高寿，之后又写了不少重要的作品。我们集中关心一下他到底是怎么解决决定论和休谟怀疑论这两个大问题的吧。

话说康德看了休谟的论述之后，很震撼。他觉得休谟说得没错，理性主义属于独断论，经验主义又不能证明事物之间存在因果关系。康德为此想了很久，突然，一个大胆到狂妄的念头产生了。

康德说，当年大家都以为"地心说"正确，可是天文学家根据"地心说"怎么也计算不出正确的结果。哥白尼大胆地把"地心说"掉过来，改成"日心说"，一下子解决了问题。那过去的哲学家呢，都认为我们的认识要符合客观世界，但是讨论了半天都没有结果。

康德认为，我们应该把主客观世界的关系颠倒过来！

这……不是疯话吧？

咱们来研究研究康德这个大胆的想法是怎么回事。

首先，我们得拿出想象奇幻世界的劲头来，先只当康德是个奇幻作家，给我们设计了一个架空世界。

这世界是什么样的呢？

在这个世界里，人类是一种非常可怜的生物。人类永远无法认识到这个世界的真面目。人类所感受到的这个世界，都是通过人类心灵中某个特殊的机制加工处理过的。

这个负责加工的机制，我们起个名字叫作"先天认识形式"。

世界的真面目，起个名字叫"物自体"（也被译作"自在之物"）。

人类感觉到的世界，也就是"物自体"经过"先天认识形式"加工后得到的东西，我们把它（们）叫作"表象"。

这几个名词，需要麻烦您记一下了。

也就是说，我们生活中看到的桌子啊，椅子啊，这些都是世界的表象。桌子和椅子的真面目是物自体，到底是什么样子的我们永远无法知道。

要特别说明的是，这个先天认识形式，也就是人类心灵对物自体的处理机制，每一个人都是一样的。这个"先天认识形式"一词中的所谓的"先天"，不是说这东西是生物学上的天生的本能，而是像理性主义者说的那样，是一种超越了客观世界的存在，它既不是人类生理的表现，也不是心理的表现，不会因为人体的变化而改变。所以你说我想改改自己的"先天认识形式"，这是不可能的。

顺便我们再学一个小词语："先验"。"先验"和"先天"差不多。意思是，先于经验，说某些东西是在人获得经验之前就存在的。这些东西不依赖于人的经验而存在，而且常常会决定着人的经验。显然，先天认识形式就是先验的。再比如，理性主义者相信的不言自明的公设，一般人理解的绝对真理，也都是先验的。

回到康德。在康德的哲学世界里，所有的知识（也就是来自物自体的知识）都要先经过人类心灵的加工，才能被人类认识。所以他自比哲学界的哥白尼，在他的哲学里，不是心灵去感受经验，而是心灵加工和生产出了经验。当然，这加工过程并不是任意的。

我知道您可能还没看懂，没关系，我们看两个比喻。

有一个最常用的比喻，有色眼镜。

这个比喻说，假设每个人终身都必须戴着一副蓝色的有色眼镜。这个世界上所有的事物，必须都通过有色眼镜的过滤才能被人看到。那么所有人看到的就是一个蓝色的世界，而世界真实的面貌是人永远看不到的。

在这个比喻里，有色眼镜是先天认识形式，事物原本的颜色是物自体，人类看到的蓝色的世界，是表象。

要注意的是，每个人的眼镜都是相同的，不会有人不一样。因此，戴着眼镜其实不会妨碍人类的正常生活，连物理研究的结论都不会影响。反正颜色只是人类自己起的名字而已，戴眼镜者根本没法察觉到自己的异常。

还有另一个比喻，假设我们人类都是电脑。

电脑只懂电脑的语言，不懂人类的语言，对吧？那么怎么能让电脑接受人类的命令呢？我们知道，电脑在出厂的时候，就已经在主板的BIOS中写进了代码，这样电脑才能接受一些简单的命令，才能安装操作系统，才能进行更高级的活动。

这个BIOS就是先天认识形式。我们人类的世界就是物自体，而电脑能理解的命令是表象。外界的任何命令都必须先经过BIOS的处理，才能让电脑明白。所以电脑能理解到的永远都是一条条程序命令，它不能理解人类世界的真实面貌，但它也不是和人类世界完全分离的，可以通过BIOS的中转和外界保持互动。

用白话说就是，康德认为，这世界（物自体）是人类永远无法真正认识的，人类只能看到被扭曲了的世界（表象）。但是由于每个人对真实世界的扭曲方式（先天认识形式）都是相同的，所以人类看到的同一个东西的感受还是一样的，因此我们察觉不到真实的事物是否被扭曲了。所以这个世界观并不和我们的生活经验相悖。

那因果律是怎么回事呢?

康德认为,我们这个先天认识形式里,包含了很多用来处理物自体的工具(一共有十二个先天范畴),其中一个就是因果律。

而科学家只能研究我们感觉到的事物。也就是说,科学家只能研究表象世界,因此科学家的研究对象都是带有因果律的。

那么,人的自由意志又在哪儿呢?

我们自己的意识就是物自体啊!

因果律只存在于先天认识形式里,并不存在于物自体中。物自体是自由的,我们自己的意识也是自由的。

换句话说,康德让人的意志受到了先天认识形式的严密保护,因果律不能穿透先天认识形式去控制人的内心意志,所以人仍旧是自由的。

当然,这也意味着作为物自体的自我意识,是没法被我们察觉和把握的。也就是说,科学是永远无法研究人的自由意志的。

问题完美解决。

多说一句。

在讲决定论的时候,我们说过,我们无法证明自己是否拥有自由意志。这是一个悖论:你怎么能证明我们此时对自由意志的证明,不是受到因果律的控制的呢?

这个悖论是没法反驳的。

而康德的世界观说，自由意志属于物自体。康德又说，我们无法了解物自体，所以我们无法用理性来讨论自由意志的问题。正好说明了为什么存在这个悖论。

再多说一句，康德认为表象世界存在因果律，并不能因此说表象世界就是一个决定论的世界。这是因为，我们的自由意志会影响表象世界：我可以凭借自己的自由意志，想拿起杯子就拿起来。既然我们的自由意志不受因果律的控制，那么表象的世界也就不是一个决定论的世界了。

你可能会反驳说，康德的这一套也太想当然了吧。既然人类谁都不能认识物自体，你凭什么说有物自体？你凭什么说有先天认识形式？你凭什么说先天认识形式里就有因果律？

康德对这些疑问都给出了证明。但是这些证明很复杂，我不能一一复述，只能挑一些简单的说说。

康德说，人不可能在大脑完全空白时就直接接受经验，就好像电脑要先安装BIOS才能进一步去读盘、去安装操作系统一样（当然这例子是我举的）。"先天认识形式"是人用来接收外界知识所必备的基础。

比如空间和时间的概念，就是人在学习一切知识前，必须先具备的先天认识形式。

康德给出了几种证明方法，我们说两个简单的。

第一个证明是，我们有感觉对吧，而"感觉"暗含的意思是，我们感觉到的是"我们之外"的东西。我们不用人教，就知道自己有意识，自己的意识之外还有一个世界。这"之外"两个字，就说明我们有空间概念。

换句话说，如果我们没有空间概念，我们的感受就是一片混沌，连什么感觉是属于自己的、什么感觉属于外界的都不知道。自然，在这种状态下，我们也不可能再去学习空间的概念。所以空间这个概念是先于经验的，而且是每个人必有的。

第二个证明是，人类可以想象不存在物体的空间，但是不能想象不在空间中的物体。这说明空间是不依赖外界经验存在的概念。

同样的道理，时间概念也是先验的。

我们可以理解，所谓"我"这个概念，实际上是很多瞬间不同的"我"合在了一起。因为物质随时都在运动和变化，那么上一瞬间的"我"和下一瞬间的"我"是不一样的。如果我们没有时间概念，就没法认识到"我"是一个存在于连续时间里的整体。而笛卡尔的"我思故我在"正好证明了"我"这个概念不需要经验就可以存在。那么既然"我"的概念是先验的，时间的观念自然也就是先验的。

另外，对于时间、空间和因果律的先验性的证明，希尔贝克的《西方哲学史——从古希腊到二十世纪》里还有一个很不错的例子，我不客气地直接拿来谈谈。

他说，假设出了一个交通事故，有一个警察去调查，调查回来说：这个事故不是在任何时间发生的，也不是在任何地点发生的，也没有任何发生的理由。

那么警察局局长一听肯定气疯了。哪怕这警察胡编一个时间、地点和理由，局长也不会那么生气。为什么呢？假如警察胡编了时间、地点和理由，好歹我们有机会知道他说的是真话还是假话。但他这个没有时间、地点和理由的报告呢，对我们来说是完全不能理解的。我们根本就没法理解这么一句话。这说明一个知识如果不具备时间、空间和因果律的要素，我们就完全不能理解。也就是说，只要我们有关于某物的知识，这知识必定伴随着时间、空间和因果律等概念。时间、空间和因果律这些概念是先于我们的经验而存在于我们思维中的。

歌德将康德的理论生动地解释为："如果我不是从一开始就心里装着这个世界，即使睁着眼睛，我也看不见。"

为了证明世界上存在着不可认识的物自体，康德还提出了四组"二律背反"命题。

所谓"二律背反"，就是一些关于"空间是不是有限"之类的形而上学问题。康德一一讨论这些问题，发现这些问题无论是证明为真还是为假，都是成立的。换句话说，要靠理性去研究这些命题，得出的都会是自我矛盾的答案。

康德认为，这背后的原因就是，这些命题讨论的内容不在表象世界中，而是属于物自体的世界，是我们的理性无法认识的。如果我们非要用理性去讨论，就会出现这种自我矛盾的情况。这也就是为什么不同的理性主义者研究这些问题会得出相反的结论。

康德构造的哲学世界看上去很复杂、很抽象，但其实非常聪明。

康德之前的哲学危机，是休谟对因果律，乃至对人类理性能力的怀疑。

康德的解决方法是，他把世界分成了两个部分。一个部分完全不可知，另一个部分则可以用理性把握。不可知的那部分因为永远不可知，所以对我们的生活没有什么影响。只要我们在可把握的世界里生活，理性就又恢复了威力。

这样，既没有破坏休谟的理论（想破坏也没那能力），又让人类重新信任理性，重新踏实了。

康德的学说并不是和我们完全无关的玄学，而是有很重要的现实意义。

假如我们接受康德的世界观，我们就同意，这世上总有一些东西是我们无法认识的。我们只要安于在能认识的世界里生活就对了。

这可以用来应对一些没有确凿根据的阴谋论。我们的生活中永远不会缺少阴谋论。比如有人说，我们都生活在《黑客帝国》般的虚拟世界里；比如有人预测某年某月某日是世界末日；等等。有的人会觉得，不能证明这些阴谋论为假，就活得不踏实。

但关键是，很多阴谋论是无法证伪的。我们永远也不能证明我们没生活在虚拟世界里；也没法证明我们所看到的世界全都是假象；也没法证明，下一秒钟世界不会被我们从未认识到的某种力量毁灭。按照康德的世界观，这些阴谋论正是处于我们永远无法认识的世界里。那么我们该怎么办？——管它作甚！

阴谋论的真伪问题属于我们不能认识的领域，费劲去研究它只会徒劳无功。就像研究"二律背反"会出现矛盾结论一样，当我们谈论阴谋论的时候，正方反方都会说出一大堆互相对立的道理来。看着都有理，其实全都是空谈而已。我们不需要管它，该怎么生活继续怎么生活就是了。

另外，康德还帮了神学家们一个忙。

教会似乎什么事情都能解释，但对于一些现实问题却是捉襟见肘。

比如1755年，里斯本的大地震夺走了几千名周日早晨正在做礼拜的民众的性命。这件事怎么解释呢？难道那几千名做礼拜的信众都罪大恶极吗？世界上的其他灾难又怎么解释呢？第二次世界大战里死掉的都是恶人吗？死于大屠杀的平民都是恶人吗？

对于好人有恶报的情况，基督教的一种解释是，人类要承受亚当和夏娃当年吃智慧果所犯下的原罪。可要是这么解释的话，那一个从出生以后就一直恪守善道、终日虔诚祈祷的小孩，被战火中的碎石压倒，看着自己的断肢，在极度的疼痛、恐惧和绝望中哀号了三天三夜才离开人世，他经受这一切只是因为他的一个祖祖祖祖祖祖祖祖父在远古时代偷吃了树上的一颗果子吗？如果这些苦难是他进入天堂必经的考验，那咱……咱能不能换个别那么残忍的考验啊？同样是都能上天堂的人，为什么有的人就要受到如此凄惨的考验，有的就不必呢？给一个孩子如此残酷的考验，这算是善良吗？

莱布尼茨解释说，世间之所以有这么多恶，是因为上帝在若干恶的世界中选了一个最不那么恶的给我们，是"所有可能存在的世界中最好的"。

可是，上帝不是全能的吗？

类似的辩护，总会在逻辑上出现一些漏洞，教会于是说：不可揣测神。意思是，你没资格讨论这些事。

这辩解不太让人信服吧？

此外，前面说过，在上帝是否存在的问题上喜欢抬杠的哲学家们提出过很多悖论，也是用逻辑无法解释的。

问题是，上帝一定要遵守逻辑规则吗？

康德对理性的限制给了上帝可以不遵守逻辑规则的理由。康德论证了，理性并不是万能的。比如对于"二律背反"问题，理性就无法去讨论。因此，并不是一切事物都会遵守逻辑。

上帝既然是绝对的存在，自然是属于"物自体"那边的存在，那么上帝也就用不着遵守逻辑了。上述对上帝的质疑也就都不成立了。换句话说，康德用他的形而上学把科学和宗教分成了两个领域：科学研究的是表象世界，宗教面对的是物自体的世界，所以我们不能用科学和理性去质疑宗教，同时宗教也没有必要打压科学。

还有一个有趣的问题。

我们生活的空间是三维的。那么，有没有四维空间？四维空间是什么样子的呢？注意，我们这里说的第四维不是时间，而是纯空间上的四维。

我们想象，假如有一种纯二维空间的生物，就好像平面上的一幅画一样。它们能感受到什么呢？它们只能感受到正方形啊、三角形啊这些平面图形，它们永远感受不到立体。我们去看它们就觉得很可怜了，我们这世界中的一切它们都不可能理解，连这世界的存在它们都不知道。那么，会不会有一种四维空间的生物，觉得我们这些人类生活在三维空间，永远不能体验到四维空间也是一件很可怜的事呢？

挺好奇的，是吧？

其实我们有办法间接体验四维空间。

假设有一个二维空间的生物代号为A，它只能理解二维的平面图形。我们可以给它所生活的平面加入一个时间的维度，给它凑成三维。

比如说，我们有一个正方体想要让A体会，那么我们可以让这个正方体慢慢穿过A所在的平面。这时，A只能看到正方体和平面重合部分的二维图形，但这个二维图形是在随时间不断变化的（除非这个正方体的一面和A所在的平面平行，并且正方体按照垂直于A所在平面的方向穿过。那么A就只能看到它的世界里突然出现了一个正方形，过了一会儿又突然消失了。所以别这么干，给正方体找个"怪"一点的角度）。

虽然A仍旧不能想象三维世界是什么样子的，但是通过这种形式，可以让它间接感受到三维正方体。当然，正方体通过平面的角度和速度不同，A所体验到的那个不断变换的二维图形也是不同的。

同样的办法，我们也可以让一些四维图形来通过我们的空间。我们看到的是一些不断变幻的三维图形，这就是四维图形在我们世界中的投影。网上可以搜到这类科教视频，您可以亲自体验一下。

不过您看了大概会失望。因为您根本看不明白那到底是个什么东西。我们所看到的就是一个稀奇古怪的在不断变形的三维体，数学家们告诉我们这就是某个四维空间里的正多面体，我们仍旧感受不到这东西的真面目到底是什么样的。

这就是问题的关键。我们虽然很聪明，我们虽然有数学家也有计算机，但是我们永远无法从感性上认识四维空间。这就是我们认识的局限，只要我们是人，无论我们用任何办法，都超越不了。四维空间里是什么样子、有什么东西，我们永远不可能知道。我们只能知道的是四维物体投影在三维空间里的"表象"。

这不就是康德的世界观吗？

康德相貌丑陋，身高不到160厘米，如果你在马路上见到他，没准儿会嘲笑他外形猥琐。但在哲学史上，康德是一个开天辟地的巨人，是任何后辈哲学家都无法绕过的高峰。今天我们在谈论哲学的时候，无论讨论多么时髦、多么先锋的理论，都无法绕过康德。用叔本华的话说，任何人在读懂康德之前都只是一个孩子。

按照学术史的发展规律，面对康德这么一座高峰，后来人要常年生活在他的阴影之下，只能做一些修修补补的工作。

事实上这工作有人做了，他们就是费希特和谢林。

康德的理论虽然厉害，但还是有缺点。

有一个思维工具叫作"奥卡姆剃刀原则"。它的大意是，理论应该尽可能简洁，理论中一切不影响结论的多余部分，都应该被剔除掉。

比如说在万有引力中,人们解释不出为什么引力有超距作用,于是就假设了宇宙中充满以太,万有引力是通过以太起作用的。但问题是,我们不能以任何形式察觉到这个以太,除了万有引力这个问题外,其他理论我们也用不上。而且有这个以太跟没这个以太,对万有引力定律的具体内容也没有影响,那么咱们就能用奥卡姆剃刀把这个以太剔除掉吧。我们认为宇宙里没有以太。

康德的物自体也有这个问题。

康德说,人类用任何方式都无法感知到物自体。那么这个永远藏在表象背后的物自体似乎就是个多余的概念,可以用奥卡姆剃刀剃掉。

而且康德还有自我矛盾的地方。康德说物自体是产生表象的原因,又说因果律只存在于先天认识形式中,不在物自体的世界里。那么,既然物自体世界里不能应用因果律,他又怎么能说物自体是产生表象的"原因"呢?

再者,"存在"的概念在康德看来,也只存在于先天认识形式中("存在与不存在"和因果律一样,是康德的十二个先天范畴中的一个),那么,怎么能认为物自体是"存在"的呢?说白点儿,康德自己说物自体是不可知的,那他怎么又能对物自体知道这么多:知道它是存在的,又知道它是表象的原因呢?

费希特和谢林就在不同程度上进行了修补康德理论的工作。假如没有那个年轻人的话，康德后面的篇章就应该留给费希特和谢林了。

但是，有一个和他们差不多同龄的年轻人横空出世了，他不屑于干对康德理论进行修修补补这种小工作，而是一上来就霸气地大吼一声：

"康德错了，物自体根本就不存在！"

这是谁啊，连康德都想灭？

在下一代王者出现之前，我们先说说康德的八卦吧。

作为模范宅男，康德非常惜命又非常固执。

大诗人海涅说过一个广为流传的段子，说康德每天起床、吃饭、写作的时间非常精确。他每天都要在下午的同一个时间出门散步，一分不差，以至邻居都根据他散步的时间来对表。有人觉得这个说法有些夸张。不过我想，那时候没有广播也没有电报大楼能用来对表，如果康德真的对时间无比严格，那邻居们把他当成活人报时器倒也合情合理。

在生活中，康德谨慎得过分。仆人把酒杯打碎了，康德担心遗漏的碎片可能扎伤人，要求仆人把每一片碎片都收集到一起拿给他看，然后还要亲眼看着仆人把碎片埋在花园里才放心。

在穿着上，康德也尽显"geek"（怪人）风范。为了防止袜子掉落,他在袜子上系上绳子,穿在裤子口袋里,末端系在一个小盒子内附着的弹簧上。

康德还有宅男的闷骚性格。他表面上不苟言笑,其实上课和演讲的时候也喜欢讲笑话。而且在别人哄堂大笑的时候,他还板着一副严肃的面孔,是一个十足的冷面笑匠。

康德特别反感噪声。据说他忍受不了邻居的一只鸡打鸣,提出愿意用一切代价来买那只鸡。可邻居死活都不同意。结果他为了躲避这只鸡,宁愿搬家。

康德身体不太好,有几年,他每个月都要向当地警察局询问死亡统计数字,以便估算自己的寿命。

但是康德又不信任医生,就自己规定了很多古怪的守则,而且严格遵守。虽然这些守则有些非常怪,但事实证明康德是很成功的,在那个医学不发达的年代,他活到了80岁。

都有什么怪规矩呢?——康德觉得吃药多了对身体不好,他就自己规定,无论医生怎么说,一天最多只吃两片药。为了避免伤风,他还规定在除了夏季之外的季节里,自己在散步的时候不和任何人说话。

他规定自己每天只抽一烟斗的烟,但是据说他的烟斗一年比一年大。

他讨厌出汗,一旦发现自己要出汗,就静静地站在阴影里,好像在等人似的,一直站到要出汗的感觉消失。

他还在一本小册子中介绍自己在睡觉时对抗鼻塞的招数："紧闭双唇，迫使自己用鼻子呼吸。起初很吃力，但我不中止、不让步，后来鼻子完全通了。呼吸自由了，我也就很快睡着了。"

　　对抗咳嗽呢，"方法如下：尽最大的力量将注意力转移一下，从而阻止气体喷出"。

　　其实用一句话就可以概括：有症状就硬憋着。

　　这都是什么治病方法呀！

第二十三章　哲学能囊括一切吗？

康德的作息时间严格得出了名，但据说有一件事曾经让他主动打乱了自己的作息时间表：读卢梭的《爱弥儿》。他屋里挂着的唯一一幅画就是卢梭的画像。康德非常喜欢卢梭，而且还关注了那个在卢梭的影响下彻底改变世界历史的大事件：法国大革命。

在康德65岁那年，1789年7月14日，巴黎的百姓走上街头，推翻了法国王室的统治，这是几百年来破天荒的事。

在革命刚爆发的那阵子，康德在他的蜗居里怀着激动和赞许的心情时刻关注着遥远的巴黎。

与此同时，在离康德2000多公里外的德国城市图宾根的郊外，三个德国年轻人为了庆祝法国大革命，一起种下了一棵"自由之树"。

这三个年轻人在未来全都成了名人。一个是大诗人荷尔德林，一个是康德理论的修补者谢林，另一个就是上面刚刚说到的那个声称"物自体"不存在的年轻人。

他叫黑格尔。

就在法国大革命这一年里，黑格尔开始阅读康德的作品。不久以后，他将像法国大革命震撼欧洲皇室那样，震撼了整个哲学世界。

大革命后期，拿破仑统治了法国。拿破仑既是独裁者和侵略者，也是革命者。他不仅征服了法国人民，也征服了黑格尔。不过，黑格尔没想到拿破仑的上台会跟他自己写的书《精神现象学》大有联系。

康德还在继续他的哲学工作。康德想把他各部分的理论都统一起来，但是这项工作最终没有完成。1804年康德去世，留下了很多没完成的著作和笔记。几乎是在同一时间，黑格尔开始了《精神现象学》的写作。

在写作《精神现象学》的时候，黑格尔还只是个大学教员，经济非常紧张。虽然他有一个大靠山歌德，得到了不少帮助，但是因为黑格尔还年轻，资历浅，他的收入很微薄。

好在黑格尔有才，咱是搞哲学的，咱不能现学现卖，写本哲学书挣钱吗？于是黑格尔一边写《精神现象学》，一边跟出版商签了合约，打算指着这本书吃饭。

但是呢，黑格尔有着和莱布尼茨、康德一样的毛病：认真、古板。他这本《精神现象学》又不是一般的通俗小说，所以他坚决宁要质量不要速度，结果就拖稿了。

那边书商已经把他前半部分的书印完了，就等着后面的稿子呢，左等右等也等不来，一看都超过约定的日期了。书商也急了，威胁说，你要再拖稿就不给你稿费了。多亏黑格尔有个朋友在里面周旋，还自己掏腰包把已经印的那部分买下来，好不容易延长了截稿日期。同时这朋友恳求黑格尔这回千万别再拖稿了。

黑格尔也明白轻重缓急，紧赶慢赶把大部分稿子都写完寄出去了。就差最后几页稿子了，这时候反法联盟进攻法国，战争爆发。结果拿破仑势如破竹，反攻进了德国，而且已经接近黑格尔所在的城市耶拿了。战争一来，邮局也关门了，黑格尔拿着稿子也没处去寄。

但是截稿时间迫在眉睫，就在必须寄稿子的最后一天，法国的先头部队已经到达了耶拿。这时黑格尔也顾不上稿子了，法国大兵在城市里到处晃悠，有的还冲进了黑格尔的家里。黑格尔连忙拿出酒菜招待那些士兵。结果士兵来了一拨又一拨，黑格尔一看受不了，跟房东一起收拾收拾东西躲出去了，当然没有忘了带上那最后几页稿子。晚上，黑格尔借着营地里的火光写完了《精神现象学》的最后几页。

等法国军队离开耶拿以后，黑格尔回到家，才发现他的家已经被洗劫一空。而且等邮局恢复工作以后，黑格尔的那几页稿子也过了截稿日期了。

然而结局比较意外。

首先，那出版商体谅黑格尔的特殊情况，把稿费如数给了；其次，黑格尔并没有因此厌恶拿破仑，反倒赞美拿破仑，赞美他所看到的法国军队。

要知道，黑格尔是德国人，拿破仑对他来说是货真价实的外国侵略者，黑格尔自己则是"亡国奴"。而且黑格尔的居所又被法军洗劫，在这种情况下他竟然还要赞美拿破仑，咱们今天恐怕会有很多人不理解——这黑格尔不就是一个"带路党"嘛！还是一个贱骨头带路党啊！

但黑格尔不这么想，因为他心怀的不是区区德意志，而是全人类、全世界。

他要把全世界都统一到他的哲学理论之下。

那么，黑格尔的哲学理论又是什么样的呢？

咱们先复习一下康德的理论。康德的哲学世界可以描绘成这么一幅图画：

画里有一块石头，石头旁边站着一个人，这个人戴着一副眼镜，正在看这块石头。这块石头就是世界的本质，就是"物自体"。这个人，是我们自己。我们戴着的眼镜是"先天认识形式"。我们通过眼镜所看到的画面，就是"表象"世界。

现在的问题是：这副眼镜是从哪儿来的？

康德认为，这副眼镜来自人的"理性"，是人类认识世界的一种能力。问题是，这东西是脱离"物自体"凭空蹦出来的吗？是我们人类自己创造的吗？那我们人类哪儿来的这种能力呢？我们是高于"物自体"的神仙吗？不对啊，按照康德的理论，我们人类的本质不也是"物自体"吗？那这副眼镜，不也应该来自"物自体"吗？

换句话说，这幅画里的石头、人和眼镜应该是一个东西，但是康德把它们给割裂开了。

于是，黑格尔掏出一支水彩笔，在这幅画上做了一点点修改：他在这块石头、眼镜和人的上面，都涂上了一层蓝色。然后黑格尔说：世界的本质不是那块石头，而是这一片蓝色。这石头、这副眼镜和这个人，全都是世界本质的一部分。

这个世界的本质，黑格尔给起了个名字，叫作"绝对精神"。

那么，既然眼镜也是"绝对精神"的一部分，我们也是"绝对精神"的一部分，那我们研究世界的行为本质上是在干吗呢？是"绝对精神"自己在观察自己。

也就是说，在康德那里，世界的本质好像是一块石头，是静止不动的，等待别人来观察它。但是在黑格尔这里，世界的本质是在活动的，是自己在观察自己。

康德的真理静止不动，黑格尔的真理是在运动的。

那么,"绝对精神"到底是怎么运动的呢?这就要说到辩证法了。

我们今天对辩证法有一种庸俗的理解,说辩证法就是"看待事物要分两个方面"。别人批评一个现象,我非要说"要辩证地看这件事,这件事也有好的一面嘛"。这是对辩证法的误读,这不叫辩证法,这叫诡辩法。它唯一的作用是把所有的事实都捣成一片糨糊,逃避有意义的讨论。

这当然不是黑格尔的意思。

黑格尔的辩证法是什么意思呢?

传统的逻辑,也就是我们一般人能接受的逻辑,都要遵守"矛盾律"。"矛盾律"的意思是,一件事不能自相矛盾,事物和事物之间也不能互相矛盾。"我长得漂亮"和"我长得丑",两者只能有一个为真,不可能同时为真。否则,"我长得既漂亮又丑"这句话会让人感到古怪,无法理解。

可是黑格尔说,这并不是世界的真相。

他认为,世界不是容不得矛盾,而是恰恰相反,到处都是矛盾,矛盾就是世界的本质。

因为我们在学校都受过辩证唯物主义的训练,所以这个观点很好接受。我再粗陋地解释一下。

为何说矛盾可以存在?因为矛盾双方是互相依存的,"漂

第二十三章 哲学能囊括一切吗?

亮"和"丑"虽然是矛盾的，可是没有"丑"就没有"漂亮"，两者谁也离不开谁。

为何说矛盾无处不在？因为凡是找到一个概念（漂亮），我们都可以找到和它相反的概念（见到"漂亮"，就可以联想到"丑"）。假如这世上没有丑的概念，那也就无所谓漂亮不漂亮了。

最适合诠释这个概念的是我们传统的"阴阳说"。中国古人早就认识到，阴和阳无处不在，凡事有阴又有阳。阴阳也不是你死我活的关系，而是在冲突中和谐共存。就像"阴阳鱼"所画的那样，阴阳你中有我，我中有你，是一种互相冲突又互相产生的动态关系。

黑格尔认为，矛盾的双方虽然可以共存，但是处在互相冲突的动态之中。事物的正题和反题会发生强烈的冲突，这个冲突的结果并不是一方消灭另一方，而是正题和反题最终化为"合题"，进行了一次升华。

因为所有的正题都可以找到它的反题，所以新的合题产生之后，它的反题也随之产生，这样就又产生了新的矛盾，又要有新的冲突和升华，再产生新的合题。这样，事物就不断地进化，最后达到最高等级，"绝对精神"自己认识了自己，整个人类也进步到最终的状态，哲学的使命也就完成了。

这个过程，咱们可以打个比方。

咱们知道，人是最难认识自己的。苏格拉底的座右铭就是"认识你自己"。那我们是怎么认识自己的呢？是通过"反思"——"返"回头思，也就是自己观察自己。但是，我们一般情况下是不会反思自己的。尤其是我们傻吃傻玩儿特别开心的时候，很多人想不起来应该反思自己这事。

什么时候会反思呢？一般是在受到挫折的时候，也就是"世界对我的反应，跟我预期不一样"的时候。比如我们以为自己魅力十足、人缘特好，结果有一天突然发现，自己其实特招人讨厌，在别人眼里就是个小丑。

这个时候，我们猛然发现，原来我认识的自己，和真实的自己并不一样，然后就要开始反思自己了。

注意，这里就出现辩证法了：

"原来我认识的自己魅力十足"，这是正题。"我发现，别人眼里的我是个小丑"，这是反题。正题和反题产生矛盾，矛盾产生冲突，冲突的过程就是"反思"："我到底是个什么样的人呢？"

如果我们进行的是一场认真、严肃的反思，那么反思的结果就不是正题彻底消灭了反题——"我就是魅力十足，那些不喜欢我的人都是嫉妒！"同样，也不是反题消灭了正题——"完了！我这人啥也不是，我永远都是个小丑，我这辈子毁了！"而是一个合题——我认识到了一个更丰富、更全面的"我",这就是合题。我们对自己的认识,比过去更高级了。

对于我们的人生来说,因为生命是有限的,所以这一次次的反思到了死亡的时候就结束了。但假如时间是无限的,那我们就能在一次次的反思中,不断接近最真实的我。最后,我彻底认识了真正的"我"。我心中的"我"和真实的"我"之间没有距离了,我的所思所想就是真我本身,于是我就完成了反思的全部过程,进入大彻大悟、彻底没有疑惑的高级状态了。

如果把这里的"我"改成人类,把"真正的我"改成"绝对精神",那就是黑格尔对人类命运的预测了。

在黑格尔看来,哲学家的任务,就是按照辩证法的规划,在一次又一次的哲学研究中不断升级对世界的认识,最终达到"绝对精神"。我们之前讲了好多哲学家,他们的观点很快又被后面的哲学家推翻了。那这帮哲学家就没有意义了吗?在黑格尔看来,不是的。每一代哲学家否定前一代人,都是哲学通过辩证法在"升级","升级"到最后,就到黑格尔这里了。黑格尔认为,他的思想就是哲学进化的"最终形态",哲学到他这里,已经发展到尽头了,已经找到最后的答案了。

但是刚才说过,在黑格尔看来,最终真理是变化的,不是静态的,所以最后的哲学答案也不是一句话,而是整个人类的哲学史。

还是用"我认识我自己"这件事来打比方：当我们回顾一生的时候，我们会认为，是过去所有的经历共同构成了"我"，我们人生里的所有经历都是"我"的一部分。而不会认为，我的人生只停留在最近的一瞬，之前都可以忽略不计。同样，黑格尔认为，哲学就是哲学史，学习哲学就要学习整个哲学史。

这样的哲学观对我们也同样有效。

到目前为止，我们现在学过的以及接下来要讲的所有哲学观点，都不是最终的哲学答案，都被其他的哲学家反驳过。如果我们是一个反对思考的人，读完这本书，完全可以大手一挥，说：你们这帮哲学家就是闲着没事干！知识分子就是不事生产的矫情怪！——这话其实说起来也没错。

但是，当您读到这里的时候，您会觉得之前的哲学观点都白读了吗？在这本书的第一页里，我们不知道世界的本质是什么，等读到最后一页的时候，其实我们还是不知道。那么，您会觉得读之前和读之后的想法是完全一样的吗？中间经过的思考都是在浪费时间吗？

好像也不是嘛。

但如果有人问你：那你到底都读了个啥啊？你可能又觉得没法总结："呃……好像一句话说不清楚，得把中间思考的过程说一遍。"——这不就是黑格尔的哲学观吗？

简言之，黑格尔认为，他已经找到哲学的答案了。哲学发展到他这里，已经没啥问题了。黑格尔建立了一个庞大的学术体系，他把人类所有的知识，从自然科学到宗教、艺术、文化，全都囊括到自己的形而上学中。每一门知识都符合他的辩证法、符合他的形而上学。

形而上学到了黑格尔这里，变得史无前例的庞大、完善。黑格尔用理性建造了一座宏伟的形而上学大厦，囊括了世间万物，实现了形而上学家们多年以来的终极梦想。如果咱们想通过研究哲学来找到人生意义，那么到了黑格尔这里，感觉是最舒服的：

因为黑格尔自认为找到了绝对真理，唯一正确的答案；

这个真理又不是虚幻缥缈的，而是和现实世界紧密结合的，不会让我们在空洞的概念中不知所措；

这个真理又是运动的、有方向的，不会让我们知道答案后无所事事；

那我们就应该按照黑格尔的指导，好好学习他的哲学，最终洞察真理，完成"绝对精神"的自我显现，这就是人生的最大意义啊。

哎呀，那人生意义我们已经找到了呀。

完！结！撒！花！

收！工！回！家！

可是，黑格尔说错了。

首先，黑格尔用他的哲学论证出真理存在，这个真理就是他的哲学。这很像是自说自话的循环论证。在黑格尔之后，层出不穷的哲学家们出来批判他的理论。这些哲学家的存在本身，就说明了黑格尔的理论并不是"哲学的终结"。更要命的是，黑格尔试图用他的理论解释世间万物，解释自然科学。但是随着科学的发展，他当初的很多结论现在看来是错的，这也会让人怀疑这哥们儿发现的到底是不是绝对真理。

那真理到底在哪儿呢？

哲学家们还要继续寻找。

我们说过康德的著作难懂，但要和康德比起来，黑格尔的著作更难懂。黑格尔去柏林大学就职的时候，负责管理他的官员问他：你讲的课是否依然"晦涩难懂、乱七八糟、神经兮兮、混乱不堪"？诗人海涅说黑格尔的书："说实话，我很少看懂……以至我相信他是真的不想让人懂。"

前面说康德的话太长，黑格尔的话也长。据说有这么个段子，黑格尔的《精神现象学》写完之后，歌德慕名去看。结果刚刚看序言，就看到一大段话，歌德觉得这段话太荒谬了，他完全不同意，就把这本书扔一边再也不看了。但这其实是因为黑格尔把句子写得太长了，只要歌德翻到另一页就会发现，那页一开始就写着两个字——"但是"。

还有一次，有一个黑格尔很喜欢的学生想要申请教职，为此写了一篇论文。这篇论文基本上是复述黑格尔的思想，黑格尔读了当然非常满意，就帮这个学生写了推荐信。结果论文交上去后没有通过，审稿的人回答说花了三个小时读这篇论文，结果连一句都读不懂。

还有一个骑兵上尉很崇拜黑格尔，特地跑去听黑格尔的课，黑格尔还专门见了他。搞得这哥们儿兴致很高，跑到书店买了黑格尔的著作读。结果发现，看了半天一句都看不懂。然后他去上黑格尔的课，几堂课下来发现，他连自己记的笔记都看不懂。

这可不是别人对黑格尔的偏见，黑格尔自己都抱怨过，说他的学生无法了解他的思想。当他的著作出版后，他说："只有一个人理解它，而且甚至那个人也不懂得。"

怎么说呢？当意识到黑格尔的哲学不是绝对真理的时候，甚至能给人一种"幸亏如此，否则今天的学生得多遭罪"的庆幸感……

下篇 理性的陨落

第一章　傲慢的叔本华

黑格尔是形而上学的巅峰，他创造了一个史上最完备、最庞大的形而上学世界。黑格尔在生前就获得了巨大的声望。在50岁的时候，黑格尔正在柏林大学当教授。不久以后，他将会出任柏林大学的校长，他的学说将被钦定为国家的官方学说。此时的他虽然还没有混到被举国崇拜的地步，可名气也已经很大了。

然而，这时候突然有一个人站出来对黑格尔破口大骂，而且骂得超级狠。

他说黑格尔是"一个平庸、无知、愚蠢、令人讨厌恶心的江湖骗子"。

他说黑格尔的哲学是"傻瓜喜爱的最空洞无意义的词语展示"。

"最讨厌的胡言乱语的废话，使人想起疯子的呓语。"

"不值一文的陈词滥调。"

"无聊的丧心病狂的叽叽喳喳，在此之前，这些话只有在疯人院里才能听到。"

"败坏了整整一代学人。"

等等等等。

这人还打听到黑格尔小时候喜欢看无聊的市井小说，于是他笑话黑格尔说，兄弟我小时候看的都是古希腊著作，黑格尔却看那么烂的书，什么品位啊！

不光是黑格尔，这人连谢林和费希特都骂上了，说那两个人是吹牛大王。

不过这人这么跳脚骂，黑格尔也没搭理他。大概是因为这个家伙名气太小了，因为当他来到黑格尔任教的柏林大学的时候，黑格尔的同事们也基本没听说过他。

那他来柏林大学干吗来了呢？

——踢黑格尔的馆。

这孩子疯了。

估计当时有不少人都这么想。大伙就打听，这人到底是谁啊？这兄弟是有背景啊，还是有靠山啊？后来打听出来了，这人叫叔本华，没什么背景，也没正经工作，整天闲晃着。出过一两本哲学书，写的是什么，不知道，没人看过。

柏林大学请他来当教授这点没错。不过是编外的，没薪水。

结果叔本华一来就提出一个条件：我要跟黑格尔同一个时间

开课。看看是他的学生多,还是我的学生多!

同事们一听,全都困惑了:这位小青年,你哪儿来的这么大的自信呢?

了解一下叔本华的家史,你就明白他为什么那么自信了。

叔本华的父亲是个大商人,祖上几代都是大富翁。有钱到什么程度呢?俄罗斯的彼得大帝和皇后来访问的时候,就住在了叔本华的曾祖父的家里。传说叔本华的曾祖父觉得客人住的房间有点儿冷,于是让仆人把白兰地倒在壁炉中燃烧取暖,这样房间里就有了酒的香味。

到了叔本华这一辈,他们家依旧很有钱,叔本华的父亲娶了个年轻的老婆,这老婆也是个名门闺秀,但比丈夫小了得有20岁。后来就生下了叔本华。

因为年龄相差太大,叔本华的父母之间没有什么真正的感情。叔本华的母亲年轻,是个浪漫的文艺女青年,耐不住寂寞,喜欢玩儿,喜欢社交。叔本华的父亲却是个古板商人,岁数又大。可以想象叔本华母亲的生活是比较压抑的。

大概在叔本华17岁的时候,有一天,人们在他们家仓库后的运河中发现了叔本华父亲的尸体,没人知道他到底是自杀还是意外身亡。

这对于叔本华的母亲却是个好消息,她终于可以摆脱丈夫的束缚了,而且继承了丈夫的一大笔遗产,成了个富足而年轻的寡妇。在叔本华的父亲去世仅仅四个月后,他的母亲就卖掉了他们家的宅子和商号,搬去魏玛居住。之所以选择魏玛,是因为那里是当时德国的文化中心,住着很多文化名人,作为文艺女青年的她对那里已经心仪很久了。

到了魏玛,叔本华的母亲开始频频出入社交场合,搞沙龙、开party,结交各种文化名人。其中有跟黑格尔关系很好的大诗人歌德,还有写童话的格林兄弟。歌德的妻子出身低微,上流社会都瞧不起她。叔本华的母亲却愿意接待她,这一点让歌德很高兴。

终于,叔本华的母亲成为社交名媛的梦想实现了。她对文艺非常感兴趣,在写作上也算小有成就,大作曲家舒伯特甚至给她的诗谱曲。

我们可以想象叔本华在其中的处境。

一方面,对于热衷于社交的年轻寡妇来说,叔本华多少是个累赘。可能歌德对叔本华的赞颂还引起了他母亲的嫉妒。另一方面,叔本华也不满意母亲在父亲死后忙于寻欢作乐,认为这是对他父亲的不忠。

两个人在经济上还有冲突。由于叔本华还没有成年,他的那份遗产由母亲暂时代管。因此,叔本华不愿意母亲猛花钱,担心这会威胁到本该属于他的遗产。可是与此同时,叔本华常年没有个正经事做，母亲担心他长大后没有着落，也限制叔本华的花销。

叔本华还指责他母亲找了她的一个房客当情人。后来这个房客还在叔本华母亲的怂恿下，向叔本华的妹妹求婚。叔本华气得要命，总找那个房客的碴儿。有一次大家一起吃饭，叔本华跟这个房客吵起来，最终把椅子掀翻了，门也砸了。

但是父亲的去世对叔本华也有一个"好处"，那就是他可以不听父亲的命令从商，专心研究自己喜欢的哲学了。叔本华在25岁的时候写了他的第一本哲学著作《充足理由律的四重根》。写完之后他给母亲寄了一份。

他母亲也超损，评价说：这本标题怪怪的书一定是为药剂师写的。叔本华立刻反唇相讥：我的书肯定会在你的破书被人遗忘的时候继续流行。

总之，母子间的关系越来越差。叔本华还对他母亲说过，将来她只可能因为他而留名百世。现在我们知道，叔本华是做到了。

后来岁数增长，叔本华终于得到了自己那份遗产，从此终身靠着遗产，衣食无忧。26岁的时候，叔本华和母亲吵翻，离开了母亲后他独自生活。从此以后，直到他母亲去世的二十多年里，叔本华几乎再没有看望过她。

此时的叔本华不仅在生活上独立了，在哲学的道路上也有了自己的看法。他崇拜康德、鄙视黑格尔。就像我们前面说的，他觉得黑格尔是欺世盗名的骗子。

但是骂归骂，没人理他啊。终于到了30岁的时候，叔本华最重要的著作《作为意志和表象的世界》出版了。

叔本华特别兴奋，觉得自己这本书太了不起了，解决了所有哲学问题（他的心态跟黑格尔一样）。出书的时候他还因为不信任出版商，非常不客气地对人家提出无理要求，把那个正直的出版商气坏了，写信骂叔本华说："我担心您的著作印出来只是一堆废纸，我只希望这个担心不会成为现实。"

叔本华根本不信，哥都终结整个哲学史了，还废纸呢，你懂个啥啊。书一写完，他就潇洒地去意大利旅游了。第二年回国的时候，一路上想象着自己的书已经获得了巨大的成功，回去之后将面对潮水般的喝彩，从此就成为学术名人，走上人生巅峰。想想还有点儿小激动呢。

结果一下车他就困惑了：咦，迎接我的彩带呢？围追我的记者呢？追捧我的女学生呢？

怎么一个都没有呀？

等回家一打听，他那书啊，一本都没卖出去！文化圈也没什么人响应，也就歌德给捧了捧场。就像那位出版商所担心的，过了许多年后，这本书的大部分都被拿去化为纸浆了。

我们还记得类似的情况休谟也遇到过。休谟因此丧失了信心，觉得自己不行。叔本华正好相反，他为此写了一大堆文字，把读者形容成笨驴，说自己是伟大的音乐家，世人都是聋子，又说他如何超越了这个时代，所以被世人所不容。总之，他认为自己的学说不被接受全是世人的错。

就在这本《作为意志和表象的世界》里他还赞美自己说："一个天才是很难合群的，因为除了他的独白之外有什么对话能如此智慧而有趣呢？"

叔本华这个人实在是太自信了。他的朋友很少，结果他说："我没有朋友，因为没有人配得上我的友谊。"

又过了一年，叔本华得到了一个难得的机会，他被柏林大学聘用（没薪水）。正像前面说的，叔本华终于可以和自己的宿敌黑格尔当面对决了，于是他要求校方把自己的课和黑格尔的课安排在同一个时间。

前面说过，连黑格尔自己都抱怨学生们学不懂他的课，而且黑格尔说话还有很重的口音，所以他讲课别人更听不懂了。那时候黑格尔的学生不算多，一堂课也就只有三百来人。那么叔本华的课上有多少人呢？

基本不超过五个。

只干了半年，叔本华就崩溃辞职了。

太丢人了。

当然，我猜想，叔本华肯定会把一切原因都归结为自己太超前了、学生太笨了之类。他才不会认为教不好是他自己的原因呢。

反正也有钱，不愁吃喝，从此以后叔本华的哲学事业就通过写书来完成了。他丝毫没减少对名声的关注。34岁的时候，叔本华打算去意大利旅行，去之前还专门托朋友查一查当地书报提到他的情况。结果呢，自然没查到多少。

在快40岁的时候，叔本华眼瞧着自己在哲学界没什么希望，决定改行当翻译家。但他翻译的作品也屡次被出版社拒绝。

40岁了，他安慰自己说："任何有出息的男人过了40岁……难免有一点儿愤世嫉俗。"

这期间叔本华还有过一段情史。

33岁的时候，叔本华喜欢上一个19岁的年轻女演员，但是那个女演员是个很会在男人中周旋的人。她怀过几次孕，还有私生子，但孩子的父亲不是叔本华，这让叔本华非常嫉妒。即便如此，叔本华还是很喜欢她，一度考虑和她结婚。

10年以后，暴发了一场遍及全欧洲的大霍乱，成千上万的人因此死亡。当霍乱来到柏林的时候，叔本华决定逃跑。他想带着那个女演员一起逃，但他提了一个条件，要女演员把那个孩子留下来。

作为一个有正常人性的母亲，女演员当然拒绝了他的要求。叔本华也不含糊，毅然抛下这对母子独自逃跑。从此以后他们就断绝了联系。

不过结局还算不错。到了晚年,那女演员在报纸上看到了庆祝叔本华生日的新闻,两个人又恢复了通信,后来叔本华在遗嘱中还给她留了一笔财产。

虽然叔本华独自逃跑这事不太仗义,但逃跑的决定还是挺明智的,因为正是这场霍乱要了黑格尔的命。

传染病似乎是黑格尔的命中克星。黑格尔6岁的时候曾经得过天花,差点儿因此丧命。11岁的时候,全家又感染了瘟疫,黑格尔的母亲就在这场瘟疫中去世。然后就是在这场欧洲大霍乱刚开始的时候,黑格尔就染病去世了(也有一说是因为胃病)。

黑格尔的时代结束了,不过叔本华的时代还要迟一些才能到来。

叔本华仍旧一天到晚混着。

就在暴发霍乱的那年,叔本华刚刚抛弃了女演员母子,转身又喜欢上一个17岁的姑娘(跟他爸爸一样,喜欢小姑娘)。叔本华送给那姑娘一串白葡萄。结果那个女孩儿在日记中写道:

"我并不想要这串葡萄,因为老叔本华接触过它,我感到恶心。"

当然叔本华还在继续他的哲学事业。

56岁的时候,《作为意志和表象的世界》第二版出了,结果只卖了不到300本。

等到他63岁的时候,他出了一本《附录与补遗》。这本书以格言体写成——仿佛我们今天的人生小感悟,里面都是诸如什么《论人生》啊、《论女人》啊这种小文章。这是他所有作品里最容易读的一本。他得到的全部稿酬是免费拿十本书。

不过,还是人生小感悟的力量比较大。过了一段时间,这本《附录与补遗》终于让人们接受了叔本华。65岁的时候,叔本华出了名,慕名者越来越多,人们争相给他写信、拜访他。大画家主动免费给他画像,有人声称要专门为这幅画造一间房子来收藏它。

渴望名声的叔本华终于出了名,虽然对他来说晚了一点儿,但总比没赶上要好。他引用诗人彼得拉克的话说:"谁要是走了一整天,傍晚走到了,那也该满足了。"

第二章　悲观主义不悲观

我们来讲讲为什么叔本华这么有底气骂黑格尔，以及为什么他最后赢得了巨大的名声。

叔本华骂黑格尔，自然也不会喜欢黑格尔的哲学。叔本华是康德的继承者。他基本继承了康德的世界观，但是有一个区别，叔本华认为我们可以认识物自体。为什么？道理很简单：

因为我自己就是物自体啊。

我的各种思想、行为，我脑海中的每一个念头，都是物自体的反映，怎么能说我没法认识物自体呢？

当然，物自体是超越理性的，所以不能用理性直接描述物自体。换句话说，如果我用文字把我每天的行动、脑海中的每一个念头都记下来，那这些文字都属于我的"表象"，还不是物自体。但是，我还可以用非理性的方式认识我自己。我可以用"直觉"去审视自己的内心，闭上眼睛，直接去感受自己本心里的东西是啥。用白话说就是"扪心自问"，当我们处于这种状态的时候，就可以认识到物自体。

那物自体到底是啥呢？叔本华给它起了个名字，叫作"生命意志"。注意啊，这里的"生命意志"是一个专门的术语，和字面意思不一样。"生命意志"也就相当于是叔本华体系里的"物自体"。

这个"生命意志"是啥样的呢？

简单地说，是一股永不停歇的力量。这股力量驱使着万物去运动，去发展。

最典型的就是我们的欲望，我们为什么非要吃、非要喝，吃饱喝足了又要玩儿，玩儿够了又有虚荣心，等功成名就啥都有了，还想要追求青史留名、万世不朽呢？在叔本华看来，这背后驱动我们的，就是"生命意志"。

而且不仅我们自己有"生命意志"，万事万物的背后都有，而且都是同一个"生命意志"。这又是为什么呢？

因为宇宙万物背后的物自体是同一个。

前面讲康德时那个"蓝色眼镜"的例子，可能会让我们认为物自体有很多个，而且和表象里的事物一一对应。比如，桌子有一个它对应的物自体，"我"也有一个"我"对应的物自体。

叔本华说，这是不对的。

因为我们在区别两个事物的时候，离不开空间概念。比如两个东西形状不同,摆放的位置不同,等等。可是物自体不具备空间属性啊,所以我们不可能把物自体区分成一个一个不同的样子。

叔本华认为,万物的物自体是统一的,只有一个,就是"生命意志"。

既然万事万物背后的物自体都是"生命意志",我们又通过观察自己,发现"生命意志"是驱使我们去运动、去发展的欲求,那么也就可以推理出,连没有意识的小草、没有生命的石头背后,也有驱使它们运动、发展的欲求。

叔本华列举了很多自然现象来说明这一点。

动物求生、小草生长,这些现象表现了求生的欲望,反映的就是"生命意志"。

那你会问:没有生命的物体,比如石头呢?它都不会动啊,哪儿来的"生命意志"呢?

叔本华的回答是:这些物体的运动遵守物理定律,驱动它们运动的是各种力,比如引力、磁力。那这些力的背后的本质是啥呢?是物自体对吧?那物自体咋还能弄出力来呢?叔本华就说了,这种带有驱动性的"力",就证明了物自体是一种有冲动、有运动倾向的"生命意志"。所以叔本华指着冲刷石头的激流说:你看这激流在没有人干涉的情况下,还能自发地运动,这就是万事万物背后有"生命意志"驱动的最好证明。

孔子曾经站在大河边上,忍不住感叹:"逝者如斯夫,不舍昼夜！"叔本华会说："你看大河昼夜奔流很奇妙吧，正是因为背后有永不停息的'生命意志'啊！"

听完了叔本华的这一番大论，我不知道您咋想，反正我是有一种"槽点好多，一时不知道该从哪里吐起"的感觉。说石头和溪水运动的背后有"生命意志"，感觉牛顿会忍不住站出来说两句。但是咱们先不讨论这些没生命的东西，咱们先从自己说起。

叔本华说，人这一辈子都是被"生命意志"控制的，无法反抗。我们或许会反驳说："不对啊，我可以用理性来控制自己啊。"我可以先用理性想好了自己应该去做什么，然后靠意志力命令自己去做，这就克服'生命意志'了啊。而且这不就是人类和动物之间的区别吗？小到锻炼减肥，大到遵纪守法，这都是理性的功劳。文明社会，不就是靠人们的理性来建设和维持的吗？这怎么就不行了？"

叔本华会说：你幼稚。

在叔本华看来，理性固然厉害，可是在生命意志面前却处于全面劣势。

首先，在叔本华的世界观里，生命意志是最本质的，而我们所看、所想的世界，都是建立在生命意志之上的表象。包括我们的理性，也是生命意志创造出来的。叔本华又认为，生命意志本身有自己的欲望和目的。那我们想，生命意志为什么要创造出理性呢？答案是：用来满足它自己的欲望。

这就好比说，我们以为自己生活、恋爱、结婚、工作是根据我们的理性选择的。而叔本华认为，隐藏在这些理性背后的真正的原因，还是各种欲望：生殖的欲望、享乐的欲望、征服的欲望等。你以为你在靠理性生活，实际上还是在满足生命意志。所以理性以为自己克制了生命意志，其实还是在生命意志的操控之中。

其次，人类用理性去描述事物，必然是破碎的、片面的。比如欣赏一件艺术品，无论我们用多少理性的词汇去描写它的美，还是不能尽情描述出来，只有亲自去欣赏这个艺术品，用非理性的、直观的感受去自己体验，才能真正感觉到美的原貌。所以叔本华认为理性和直观相比，理性的谬误更多，非理性的直观更接近真理。

最后，人类只能在短暂的时间里能保持理性。在很多情况下，比如无梦的睡眠里，理性是停止的，生命意志却持续不断，一直影响着人类。另外，随着年龄增长，脑力衰弱，人的理智还会变得衰弱乃至终止，生命意志却不会。所以就算理性不服管，生命意志也终将战胜理性。

当然，叔本华不会认为理性一点儿用没有，他的形而上学就是理性的产物呢！那他认为，生命意志和理性之间是什么关系呢？

我们可以打个比方。

意志是个充满欲望的君王，但是它头脑糊涂，只知道发布命令却不知道该怎么去达到目的。理性是个头脑清醒的老臣，他虽然对君王的命令有意见，但是限于身份，只能偶尔劝谏君王，大部分时候都是在用他的聪明才智去满足君王的欲望。

理性不是没有用，它只是实现意志的工具而已。

举个例子。

我们平时和别人发生了争执，我们说服别人用的是理性吗？绝大多数时候，靠的不是理性而是利益。比如邻居用杂物占了我们家地方，有几个人能用逻辑，用"不侵占公共空间的善是一种普世道德"来说服邻居的？真正能说服别人的，靠的是利益的威胁（再占我们家地方我就告居委会去）和诱惑（您看邻里和睦的生活多好啊）来说服对方的。

而利益是什么？就是满足欲望，就是生命意志。

实际上纵观人的一生，学习就业、结婚生子，哪一件事归根结底不是为了满足自己的欲望，追求利益呢？

或许有人说，你举的这些例子都属于世俗生活，在纯学术中，理性总能大于感性冲动吧？我单纯地进行学术讨论，这时总是纯理性行为了吧？

可你想过没有，你进行学术讨论的目的是什么呢？学生学习哲学理论，不就是为了考试毕业吗？我们普通人读哲学，不就是为了告诉自己"我连康德都知道，我好了不起哦"！不就是为了能在和朋友聊天的时候给自己长点儿面子吗？

你也许会说，我学哲学真没这么功利，我真的是为了求知，是因为对这世界充满好奇才学哲学的。

可是，再仔细想一下，求知的根本目的是什么呢？比如我学哲学，是因为我对人生充满困惑。因为"人为什么活着"这个问题困扰着我，让我充满焦虑。而回答这些问题，是为了消除这些焦虑，让我内心平静。

归根结底，驱使我们求知的，还是"消除焦虑"之类的欲望。

接下来，叔本华就推理出他的悲观主义了。

在叔本华看来，我们人类只是"生命意志"实现目的的工具。就像人类不会在乎工具是不是快乐一样，"生命意志"也不会在乎我们人类是不是快乐。它让我们产生欲望的目的不是让我们高兴，而是让我们动起来别停。

所以，人不会因为满足欲望而停下脚步。满足不了欲望，人会痛苦。满足了欲望，人又会产生新的、更高的欲望，还是会痛苦。

叔本华打比方说，满足欲望，就好比施舍给乞丐一个硬币，维持他活过今天，以便把他的痛苦延续到明天。叔本华还引用一句法国谚语，说明人们无止境的欲望："更好是好的敌人。"

如果人满足了全部的欲望,而且没产生新的欲望,人会幸福吗?不会,人会感到空虚和无聊,这也是痛苦。

所以快乐只是暂时的,痛苦才是永恒的。用叔本华的话说,人生就好像在痛苦和无聊之间不停摆动的钟摆。这种情景就像王尔德说的,"人生有两大悲剧:一个是得不到想要的东西,另一个是得到了"。

而且前面还说过,生命意志还是不可抗拒的。人类被这么一个没法打败又只能带来痛苦的东西终身控制,那人生自然是一个悲剧。

悲剧的一个表现,是人没有自由意志。我们记得,康德费尽千辛万苦,才给人类找回了自由意志。而在叔本华这里,自由意志又没了。在叔本华看来,人虽然表面上是自由的,但其实是在受生命意志的控制。人类就算有自由,也是一种被奴役的、极为悲惨的自由。

欲望除了能给人类带来无尽的痛苦,还会带来自私和竞争。生命意志就是不顾一切让自身生存的意志。因为生命意志的驱使,每一个生物都为了自己的利益去争抢。人和人之间会因此互相伤害。物种间也是这样,比如一个物种吃另一个物种。对于猎物来说,被吃的痛苦巨大。但是对于捕食者来说,进餐的快乐却只有一点点。

叔本华也不看好爱情。在他看来,爱情是生命意志为了引诱人们生殖下一代所行使的骗术。为了爱情而结婚是非常傻的行为。既然是骗术,那么爱情也不会持久,早晚会幻灭,追求永恒的爱情是徒劳的。因此,如果非要结婚的话,还不如出于功利目的去结婚。

更可怕的是性欲。满足性欲的目的是诞生新的生命。而新的生命又意味着新的痛苦。所以叔本华认为,生殖行为就好像人和生命意志签订的卖身契。因此,在人类社会里性行为总和羞耻相连。(我想很多人类学家不会同意这句话。)

顺便一说,因为叔本华认为生殖冲动是生命意志的阴谋,所以他说:"天才总有超越自己的生殖冲动,所以天才和女人之间存在着敌意。"——你瞧,这个一辈子被女人拒绝的老单身汉,成功地利用形而上学把自己归为天才了……

叔本华的生命意志学说大致如此,您或许会觉得有一些可疑的地方。别着急,待会儿我会和你一起反驳它。我们先顺着叔本华的思路继续,在他看来,我们该怎么摆脱生命意志呢?

首先,世俗的成功没有用。不仅没用,还会助长生命意志。因为叔本华认为,追求成功也是生命意志的表现。人越成功,就意味着他的生命意志越强烈,从而也就意味着人生越痛苦。

用通俗的例子说,人的欲望是无穷无尽的,在追求成功的道路上，人会产生更多的欲望，有更多的压力和痛苦。

那么学习有用吗？叔本华说，没用，知识越多反而越痛苦。比如植物就没什么痛苦，而越高级的生物痛苦就越多。（我想说这论据着实没什么道理。）

可能有人会说，既然生命意志是求生的意志，那么我克服生命意志，自杀怎么样？

叔本华说，自杀也没用。因为肉体可以死亡，但是生命意志是不会死的（因为是物自体嘛）。自杀不会消灭意志，反而说明人对抗拒生命意志失去了信心，是屈服的表现。

那么什么办法管用呢？

最根本的办法，是消灭欲望。

注意啊，是消灭欲望，不是克制。克制欲望的时候，人还是有目标、有欲求的——欲求的是"无欲的状态"。这还是没有逃出生命意志的陷阱。我们应该追求的，是彻底没想法、没自我，不在这个世界里追求任何事情、爱咋咋、啥都无所谓。

这种状态很像是东方的修行者，不是咬紧牙关"啊啊啊我要忍受欲望"，而是进入安详宁静、"物我两忘"的状态。

叔本华认为，如果我们真的能进入这种状态，那么我们就能和生命意志合二为一，进入长久的平静和安详。

这种观点，和我们熟悉的东方宗教很像。叔本华描述的这种状态,很像是得道高僧顿悟的样子。实际上,叔本华的哲学观点深受印度宗教的影响。"人生皆苦""摒弃欲望""追求无我"都和印度宗教的观点类似。据说他的书桌上经常摆放的是一尊康德像和一尊佛像。

当然,能达到这种境界太难了。叔本华认为,还有一种简单的办法,就是欣赏艺术。他认为,人在欣赏真正艺术的时候,内心是不带欲望的,也是忘我的。这也就能暂时达到前面说的境界,暂时脱离生命意志的控制。

为什么艺术这么厉害呢?

因为最伟大的艺术家都是在努力审视自己的内心,表达自己内心深处最真实的感受。而且艺术是非理性的。刚才说了,叔本华认为,人在非理性状态下审视自己的内心,才能感受到生命意志。所以,最伟大的艺术品反映的是生命意志的真相。

在所有的艺术中,叔本华最推崇音乐。当然,他喜欢的都是他那个年代的流行音乐——也就是我们今天的古典音乐。我们今天投入地听古典音乐时,的确会感到心旷神怡,能把各种欲望、名利、贪心都暂时抛到一边。

当然,这些艺术里不包括那些故意刺激人感官的作品,因为这些作品的目的是纵容欲望,在叔本华看来,它们是让人对生命意志屈服的坏东西。

叔本华的形而上学可以简单地这么概括：

康德说物自体是人不能认识到的，叔本华却详细描述了一番物自体，指明了物自体就是生命意志，体现在人的身上就是各种欲望。

叔本华的理论和其他学科的一些观点有些像。

叔本华强调非理性的欲望比理性对人的影响更大，这和后来的弗洛伊德强调潜意识的观点很像。但现在的心理学一般认为，潜意识虽然会影响我们，但没有叔本华的生命意志那么无孔不入，人类理性的控制力还是很强的。

叔本华的理论和进化论也很像，都强调物种的生存本能。但我们后面会讲到，其实进化论的很多结论可以用来反驳叔本华。

叔本华用他的"生命意志"解释宇宙万物，但是在今天看来，解释万物最简洁、最准确的工具是物理学。在物理定律之中，并没有"生命意志"的位置。

叔本华用"生命意志"来解释人类的欲望，但在今天看来，用激素来解释要更加准确一些——比如，靠吃药甚至直接切掉某块神经，就可以让人进入"无欲无求"的状态。这说明即便有"生命意志"，我们也可以用物理的手段轻松控制它。

而且从逻辑上说，叔本华是怎么知道"生命意志"到底是啥样的呢？他是打坐参禅，进入非理性状态悟出来的？他对"生命意志"的描述用的都是理性的文字，可是，"生命意志"不是说不能用理性描述吗？他论证"生命意志"的论据，都是他对世界万物的观察，但是世界万物不都是"表象"吗？那在"康德-叔本华"的系统里，怎么能用表象来论证物自体呢？

总之，固然叔本华的悲观主义有点儿道理，却不能把它当成对这个世界的终极解释。

不过，悲观主义对于我们来说仍旧有现实意义。

首先，叔本华的悲观主义从某些角度上看是成立的。虽然说理性未必就一定会败给欲望，但对于大部分人来说，欲望的确是生活的主题。很多人都是为了获得尽可能多的安全感、为了有更好的物质享乐、为了和别人攀比，才会去忍受无穷无尽的艰辛劳动、在各种挫折中垂头丧气，又因为不断产生的新欲望而苦恼。很多人奋斗一生，最后仍旧对某个欲求念念不忘，抱憾而终。仔细想一想，这辈子确实有点儿不值。

所以叔本华的世界观对于大部分人来说，是对的、没问题的。

叔本华提出的解决方案也没问题：既然满足欲望是一条不归路，那我们就应该早点儿看清这一点，不要再被欲望驱使。但不满足欲望我们会痛苦啊，那就可以像叔本华建议的那样，用无关欲望的艺术品来获得暂时的解脱。

这也是被社会普遍接受的生活观。

人发财了，整天酒池肉林，追求物质享乐并不是个长久的选择。不管多好的享乐，玩儿一阵子就会觉得没劲了，感到空虚无聊。

有一些有钱人想不明白满足欲望是条不归路，还在不断追求更强烈的刺激，满足更大的欲望。可是享乐的标准不断水涨船高，每一次获得相同快乐所需要的金钱越来越多，最后总有一天会捉襟见肘，把自己玩儿穷。同时，人的精神和肉体所能承受的刺激也是有限的。不断追求更高的刺激，最终只能挑战死亡——赌钱、飙车、冒险、吸毒。但是欲望还是不会停止，再往前走，就只有自我毁灭一条路了。

另一种有钱人，当他们玩儿一玩儿后，发现纵欲也不过如此，他们就不再追求物欲，而是改成追求艺术。这是古往今来很多有钱人的选择。

对于普通人来说，整日辛劳是为了养家糊口，但在温饱之后，谁没有发财的欲望呢，有了这欲望，就会产生贪婪之心、攀比之心。这时候不妨提醒自己，贪婪是一条不归路，不如多寻找日常的快乐，听听相声，唱唱歌，见见朋友，喝喝酒。功名利禄谈笑中，不胜人生一场醉，快意恩仇地痛快活一生，这不比蝇营狗苟活一辈子更有意思吗？

悲观主义的世界观对我们安慰自己也很有用。

一般人大概都会排斥悲观主义。人活着就是为了追求快乐，干吗要故意悲观啊，要笑对人生，要有"正能量"嘛。

其实，悲观主义能给我们带来很大的安慰。

悲观主义让我们把整个世界都看成是一个很差的地方。那么，我们就不必对这世界期待太多。当这世界损害我们的时候，我们也不会感到不公，或者觉得失望。同时，我们对这世界的期待小了，我们自己的生活压力也就小了。因为人生再怎么折腾也是悲观的，那我们何必一定要奋斗？

比如，如果相信叔本华的理论，你会觉得，即使挣再多的钱、获取再高的社会地位，得到的仍旧是不能满足的欲望和空虚，不比混吃等死好到哪儿去，反而还会因为追名逐利而放纵了自己的欲望，让自己更加痛苦。这么一想，也就没有什么生活压力了。

悲观主义的另一个好处是，它能让你意识到世界上的其他人和你一样注定痛苦，无论那人多么有钱多么风光也是一样。那么相比之下，自己的痛苦也就会好受一点儿。嫉妒和憎恨是一般人难以摆脱的痛苦之源，当你意识到你所嫉妒或者憎恨的人也注定摆脱不了悲观世界的时候，心里也会好受一些了。

接下来讲点儿好玩儿的事。

叔本华告诉别人要禁欲，要苦修，然而有意思的是，叔本华本人完全没能以身作则。通过前面的故事您也能感觉到，叔本华这人很自负，关心名声，特喜欢骂人，脾气也不怎么好。

或许是因为叔本华言行不一，各类哲学史都特别喜欢收集他的负面故事。不好说这是不是后来人的偏见。我收集了一些段子，您只当猎奇吧。

首先是叔本华非常谨慎胆小，这点挺像康德的。叔本华担心各种可能损害他的事，处处留心，简直事无巨细。

比如他的住房必须在底层，以便遇到危险的时候能迅速逃离。

睡觉的时候，床边总是藏着上了子弹的手枪。

他还故意给私人笔记写上错误的标题，给自己的物品贴上错误的标签，比如在茶叶罐子上贴上"毒药"，为了迷惑可能到来的小偷。（强！）

他从来不让理发师的剃刀接近他的脖子。

他的墨水瓶下面藏着几个金币，以备不时之需。

外出的时候，不管到哪儿都自己带水，以免喝到不干净的水。

他害怕自己还没真的死亡，就被人粗心地埋起来。于是他特别嘱咐说，当他死后，在他的死亡确认无疑之前，装他的棺材不能盖盖儿。

欧洲爆发革命，叔本华害怕街头愤怒的群众会损害自己的财产，于是欢迎政府军进入他的房间射击示威群众。政府军官需要观察敌情，叔本华立刻递给军官一副观看歌剧时使用的双筒大望远镜。

叔本华宣扬禁欲，但他本人很会享受。他经常去最上等的饭馆吃饭，点昂贵的饭菜，有时还会点两份主食。在西方，人们习惯吃完饭把小费放到桌子上。叔本华呢？他每次吃饭前，先把一枚金币放到餐桌上——注意，是金币哦——看得侍者们满眼发光。但每顿饭吃完以后，这位大哥又把金币放回到自己的口袋里了。

有一次有个侍者实在崩溃了，问叔本华到底是什么意思。

叔本华白了他一眼说：这是我自己跟自己打的赌，一旦有一天在这里吃饭的英国官员在马、女人和狗之外还谈点儿别的东西，我就把这枚金币捐到慈善箱里去。

叔本华很精于计算。

他怕人骗他，他是德国人，记账就使用英文，后来又改用更生僻的拉丁文和希腊文。

他也不信任银行，要求银行职员每个星期把他财产的利息送到他家里，让他亲自数一数。

还有一个段子：

叔本华的母亲和妹妹的全部财产，以及叔本华自己三分之一的财产都存在同一家银行里。银行按时给他们一家人支付款项，供他们生活。结果这家银行因为经营不善，无法再给叔本华家付钱了。

银行家给叔本华的母亲和妹妹提出一个建议，答应还给她们一部分钱，从此大家两清。银行家的意思是，你们要是不接受这

第二章　悲观主义不悲观　273

个条件，我就破产了，到时候你们一分钱也没有。

这个合约中没有叔本华什么事。在叔本华的妹妹看来，她签署这个合约是抛弃了叔本华，光在为自己和母亲争取利益。

然而当过商人的叔本华更加老谋深算。他知道这个合约后，没有出言阻止。不久，银行家和叔本华的母亲、妹妹签了合约，理清了债务，银行的经营渐渐又上了轨道。叔本华找到了银行收入的证据，突然冒出来找银行家要钱。这时银行家没有理由不付款了，他只好乖乖地把叔本华的钱全都支付了。

这事的结果是，叔本华的母亲和妹妹损失了全部财产的四分之三，而叔本华一分钱没有损失。在这件事里，叔本华等于间接地利用了母亲和妹妹的损失保护了自己的财产。而他在银行里存的钱，不过是他全部财产的三分之一而已。

叔本华也很刻薄。

叔本华不信任朋友。他说："凡是对敌人保密的事也要对朋友保密。"还很毒舌地说："患难之交真的那么稀有吗？恰恰相反，我们一旦和某人交上了朋友，他就开始患难了，就向我们借钱了。"

他主张和别人交往的时候，要带着一点儿轻视，这样才能让对方珍惜友谊，因为"不尊崇别人的人会受到别人的尊崇"。但是当这个人有利用价值的时候，就应该隐藏对他的轻视了。

有一次叔本华要开除他的女佣，只是因为那女佣违背了他不许给书房的佛像掸灰尘的命令。

叔本华特别不能忍受噪声，他说"一个人能安静地忍受噪声的程度同他的智力成反比"，他看戏的时候对各种脚步声、咳嗽声感到非常愤怒。他还写信给当局要求采取严格措施制止这些行为。

说到他的刻薄，还是下面这件事最有名。

有一次，叔本华的邻居，一个47岁的女裁缝在叔本华的房间外一连几天和朋友聊天，叔本华嫌她太吵。两个人在争执中，叔本华把她扔下楼梯，造成了她终身残废。

扔了人之后，叔本华拒绝承认是他干的。官司打了五年，最终叔本华被判每个季度向受害人支付一笔钱。对于叔本华来说，这完全是笔小钱。但是可以想象叔本华对此有多恼火。女裁缝去世后，叔本华用押韵、对称的文字写道："老妇死，重负释。"（Obit anus, abit onus）。这段故事因为被罗素写在了《西方哲学史》里，所以被引用的次数特别多。不过也有同情叔本华的人认为，是这位女邻居趁机敲诈，没病装病。

叔本华的八卦说完了。

叔本华晚年成名，他的思想随着他的作品遍布欧洲大陆。在他去世五年后的一天，在德国莱比锡市的一家旧书店里，一个青年鬼使神差地拿起了一本《作为意志和表象的世界》。在这一刻，另一个震惊世界的哲学家诞生了。

第三章　尼采疯了

这个年轻人就是尼采。在莱比锡的旧书店里看到《作为意志和表象的世界》的时候，他才21岁。

尼采回忆说，那天他无意间拿起《作为意志和表象的世界》，突然有一个声音在耳边响起："拿起来吧，拿回去读吧！"

于是他买下这本书跑回家读，很快就对叔本华的学说着了迷，甚至崇拜叔本华本人，模仿叔本华那极有规律的生活。

一年以后尼采参军，他把一张叔本华的照片放到自己的桌前，一遇到困难就大叫："叔本华，救救我！"

毫无疑问，在哲学上，尼采是站在叔本华那边的。

尼采和叔本华一样，也是幼年丧父。但和叔本华不同的是，失去父亲后，尼采一直被母亲、妹妹等人照顾。

尼采是一个充满激情的人，他喜欢音乐，喜欢爬山，崇拜音乐家瓦格纳，他大喊"上帝死了"，还自比是太阳。但是与激情的理论相对的,是他温厚的性格。这或许和他从小生活在女人圈中有关系。由于朴素的生活、温厚的性格和坚强的意志,尼采常被称为"圣人"。

这是两个常被误解的人:

叔本华,一般人以为他是一个悲天悯人的慈祥老头——不!生活中他暴躁刻薄。

尼采,一般人以为他是一个放荡不羁的狂人——不!生活中他是一个温和的智者。

尼采一生只当过很短一段时间的教授,大部分时光都是在旅行和陪伴朋友中度过的。早年对他影响最大的人是著名音乐家瓦格纳。

尼采认识瓦格纳的时候,瓦格纳已经如日中天,尼采还是一个无名小卒。尼采非常崇拜瓦格纳,跟瓦格纳的见面总是让他激动异常,据说他还为瓦格纳跑腿买过丝质内衣。

瓦格纳正好和尼采一样喜欢叔本华,瓦格纳的人生和创作深受叔本华的影响。两个人有共同点,虽然年龄相差很大,但还是结成了深厚的友谊。

在很长一段时间里,尼采总和瓦格纳以及瓦格纳的妻子科西玛一起游玩。

顺便一说,这个科西玛的身世也很神,她是大音乐家李斯特的私生女(瓦格纳和李斯特就差两岁……)。科西玛先跟音乐家彪罗结婚，婚后出轨和瓦格纳私会，甚至在离婚前就为瓦格纳生下了好几个孩子。彪罗一开始百般遮掩，甚至对外声称瓦格纳的孩子是自己的。但是架不住科西玛真铁了心啊，最后彪罗只好同意和科西玛离婚了。

回来说尼采。

尼采和瓦格纳相聚的时候，瓦格纳经常劝尼采结婚，但是尼采一直没有答应。实际上，尼采暗恋着科西玛。尼采还给科西玛递过条子表白，但是对方没有理睬他。

后来由于理念不同，尼采和瓦格纳分道扬镳了。

38岁的时候，尼采找到了新的伙伴。他经常和一个叫莎乐美的女孩以及好友保罗一起游玩。尼采对保罗说自己爱上了莎乐美。然而尼采不知道，保罗曾经向莎乐美求过婚，但是被她拒绝了。保罗知道了尼采的爱意后，便向莎乐美告状说尼采并没有诚意，只是想占她的便宜。

想搅局的人还不止一个。尼采的妹妹出于嫉妒，对尼采说莎乐美是个荡妇，又给尼采的朋友、亲人写信说莎乐美的坏话。

莎乐美本人也不想就这么跟了尼采，她希望能和两个男人都保持暧昧的关系。但是这怎么可能嘛。虽然两个男人表面上也同意，但其实三个人越处矛盾越大。后来，尼采和保罗经常互相攻击对方，最终莎乐美带着保罗跑了，留下尼采一个人痛苦万分。

富于激情的尼采基本上度过的是悲剧的一生。他一生不被人理解，著作无人问津。他最重要的著作《查拉图斯特拉如是说》印完之后，别说卖了，送也只送出去七本。在他写作生涯的最后三年，他前后花了500个银币出版自己的著作，没拿到半分稿费。

尼采21岁那年，发生了一件可能影响了他一生的事。有一次他在科隆游玩，无意中闯进了妓院。据尼采自己说，他在妓院中慌慌张张地弹了一首钢琴曲就出来了。但是很多人认为尼采就是在这个时期染上梅毒的。

尼采原本就身体羸弱。年轻时他当过兵，在骑术训练中受了伤，动手术后落下了病根。再加上可能存在的梅毒，随着年龄的增长，尼采的身体越来越差。据说，他还不断显现出类似梅毒的症状[1]。

尼采的家族里，有好多人得过精神方面的疾病。在尼采快45岁的时候，有一天他在都灵看见一个马夫在虐待一匹马。尼采跑过去抱住马的脖子，昏了过去。

从此以后，尼采疯了。虽然受到母亲和妹妹的照料，但他很少恢复过理智。

然而，这对于一个曾经充满激情和绝望的人来说，或许是一种幸福。

---

[1] 关于尼采患有梅毒的事颇有争议。有人说是先天性梅毒，有人说他的症状也可以用其他病来解释。

据说有一天，尼采的妹妹坐在尼采身边，看着发疯的哥哥忍不住流下了眼泪。尼采望着他的妹妹大惑不解地说：

"伊丽莎白，你为什么哭呢？难道我们不幸福吗？"

讽刺的是，在尼采疯了以后，财富和荣誉接踵而来。他出了名，人们像对待圣人一样崇拜他，王公贵族争相拜见他，就好像只要看一眼这位已经失去了神志的可怜人，就可以沾上一点儿哲人的仙气一样。

在这个时期，尼采的妹妹扮演了一个很不光彩的角色。

尼采发疯以前，他曾经哀求过妹妹："请答应我，我死后，只有我的朋友才准站在我棺材的周围，不允许好奇的人们围观。"

然而他妹妹却故意把疯了以后的尼采打扮得像展览品，让尼采穿上白色的袍子。尼采原本就有一把浓密的胡子，这下他更像是古代的先知了。

我们都知道，尼采的超人理论后来被希特勒利用，成了纳粹理论的一部分。但其实尼采本人非常憎恨反犹主义者。

当年尼采的妹妹和一位反犹主义者结婚，受到了尼采的强烈反对。尼采甚至称他妹妹是"心怀仇恨的反犹母鹅"。在尼采发疯以后，他妹妹利用整理尼采著作的权利，任意增删、篡改尼采的作品及信函，编成了适合她自己口味的《权力意志》。

尼采的妹妹把尼采的学说变成了种族主义者的武器，法西斯分子纷纷拜在门下。尼采的妹妹85岁生日的时候，墨索里尼致电祝贺，还赠送了2000里拉。希特勒甚至暂时中断竞选活动，专程去看望她。尼采的妹妹去世时，希特勒带着大批纳粹党人参加她的葬礼。

因为尼采妹妹的这些行为，尼采的"学说"成了法西斯政权官方鼓吹的哲学理论。第二次世界大战结束，尼采的名声也随之一落千丈，直到后来才慢慢恢复。

其实这种种兴衰荣辱，和他本人早就无关了。

第四章 "上帝死了"

尼采到底说了什么呢？

尼采生活在一个思想特别混乱的时代。

黑格尔曾经预言，"绝对精神"最终会统治所有哲学，人类的历史也将走向终结。所以当拿破仑横扫欧洲的时候，黑格尔为之欢欣鼓舞。在黑格尔看来，拿破仑要把理性带到整个欧洲，人类就应该奔着"绝对精神"一路而去了。

然而，拿破仑很快失败了。拿破仑的帝国崩溃后，欧洲各国的贵族虽然重新掌权，却陷入了迷茫之中。因为这时资产阶级已经崛起，欧洲已经有了大量的工厂和工人。大家心知肚明，不可能再回到过去那个封建贵族的时代了，但是新的世界应该是什么样的？人们众说纷纭。

各种政治学说纷纷涌现，我们今天很熟悉的保守主义、社会主义、自由主义、无政府主义，都在那个时代出现了。这时的欧洲，好比走到了一个岔路口。接下来的岔路朝向四面八方，每个方向都有人指着说:"这才是最正确的道路。"而且说得还都挺有理,可是大家分别指的方向,差得有点儿太远了。

按说实践应该能检验出是非对错吧?结果在随后的几十年里,各个主义不仅没有达成一致,还掀起了一场席卷欧洲的革命——历史上称为"1848年欧洲革命"。革命结束后,大家伙儿不仅没能统一想法,反倒是更乱了。

那真理到底在哪儿呢?

尼采下了断言:真理根本就不存在!

尼采有一句名言:"上帝死了。"为什么这么说呢?因为在过去的二百年里,科学、理性不断地发展,人们越发相信理性胜过信仰。

从笛卡尔开始,越来越多的哲学家试图用理性证明上帝的存在。看上去,好像这些哲学家都是在帮着教会巩固信仰,是在向教会卖好,但是我们反过来想:当上帝"需要"被证明存在的时候,不也就意味着"有可能"不存在吗?

更要命的是,哲学从笛卡尔一路发展到黑格尔,并没有得出统一的答案。这就好比一百多个人各自用不同的方法证明一道数学命题,讨论到最后大家都没有形成统一的答案。那这件事是说明这个命题可靠呢,还是很可疑呢?

就在这个时候,物理学还跟着杵了上帝一杆子:科学的突飞猛进，让人们越发相信这个世界是与机械论的观点相一致的，自然万物严格遵守物理定律的约束。这样一来，自然界里也就失去了上帝的位置。上帝只负责创造最开始的世界，后面的事就必须撒手不管了——这就是前面介绍过的"自然神论"。在尼采生活的时代里，"自然神论"非常流行。这种观念把上帝从现实中请了出去，其实和无神论已经差不多了。

另外，随着科学的发展，有越来越多的学者从科学的角度考证《圣经》。有人发现，《圣经》里的一些神话故事，其实在其他民族的传说中也有类似的情节；还有人考证，《旧约》中最重要的"十戒"其实并非出自摩西之口；达尔文的进化论，更是宣称"上帝创造人类"的情节是错的。所有这一切，都动摇了人们的信仰。很多人即便继续相信宗教，也是出于"信教是善的""不信社会会乱"之类的理由，而不是真正相信《圣经》里的每个字都是绝对真理。

所以尼采喊"上帝死了"，并不是在宣布一个新发现，只是挑明了一个大家都心知肚明的事实。

可是就算"上帝死了"，又能怎么样呢？

这事在咱们看来，就觉得没什么啊：科学战胜宗教，这不是进步吗？这不是挺好吗？

问题是，在过去的一千多年里，宗教一直是欧洲人信念的基石。别说普通人了，就算前面说过的那些哲学家和科学家，他们那么喜欢怀疑、那么喜欢抬杠，可是思考到最后的落脚点，还是要想方设法地证明上帝存在，怎么都不敢把上帝彻底轰出去。甚至可以说，欧洲人其实早就有一个人人都相信的形而上学真理，那就是"上帝存在"。

现在突然没了。

打个不恰当的比方，在那个时代喊出"上帝不存在了"，就类似于今天世界上最权威的科学家突然宣布："物理学完了！物理定律全都没用！"而且别人还觉得他说得挺有理。

那你听完了会是啥反应？完全不知所措了呀。

在尼采看来，欧洲的精神危机，就是人们集体不知所措。

对于欧洲人来说，上帝都不存在了，那还有什么可以相信的呢？哲学吗？可是它搞了半天也没搞出正确答案来啊。哲学家们自己还都不能说服自己呀。

在尼采看来，之前哲学家们声称找到的答案，都是骗人的。既没有上帝，也没有哲学真理，这世界也不存在什么意义，整个世界都是虚无的。

但是虚无也不可怕。

虽然世界是虚无的，但是我们可以选择面对虚无的态度。

尼采认为，面对虚无就好像面对一头怪兽一样，我们有两种面对虚无的态度。

弱者的态度，是在怪兽面前尿了、跪了、彻底放弃了。要么陷入绝望之中自暴自弃，要么随便接受一个别人替你设计好的、虚假的人生意义，自欺欺人地过一辈子——放到今天，就是那些"朋友圈都在炫富，所以我的目标是买买买，不能让人比下去"的人，那些"看了一篇爆款文章或者一部感人电影或者一句朋友圈里的金句，于是泪流满面地说'我就应该这么活'"的人，就是"我的长辈/老师/偶像/历史上的英雄为我指明了人生方向，从此我就一条路走到黑"的人——如果这些关于人生的答案没有经过认真的质疑和思考，只觉得胸口一热就认为自己找到正确答案了，那在尼采看来，都是错误的选择。

正确的选择是什么？

尼采认为，正确的选择是面对虚无这头怪兽，你不能颓，你得站起来，去战斗、去征服。去当政治家、思想家、艺术家、哲学家，牺牲自我、拯救他人、改变人类的命运。虚无咋了？我用双手创造出意义，不就不虚无了吗？

我们可能会问：为啥就非得站起来啊，为啥就不能躺下啊？

尼采说，是因为我们每个人的身体里都有一种叫作"权力意志"的东西。"权力意志"这词指的并不是政治权力，而是一种类似于叔本华的"生命意志"的物自体，是一股要让自己变得更强大、更有创造力的，永不停息的欲望。我们每个人都有突然不甘心、不服输，燃起雄心壮志的时候，这就是"权力意志"的表现。

尼采认为，每个人内心都有"权力意志"，但是外在的表现不一样。弱者表现为追求自由、解放，就好比一个奴隶对奴隶主愤愤不平地说："凭什么这样对我！"而真正的强者呢，就像刚才说的，表现为征服和创造。这种人往往是历史上有名的伟人、英雄和艺术家。

因为有了"权力意志"，所以我们面对虚无就得战，不能躺。

——说到这里，你可能会打断我："等等，刚才不是说，尼采认为不存在绝对真理吗？不是认为我们不能照搬别人给的人生意义吗？那尼采凭什么说人人都有'权力意志'呢？又凭什么教育我们应该征服、创造呢？"

这里就体现出尼采的特色了。西方历史上绝大多数哲学家，他们的观点都要遵守逻辑规则，他们的作品都是在论证。但是尼采呢，是极少数不论证的哲学家。他的文章不是教授在四平八稳地上课："因为这个这个，所以我是对的。"而像是一个激情的演说家，在抓着你的衣领大喊："大哥，世界是这样的啊！是这样的啊！！！"

所以为什么有"权力意志"？尼采没有论证。即使历史上的那些英雄人物，可以当作"权力意志"存在的例子，但也没有严格的论证。再说想论证也论证不出来——因为没有绝对真理嘛。尼采就拍着胸脯说:"我就认为我说的是对的!"至于愿不愿意相信,就是听者自己的事了。

咱们继续说尼采的观点。

根据对"权力意志"的不同态度,尼采把人分成了强者和弱者。强者的特征是积极向上、勇于进取、勇于牺牲、善于创造。弱者相反,特点是胆小、保守、善妒、虚伪。

传统欧洲人相信基督教的普世精神和卢梭的人文主义,两者强调的都是对弱者的关怀,强调人人平等。尼采特别反对这一点。他认为,同情弱者没错。但同情不能过度,弱者不能以此为理,去要挟、榨取强者,去拖强者的后腿,这样做是可耻的。

打个比方,强者看待弱者,就跟人类看待猿猴一样。猿猴对人类有用吗?如果不关在笼子里而和人类混居,那一定会给人类添乱。强者眼中的弱者也是一样的。对弱者不应该光是怜悯,还应该限制他们的能力,免得他们给强者捣乱。

所以尼采把道德分成了两种。

第一种道德是属于弱者的道德,尼采叫它奴隶道德(又叫"畜群道德")。表面的内容是同情、仁慈、谦卑、平等。其实本质上,是弱者为了掩盖自己对强者的恐惧、嫉妒和自私,借助奴隶道德去限制强者。

有很多道德都是禁止型的命令,如"不许占有别人的财产""不许欺骗"。这些禁令不是在保护强者——强者不会让自己的财产被别人占有——保护的是那些不能保护自己的弱者。

弱者对强者感到恐惧，因此奴隶道德强调"仁慈""谦卑"，把强者和特立独行的人看作危险人物，要求社会限制他们的能力。

弱者又因为自私，因此强调"同情""分享"，要求强者给弱者分一杯羹。

我们现在都讲"人人平等"，尼采却反对平等。他认为平等主义者的本质是嫉妒成性，看到别人有什么，他们就也想有什么。

实际上我们细想，这个所谓的"奴隶道德"，不就是我们人类社会的传统道德吗？所以尼采说："迄今为止用来使人变得道德的一切手段都是不道德的。"

第二种道德是强者的道德，尼采叫它"贵族道德"（又叫"主人道德"）。这种道德鼓励人们积极进取、特立独行、崇尚强大、鄙视软弱、追求创新、拒绝平庸。它代表了生命积极的一面。

奴隶道德和贵族道德最明显的区别在于，奴隶道德总是在禁止——不许人们做这做那；贵族道德则是在鼓励。

尼采并不完全反对奴隶道德，他反对的是把奴隶道德普遍化，把奴隶道德强加在强者的身上，他认为这会限制人类的发展。

那有人说了，尼采的道德观不是会造成弱肉强食吗？不是会造成强者欺凌弱者吗？尼采的回答是，人的本性就是残忍的。

这是因为，弱者也拥有"权力意志"。弱者的本性也像强者那样，希望能彰显自己的意志，驾驭别人。但是弱者他弱啊，没能力啊，因此只能躲在"奴隶道德"下，隐藏了自己的残忍。弱者是虚伪的，而强者的残忍是彰显自己的本性，这才是正当的。

尼采的这个观点，有"人性本恶"的含义，我们未必会同意。而且就算我们同意"人性本恶"，也不意味着用道德去压抑恶、追求善是不对的。但是尼采的主张的确有现实依据。在日常生活里，确实有一些人，与人为善并非因为他们本性善良，而是因为胆小懦弱。这些人一旦摇身变为强者，往往会加倍地凶狠残忍。对此有个成语叫作"小人得志"。

就在法国大革命期间，带着"民主"之名的雅各宾派进行了恐怖统治和血腥屠杀，这让很多欧洲思想家看到了"多数人的暴政"的危险。在尼采看来，法国大革命就是他理论最好的注脚：最聪明、最有创造力的人在这个社会里是少数，庸人总是多数。原始的民主模式总是要少数人听多数人的话，这就等于让少数的聪明人屈服于庸常的大多数。

尼采推崇强者，可是他发现，大部分强者都被奴隶道德压抑着，不能摆脱弱者对他们的束缚。因此，尼采希望"超人"出现。

"超人"这个词在尼采的理论里，不是指拥有强大能力的人，不是说这人一定要当总统、当将军。而是指能够完全按照自己的意志行动，能充分发挥自己的创造力，并且能摆脱奴隶道德，不被弱者束缚的强者。超人是尼采对人类的一种理想，在尼采眼里，整个人类历史里只有极少数人能成为真正的超人，比如，耶稣、恺撒、歌德。而我们今天，在大众的心目中最符合这个形象的，可能是创造苹果公司的乔布斯——充满激情、极富创造力、自信又自我、不遵守寻常的社会规范。

总之，尼采和叔本华一样，认为这世界是悲观的，人生是痛苦的，但他们的解决方法不一样。尼采认为，叔本华主张的禁欲啊，欣赏艺术啊，都是胆小者的逃避，一个强者应该选择迎难而上：

人生虚无，那我就用我的双手创造意义；人生注定是苦，那我就迎接痛苦，因为痛苦是我变成强者的必经之路。

尼采反对宗教、推崇超人的观点虽然会让很多人觉得极端，但和我们的生活并不是没有关系。

在谈论宗教的时候，有时我们会遇到这么一类人：他们一旦遇到你的说法和他们的"师父"不一样，立刻会惊慌失措，也不听你的辩解，只知道大声说你这是"魔道""是要下地狱的"，或者有一些胆小的人，立刻捂住耳朵，大喊："别说了！我不听！"或者说："快点向神佛谢罪！"。

他们这些理直气壮的怒气和谦卑来自哪里？是来自对宗教真理的追求吗？不是吧，更像是来自对神佛惩罚的恐惧和对宗教奖赏的向往：只想靠祈求、讨好、献媚来获得舒适的来生。没有想过要靠自己的力量去奋斗和争取。

这种来自怯懦的谦卑必然导致反智主义：他们拒绝任何和权威不同的观点，拒绝思考，拒绝变化。严重点儿说，这种怯懦精神是人类一切进步的阻碍。即便从宗教内部说，如果所有的神学家都是他们这副畏畏缩缩又自以为是的模样，那基督教就不可能有宗教改革，佛教也不可能出现禅宗了。

再比如那句可怕的"敬畏"。

有些从不学习科学的人遇到了科学进步，他们不是感到欣喜，而是会胆战心惊地说："科学家，你别搞了，你得敬畏呀！"——你得敬畏大自然，敬畏传统，敬畏神秘……总之就是崇拜所有已经存在的东西，恐惧一切变化。

问题是，在旗帜鲜明地反对一件事之前，难道不需要知道自己在反对什么吗？可是这些人在发出哀号的时候，并没有先去了解相关的科学知识。其实，这些知识都公开、免费地存在图书馆、论文数据库里,只要肯学,触手可及。可他们为什么从来都不学,只喊敬畏呢?

事实上是,这一类人因为自己懒,不去了解现成的知识。又因为胆小,没头没脑地反对一切新变化。甚至把自己的怯懦堂而皇之地搬出来,起名叫"敬畏",还要逼迫那些有进取心的科学家去接受。这些人不正是尼采所说的弱者吗?

尼采的观点也顺应了历史的发展。

尼采所处的时代,正是西方自由经济崛起的时代。我们知道,自由经济强调的是竞争,强调胜者为王,只有这种价值观才能充分发挥自由经济的优势。资本主义社会的一大价值观是"成功至上"。我们在外国的电影、广告中经常可以看到这样的价值理念:商场上、政界里,都是大鱼吃小鱼,能够不惜一切代价打败弱者的人,就是胜者,就能被社会承认、尊敬。换句话说,社会认为这样的人是"好"的。而失败的人呢,只能被人鄙视,所以美国的电影里"loser"这个词可以用来骂人。换句话说,弱者是"坏"的。

这种鄙视弱小、仰慕强者的价值观,就和尼采的观点类似。

当然,现代社会的价值观是多元的,除了崇拜成功外,也有推崇人性、亲情的,对拜金主义的反思,这样的文艺作品也不少[1]。但是，推崇成功是现代社会和过去的基督教社会最大的区别之一，是西方社会价值观最大的变革之一。在这个背景下看，尼采自然会赢得西方社会的广泛接受，甚至可以算是一个预言家。

尼采的真理观也可以一说。

在尼采看来，人类的知识，如形而上学、科学理论都是理性的，可是作为世界本质的"权力意志"是非理性的，因此这些理性知识也不是真正的真理，只是"权力意志"构造的假象而已。

"权力意志"为什么要构造这些假象呢？

"权力意志"是征服的意志，在"权力意志"的驱使下，人类去研究世界不是为了简单地求知，而是为了能更好地控制世

---

[1] 但要注意，在商业社会里，商业化的文艺作品都是为了销量制作。富人和穷人购买同一本书、同一张电影票的花费是一样的，因为穷人数量最多，所以这些作品必然要取悦穷人。因此，虽然外国有大量反思成功主义的商业作品，未必就能说明社会大众内心深处也是反成功主义的。一个典型的例子，是动画片《赛车总动员》。这部片子的主题是"成功没有友情重要"。主人公在故事的开头追求成功，在故事的结尾为了友情放弃了名次。但要注意的是，在故事最后的决赛中，主人公是先取得了绝对的优势，让全场都认清他是货真价实的冠军的情况下，才放弃成功，选择友情的。换句话说，他其实是"当了婊子又立牌坊"，既享受了胜者的荣誉，又获得了友情。观众表面上得到了"友情更重要"的价值观，实际上还同时得到了成功的快感。试想一下，假如主人公最后是个失败者，他也选择了友情，这部电影又能达到多少票房呢？其实，好莱坞主流的亲情电影、爱情电影，最后的结尾虽然要鄙视成功，但整个故事一定要让主人公克服一个巨大的困难，消灭一个强大的敌人，才能构成一个让观众满意的高潮结局。这表明了每个人的内心深处都渴望成功，渴望成为强者，正是符合尼采的观念。

界。比如，人研究世界就要给世界下定义，这些定义是人强加给这世界的，这便是"权力意志"控制世界的表现。

既然人类的知识只是"权力意志"用来控制世界的工具，那么也就根本不存在什么真理。人们追求所谓的真理，只是因为人们需要用真理去征服世界。所以尼采说：真理就是一种如果离开它，某种生物便不能活的错误。

换句话说，在尼采看来，所谓的真理和错误的区别是，真理有用，错误没用甚至有害。比如因果律的问题，尼采的解释是，根本就没有因果律，相信因果律是因为，我们不相信它，就没法生活。

理论说完了，再说一点儿八卦吧。尼采和叔本华还有一个共同之处，他们都鄙视女性。

其实，歧视女性是那个时代普遍的现象，比如康德就很瞧不起他的妹妹。那时的男人都觉得女人没头脑、没文化，不是值得与之聊天的对象。很大一部分原因在于，妇女在那个时代被歧视在先，因而普遍缺少教育，这点反倒又成了性别歧视的依据。只不过在众多性别歧视者中，叔本华和尼采骂得尤其狠。

尼采说妇女是猫、鸟、母牛，是男人的"一件危险的玩物"，"男人应当训练来战争，女人应当被训练来供战士娱乐。其余一概是愚蠢"。

叔本华则说，"只有男性的智慧为性冲动所蒙蔽时才会以佳人来称呼那些矮身材、窄肩膀、宽胯骨、短腿的性别"。

"女人最适于担任养育婴儿及教育孩童的工作，为什么呢？因为女人本身就像个小孩，既愚蠢又浅见……她们的思想介于男性成人和小孩之间。"

叔本华还觉得女人虚伪、善妒、喜欢奢侈、不懂得欣赏艺术，认为"女人缺少任何高等的能力"这话，"除了少数的例外，是不容否认的事实"。

尼采歧视女人，或许是因为他觉得女人不会成为强者吧。不过这么说也够亏心的，他一生全赖女人的照料呢。尤其是他的母亲。尼采的父母都是虔诚的教徒，尼采攻击基督教的言论深深地伤害了母亲，但她一直都全心全意地呵护照料着自己的爱儿。

叔本华对女性的偏见从他和母亲的关系中可以找到些许缘由。此外，还有更深的原因，在叔本华的理论里，性欲是生命意志的代表。在叔本华的年代，女人主要的任务是结婚生子，因此叔本华认为，女人并不具备真正的美，她们的美是用来诱惑男人产生性欲的，她们是生命意志的帮凶。所以女人一旦生了几个孩子，完成了生命意志的任务以后，也就不再美了。这种观点相当于把女人物化，而且还把男人对欲望的屈从全赖在女人的身上。当然在今天看来，这是非常无耻的观点。

在这点上，全世界的古代男人都是一个德行，中国古代的帝王搞砸了国家就说红颜祸水,都是女人害的。实际上叔本华还真这么说过,他说,就是因为从路易十三起,法国宫廷中的女人太奢侈浪费,才最终导致了法国大革命。

叔本华也承认他年轻的时候很喜欢女人,但又补充了一句:

"如果她们愿意和我交往的话。"

我们联想起他的恋爱史可以确定:那是没戏了。

第五章　克尔凯郭尔与"信仰的飞跃"

叔本华讨厌黑格尔，尼采喜欢叔本华，也讨厌黑格尔。现在我们要讲的，是第三个讨厌黑格尔的人。他叫克尔凯郭尔（又译祈克果），差不多和叔本华一个时代，比尼采要大一辈。

克尔凯郭尔的父亲是一个虔诚的基督徒，他父亲小时候家境贫寒，靠放羊为生。后来他父亲发了财，光在哥本哈根就拥有六处房产。在原配妻子去世后，克尔凯郭尔的父亲娶了已经怀孕的女佣为妻，这个怀着的孩子就是克尔凯郭尔。在家里，克尔凯郭尔排行最末。

后来，克尔凯郭尔的哥哥姐姐相继去世，都没有活过34岁——这是耶稣被钉上十字架的年龄。最后家里就剩下老父亲、克尔凯郭尔和他的一个兄弟。

克尔凯郭尔的父亲童年放羊的时候，因为生活艰苦，曾经在荒野中诅咒过上帝，但此后不久他就发财了。这让克尔凯郭尔的父亲非常恐惧，他感到上帝是存在的，上帝帮助了他，他却诅咒了上帝，这罪行有可能被宽恕吗？

另外，克尔凯郭尔的母亲是未婚先孕，他父亲觉得，自己和女佣私通这件事也是难以被饶恕的罪。

果然，他的亲人逐一离去。克尔凯郭尔的父亲认定这正是上帝的惩罚——上帝把财产留给他，却把他的亲人都夺走。因为有这些想法，老父亲在负罪感和恐惧中常年惶惶不可终日。

克尔凯郭尔对父亲非常崇拜，父亲的抑郁性格也深深影响了他。而且克尔凯郭尔自幼体弱多病，驼背跛足，这让他相信自己也受到了上帝的诅咒，也会像自己的兄弟姐妹一样活不过34岁，而且死后会下地狱。这些遭遇让克尔凯郭尔一生非常忧郁孤僻，在23岁的时候还试图自杀。

克尔凯郭尔26岁的时候和一位政府官员的女儿订了婚。两个人都深爱着对方，但是克尔凯郭尔坚信自己短寿，死后又会下地狱，另外，他早年还曾经到妓院里荒唐过一段时间。他认为应该把这些事情告诉未来的妻子。但是他的未婚妻太年轻了，那时只有17岁，克尔凯郭尔觉得未婚妻不会相信他所说的话。因此，他虽然在冲动中求婚成功，却又马上后悔了。

经过了痛苦的抉择，无法撒谎又无法吐露真相的克尔凯郭尔毅然退掉了婚约。这在当时是非常不成体统的事。更要命的是，两个年轻人的感情仍旧很深。虽然婚约退得比较顺利，女孩也寄还了婚戒，但是有一天，那女孩来找克尔凯郭尔，正好克尔凯郭尔不在家，女孩留下了一封情书，说没有克尔凯郭尔，她就无法活下去，要是克尔凯郭尔抛弃她，那会要她的命。

那女孩可能永远也不会明白克尔凯郭尔拒绝她的原因，克尔凯郭尔不愿意违背自己的良心，就只能做一个全天下最难做的坏人。他故意在那女孩面前扮演讨厌鬼的角色，想让那女孩忘记他。这活脱脱是一出狗血大戏，但主人公纠结的出发点不是没来由的自作多情，而是信仰与良心。

后来克尔凯郭尔去了一趟柏林，我们说过，那时的德国是欧洲哲学的中心，克尔凯郭尔在那里接触到了不少哲学名人。在那段时间里，他仍旧不断通过书信，从朋友的嘴里打听女孩的情况。当朋友告诉他女孩生病了（其实是误传）的时候，克尔凯郭尔立刻匆匆忙忙赶了回来。

在去柏林的前后，克尔凯郭尔和女孩在小小的哥本哈根经常相遇。克尔凯郭尔仔细记录了每一次见面的细节，回想女孩是否看了他，是否向他笑过。他还幻想着能和女孩建立一种类似于兄妹的新关系。

然而有一天，克尔凯郭尔突然在报纸上看到了那女孩和别的男人订婚的消息。这件事重重打击了他，让他一辈子念念不忘。后来在他的一生里，他仍旧把这个女孩当成自己的未婚妻，最后临终的时候，还把全部的财产都留给了她。

感情是彻底结束了，但是打击还不止如此。

33岁的时候,克尔凯郭尔还得罪了一家低俗小报。那家报纸在整整一年里,不断刊登各种贬斥克尔凯郭尔的负面新闻,搜罗他的隐私,还用了当时刚流行的新技术——讽刺漫画。漫画里把克尔凯郭尔画成了外貌猥琐、举止色情的小丑。市井小人对这种生动形象的新事物津津乐道,全然不顾它对一个好人的伤害。

之前的退婚,再加上克尔凯郭尔和教会决裂,这些都加剧了社会对克尔凯郭尔的攻击和排斥。经过小报的恶意宣传,克尔凯郭尔的形象更加不堪,乃至街头的顽童都轻蔑地戏弄他。

克尔凯郭尔相信自己活不过34岁,但是他活了过来。他认为,这可能是因为上帝赋予了他特殊的使命,让他去阐述基督教的真义。带着这种自许的使命感,他把精力投入阐述基督教大义的写作中,直到42岁去世。

我们之前在说斯宾诺莎的时候提到,越是生活痛苦的人越关心个人幸福。克尔凯郭尔的遭遇如此痛苦,可以想象,他对个人幸福、个人命运会有多么关心。他又受到他父亲的影响,非常关注信仰。

因此他非常不满意黑格尔。

他不满意的地方在于,黑格尔把全体人类都纳入他宏大的形而上学和历史决定论中,把每个人都说成是历史棋盘上的棋子。个人意志、个人幸福和个人信仰在这个宏大的历史中微不足道,

第五章 克尔凯郭尔与"信仰的飞跃" 301

没有自己的位置。

在黑格尔的形而上学中,每个人都得屈从于必然的历史进程,于是个人就失去了选择的自由。尤其是黑格尔把宗教也纳入自己的哲学系统中,好像人类信仰宗教不是自觉自愿的,而是在绝对精神的驾驭下,被动地去信仰。

克尔凯郭尔不同意黑格尔的这些说法。

信仰是很个人的事,怎么能不经过自己的选择,被动地信仰呢?

克尔凯郭尔身边有很多这样的人(我们身边也一样),他们信仰宗教并不是经过自己独立的思考,而是人云亦云,别人都信,他就随大溜去信。克尔凯郭尔认为,这些人喜欢混在群体里,通过集体的暴行来彰显自己的强大——这让人想到了克尔凯郭尔被群氓讥讽嘲笑的境况。几乎就是在克尔凯郭尔的同一个时期,勒庞写了著名的《乌合之众》,也持类似的观点。

克尔凯郭尔特别强调个人的选择。黑格尔说一切事物都要符合辩证法的必然规律,人类的行为也不例外。克尔凯郭尔反对这个说法——假如人的行为必须符合必然规律,那人类还谈什么自由呢?

克尔凯郭尔说,每个人都有选择的自由,也有选择的责任。有些人随波逐流地活着,拒绝做出自己的选择,那种人就如同行尸走肉一般，不叫真正的活着。真正活着的人，必须做出自己的选择。

更重要的是，这个选择不能是纯理性的。真正的选择超越了理性，真正的信仰也超越了理性。克尔凯郭尔说，真正的选择是一种飞跃；信仰上帝这件事，是一个"信仰的飞跃"。

更进一步说，上帝拥有无限可能性。自由的选择是实现无限可能性的过程，这个行为本身就是在接近上帝。

克尔凯郭尔"信仰的飞跃"的宗教观不难让我们接受。

我们前面说过，"论证"信仰这个行为本身，就意味着信仰有可能是错的。而真正的信仰应该是无条件地相信。所以从逻辑上讲，我们可以靠论证接近信仰，但是不可能直达信仰。在"论证"（讨论信仰是否可信）和"真正的信仰"（拒绝讨论是否可信，甚至"因为荒谬，我才相信"）中间，还有一段逻辑的空白，需要"一跃而过"。"嘎嘣"一下，没道理地突然就信了。

而且，这个飞跃其实不限于宗教，对于任何我们死心塌地相信的东西，尤其是"人生意义"这样的大问题，很可能都需要这样的一跃。换句话说，克尔凯郭尔在提醒我们：我们前面对"人生意义"的长篇讨论，仅仅是思想上的热身。而最后的人生答案，不在讨论之中，而在讨论之外的"精神一跃"。

不只是克尔凯郭尔这么想。

在和笛卡尔同一时代，有一个数学家叫帕斯卡。这个帕斯卡也是一个超级天才。

12岁轻松读完了《几何原本》。14岁出席法国顶级的科学研讨会。16岁出版数学专著，其中就有被后人用他名字命名的"帕斯卡定理"。19岁发明了世界上第一台手摇计算器，可以计算六位数的加减法。后来，他还把这台计算器献给了瑞典女王——对，就是冻死笛卡尔的那个。如今计算机编程里的"帕斯卡语言"就是为了向他致敬。另外还有数学上的"帕斯卡三角"、概率上的"帕斯卡分布"、物理学上的"帕斯卡定律"、用他名字命名的压强单位……总之就是科学史里一大堆东西都用他的名字命名了。

此外，帕斯卡还和数学家费马一起创造了"概率论"这门学科，把赌博变成了一个数学问题。

而且，帕斯卡还把他的概率知识用在了信仰问题上。

对于"该不该信仰上帝"这个问题，帕斯卡的思路是：上帝可能存在，也可能不存在。那么，如果我们信仰上帝，假如上帝存在呢，我们就会获得巨大的好处；假如上帝不存在呢，我们也不会因此失去什么，最多是搭上一些进教堂的时间、多遵守了一些教会规范而已。反过来，如果我们不信仰上帝，假如上帝存在呢，我们会下地狱，受到巨大的惩罚；假如上帝不存在呢，我们顶多省去了进教堂的时间和精力。所以从"赌注"的角度讲，信仰上帝比不信仰更划算。

帕斯卡这种对宗教冷酷无情的思考方式，可以算是用理性思考信仰问题的极端了。

但是帕斯卡本人不是这么走进信仰的。

在帕斯卡31岁的时候，有一天，他驾驶的马车突然失控，领头的两匹马冲向桥边，而且已经撞开了栏杆，马上就要落到河里了。就在这千钧一发之际，连接马车的马匹之间的挽绳突然断了，马车奇迹般地停了下来。惊魂未定的帕斯卡认为，这是一个神谕，是上帝警告他要悬崖勒马。之后，帕斯卡放弃了世俗生活，选择了皈依。

也就是说，帕斯卡用自己的实际行动证明了克尔凯郭尔的观点：再多的理性思考也无法直达信仰，最后的确需要"信仰的一跃"。

从更深的层次讲，克尔凯郭尔的思想揭示了一对矛盾：形而上学和自由意志的矛盾。

形而上学的目的是什么？

是用理性的方法找到终极真理。这个真理至高无上，可以指导我们的一切行为。

好，经过了这么多代哲学家的努力，黑格尔好不容易给你们找到答案了。结果呢？

结果克尔凯郭尔偏偏不满意了!

克尔凯郭尔的意思是,如果存在一个能指导一切,包括指导个人行为的终极真理,那不就意味着个人的自由都被束缚了吗?

假如我们没有自由意志的话,那我们不就是木偶了吗?

有人说了,那要是有某种形而上学,也给自由意志留出了空间行不行呢?

我回答:你既然不能干涉每个人的自由意志,那你不就只能干涉物质世界了吗?

那这不就是科学嘛!

或许有人会商量着说:我的形而上学只干涉一部分自由意志行不行?譬如我告诉你人生意义,但选不选,由你自己。

这个观点的问题是:不能成为普遍真理的人生意义,还能是真正意义上的"人生意义"吗?它还能解决我们对人生的困惑吗?我们追问人生意义,是在面临困惑的时候,想要找一个高于其他答案的指示,好指导我们前行。结果你说,这答案并不是绝对正确的,只是众多答案中的一个,选不选由你,这不又变成宗教型的信仰了吗?

我们来看看形而上学的窘境吧。

第六章　向科学求救

叔本华、尼采和克尔凯郭尔从不同的角度动摇了形而上学。

康德的形而上学很厉害，可是叔本华说的似乎也有道理啊，控制我们生活的，似乎是不受抑制的欲望，而不是冷静的理性。尤其是第一次世界大战和第二次世界大战，世界到处都是癫狂、绝望与毁灭，这怎么能让人相信世界是在纯理性的形而上学的统治之下呢？这更像是控制不住的生命意志在到处肆虐吧！

黑格尔也挨了历史一记闷棍。

黑格尔说世界上一切事物的发展都要符合他的预言。对于人类历史，他认为普鲁士王国是世界历史的顶点。因为有人把纳粹德国看作普鲁士王国的继承者，所以在希特勒时代，黑格尔好像还有可能"正确"。

但第二次世界大战的结果是，纳粹德国完蛋了。

再说了，纳粹德国造成了全人类的灾难。就算黑格尔预测对了，这也是给人类带来恐怖的邪恶哲学，谁会屈从于它的统治呢？

第二次世界大战之后，社会格局、人类思想变得越来越多元，没有什么能统治全人类的思想，各种新思潮层出不穷。我们看不到某种形而上学统治人类思想的样子。从这个角度说，尼采才是伟大的预言家。他要毁灭传统的价值观，写了一本《重估一切价值》。第二次世界大战以后的现实确像他所说的，所有的传统价值都崩溃了，一切价值都应当重估。

克尔凯郭尔更不用说了，直接认为形而上学和自由意志有矛盾，抛弃形而上学才是上上之选。

总而言之，按照这些哲学家的看法，形而上学就甭搞了。

好在我们还有科学。

在近代，建立在理性基础上的科学创造了各种人间奇迹。这是理性蕴含无穷力量的最好证据。多亏科学的成就，人类在历史上从没有像最近两百年这么自信过。在今天，谁能不相信科学的力量呢？罗素说，如果有一个国家完全不相信物理学，那么另一个国家只需要靠几个物理学家就可以把前一个国家灭了。换句话说，你要是不相信科学，你在这个世界上连生存都谈不上，就更别提其他了。

科学是坚持纯理性的。科学使用的是归纳法和演绎推理。所有的科学理论，都必须用理性的文字表达，都必须经得住严谨的实验。

科学创造的奇迹，就是理性创造的奇迹。

前面说过，形而上学必须使用理性工具——否则就无法经得住苏格拉底式的怀疑。那么，形而上学的溃败，也就意味着哲学家手中的理性工具并不好用。理性工具不好用了嘛。然而与此同时，科学正在用一个接一个的奇迹来捍卫理性的尊严。

哲学是时候向科学求救了。

我们来看看在第一次世界大战之前，科学的新发现为我们提供了什么有用的东西。

第一个是物理学的进步。

力学在牛顿之后的两个世纪里基本没受到什么质疑。很多物理学家认为牛顿力学已经揭示了世界的真实面目，此后的物理事业没有太多可发展的余地了，不过是修修补补，把物理数据弄得更精确点罢了。因此有科学家说过，牛顿既是天才也是幸运的，因为只有一个宇宙可以供人发现，而牛顿已经把最重要的规律都发现了。

不过即便在牛顿力学的影响下，物理学仍旧有重要的发展，就是能量守恒定律和质量守恒定律。这两大定律进一步扩大了物理学的影响力，再次让人们发现，人体和其他无机物在物理上没有什么区别。

第二个是进化论的发现。科学将触角伸向了有机体。我们待会儿专门拿出一章来讲。

第三个是心理学的发展。

这回，科学直接染指精神领域了。

现代心理学使用的是科学的研究方法，研究成果很丰硕，很多原本神秘的心理活动如今也有了清晰的规律。人们已经可以适当地干涉、改变人类的内心活动。

比如"巴甫洛夫的狗"。科学家巴甫洛夫一边喂狗一边摇铃，最后训练得狗一听铃声就会流口水。这就等于可以用科学的方法去改变动物，也包括人类的本能，使得人类对生物的干涉前进了一大步。（顺便一说，有些书上关于这个实验的插图，是画了一只流着口水的、可爱的狗。实际上，巴普洛夫做实验时，是把狗的喉咙打穿，安上一个导管，很残忍的。）

这样一来，人们对科学的自信心变得出奇的高。人们相信，只要假以时日，科学可以解决一切问题。就算是艺术、哲学那些过去被认为科学难以碰触的领域，将来运用心理学也可以解释了。

科学的发展给哲学带来了两个影响：

第一个影响是打击了欧洲人民对宗教的信心。

科学打击宗教的方法主要有两个，一个是不断创造科学奇迹增强人类的自信心；一个是公布各种和《圣经》记载矛盾的科学结论，就比如"日心说"之于"地心说"，进化论之于神创论。另外新大陆的发现也踹了宗教一脚，因为《圣经》里并没有记载新大陆。

当然科学还不是万能的。宗教信徒有一个无敌的说法是"这世上还有很多东西是科学没法解释的"。这话说得对，确实还有很多东西科学解释不了。

但是科学此时解释不了并不意味着未来解释不了，并不意味着神学能解释，并不意味着神学的解释就是正确的。这有点儿像芝诺的那个"知识越多越无知"的规律一样。科学愿意承认自己能力有限，正是它的优点。

更何况，科学可以创造出各种人间奇迹。宗教一直号称神迹可以让人们获得丰收、治愈疾病。但在近代，是科学不断在提高粮食产量、治愈疾病，而祈祷并不是每次都管用。

科学发展的第二个影响是，随着科学的触角越来越广，机械论和决定论必然重新抬头。就像前面说的，随着科学成就的增加，人们相信科学可以解决一切问题。甚至有人提出来，以后没必要有哲学这个科目了。哲学问题不过都是人的心理活动而已，以后哲学只作为心理学的一个分支就足够了。这种用科学代替哲学的想法，被称为"科学主义"。

但是我们说过，用机械论去解释世界有几个问题。首先是置此前哲学家们的思考于不顾，根本不去回答笛卡尔和休谟的怀疑论。其次是它消灭了人的自由意志，让人们感到绝望。因此，机械论视角下的世界并不能让我们满意。

　　更值得关注的科学成果是进化论。它不仅仅是科学的重要进步，也影响了我们对哲学乃至人生的看法。接下来，我们花上一点点时间来看看进化论都说了什么。

第七章　你真的了解进化论吗？

历史上，有两次撼动人类世界观的环球航行。您肯定能想到，其中一次是麦哲伦的航行，它证明了地球是圆的。但很少有人知道另一次航行。

它发生在1831年年底，此时的东方，道光皇帝正开开心心地统治着他的大帝国，根本意识不到，还有九年，鸦片战争的第一枚炮弹就要落在中国的土地上了。在地球的另一边，一艘名为"小猎犬号"的英国军舰开始了它的第二次航行。这次航行意义之大，以至在一百多年后，英国人把自己的火星登陆器命名为"小猎犬2号"。

在"小猎犬号"上，有一个叫作达尔文的年轻人，他是个博物学家。

"博物学"是那个时代特有的学科。自然科学的发展，以及地理大发现带来的大量新奇事物，让当时的学者对大自然产生了巨大的兴趣，于是诞生了负责观察、记录自然万物的"博物学"。这个达尔文就像普通的博物学家那样,每次船到了一个新地方,他就下船来收集各种动物,制作标本,挖掘化石,把自己的所见详细记录下来。包括达尔文在内,此时没有人会想到,这些看似并不惊人的举动最终却改变了全世界。

一方面是达尔文需要时间酝酿思想,另一方面是他被自己的理论吓到了。直到航行结束二十多年后,达尔文才发表了进化论。

我们今天已经习惯了"人是从猿猴变来的"这种说法,但不难想象,人类第一次听到这种说法的时候,绝对像是听到疯话一样。更不用说进化论直接和《圣经》相抵触了。

因此,进化论一发表,立刻引来了暴风骤雨般的攻击。

一次最有名的咒骂是在进化论发布不久,一个护教人士毫无教养地攻击维护进化论的赫胥黎说:"你的人猿祖先是你祖父那边的,还是你祖母那边的?"赫胥黎反击说:"如果让我从人猿和你那样的人当中选一个当祖父,我宁愿选人猿。"

"小猎犬号"的船长是一位虔诚的教徒,他不认为能搭载达尔文是一项可以永载史册的荣耀,反倒认为这是令人无法忍受的亵渎。他当众举着《圣经》大声疾呼,要求人们不要相信达尔文的异端邪说。

但是再多的咒骂也扼杀不了进化论。

达尔文之牛，和欧几里得一样，不仅因为他设计了一个超强的理论，还因为他的理论在后世几百年中不断被人们攻击、讨论。结果越讨论，证明它正确的证据就越多。

一开始有人质疑：按照达尔文的理论，地球生物进化需要上亿年的时间。可是按照当时地质学的研究，地球的年龄远远到不了这个数字，因此进化论显然是不成立的。达尔文当时没有能力反驳这个诘问。直到后来地质学有所发展，才发现地球的年龄其实很长，足以完成进化。

还有人问，达尔文说生物每代之间有遗传和突变，这过程是怎么在生物身上实现的呢？按照当时的技术条件，这个问题也不好回答。多年以后，人类发现了基因。基因携带上一代生物的全部特征，在产生下一代的时候又会产生随机的变化。基因的特性完全吻合达尔文的理论。

当时还有人质疑：既然达尔文说生物都是进化来的，那么就应该存在大量处于进化中的过渡型化石，而这些化石又在哪里呢？当时达尔文只能解释说，因为保存下来的化石很少，所以过渡型化石也很难被发现。这点听上去很像是狡辩。后来，越来越多能为进化论作证的新化石被发现，其中也包括很多过渡型化石，最著名的就是"始祖鸟"。

现在，我们来具体讨论一下这个听上去很熟悉的理论。

要说明的是，进化论是一个被不断发展、完善的学说。我们所讲的是以达尔文主义为核心、经过后人进行一系列修补的主流观点。

进化论的关键内容有这么几条。

第一，生物的基因信息可以遗传给下一代。

第二，在遗传的时候，基因会发生不可控制的随机变异。

第三，整个生物种群都面临着巨大的生存压力，因为食物有限、天敌捕食，每一代诞生的新生物中的大部分都会死掉。又因为生物内部的生殖竞争（比如雄性抢夺雌性），每一代又有很多生物无法生出后代，繁衍自己的基因。

第四，生物后天的变化在大部分情况下不能改变基因。

生物进化的过程是这样的：

因为每次遗传都会产生一系列的随机变异，所以每一代新生物都会有一些个体的生理特征不同于父母辈。说白了，总有些个体长得"怪"。又因为生存压力特别大，每一代里的大部分都会死掉，因此假如这些长得"怪"的地方正好能适应当时的环境，那么拥有这些"怪"基因的生物就有更大的概率存活下来，这些"怪"基因就会因此保留下来，从而成为这个生物基因中的一部分，生物就完成了一次微小的"进化"。

进化论是一个假说，但也是一个绝妙的假说。

牛顿力学用一个极为简单的理论完美解释了复杂的物理世界。但牛顿力学还没有攻克生物世界。牛顿力学能解释生物体中的细胞是如何运动的，却不能解释生物为什么会长成这样或那样。当人们观察大自然的时候，会发现生物的每一个细节、每一个器官的特性都恰到好处，都在以最有效的方式保证个体的生存（假如你没有这种感觉，随便去看两集《动物世界》就明白了）。生物世界中处处充满了绝妙的"设计"，这无法用常理解释，很容易让人想到，是不是有一个万能的上帝设计出了这一切？

进化论把这神秘性给打破了。进化论就像牛顿力学那样，把多姿多彩的生命世界解释得极为简洁。

只要这个世界上偶然出现了一种大型分子，这种分子能把周围的分子聚集成和它一样的结构——说白了，就是能复制自己。那这种大型分子就是生命的最初形式。因为现实世界存在"复杂性"，反复聚集的过程一定会产生误差。所以，只要这种分子在历史长河中没有灭绝，那么假以时日，就会创造出无数多姿多彩的生物，甚至是智慧和文明。

在这个过程里，没有任何外力的干涉，没有任何智慧的设计，一切都是顺其自然地产生。而且完全符合我们观测到的大千世界。

从理论的简洁美妙上讲，它可以和牛顿定律并驾齐驱。

不过，进化论也是一门被广泛误解的理论，我们要拿出一点儿篇幅来澄清这些误解。

误解一：进化论就是生物"从低级到高级"的"进化"。

实际上，"进化论"这个词不太准确。更准确的叫法应该是"演化论"。

进化论的意思仅仅是，基因中那些适合环境的部分被保留下来了，不适合的部分被淘汰了。这中间并没有高级和低级之分。

有些人会觉得从单细胞生物进化为人类，是从"低级"生物"进化"到"高级"生物的过程，人类比单细胞生物更"高级"。然而，人类的机体构造虽然比单细胞生物更复杂、人类比单细胞生物更智慧，但这并不一定就是进化的方向。

假如"高级"生物指的是更复杂的生物体，并且进化论是"从低级进化到高级"的话，那么经过几千万年的"进化"，为什么今天还会有细菌、昆虫呢？为什么比细菌构造更复杂的恐龙反倒灭亡了呢？其实，为了生存，有很多生物的构造从复杂演化为简单。

达尔文在《物种起源》一书中画了一张插图，画的是一棵巨大的树，树根是原始生物，越往上树的分叉越多，生物越复杂。这张图暗示了生物是从低级向高级"进化"的，生物越进化，构造越复杂。这是《物种起源》里唯一一张插图，有的书上也有这张图，然而这张图是错的。目前生物学界更喜欢的画法是把所有的生物画成一个圆形，越靠近圆心的生物在地球上生存的时间越早，人类和今天所有的动植物平均分布于圆形的边缘，看不出谁比谁更高级来。

这幅圆形图的意思是说，不管生物的构造是否复杂，大家都是演化的幸存者。

正因为有些人误以为生物在演化的过程中有一种从低级到高级的趋势，所以产生了一系列误解进化论的结论。比如在基督徒那里，从低级到高级的趋势成了上帝意志的体现；在叔本华那里，这成了所有生命都有某种生命意志的证明。澄清了这个误解，这些观点也就不成立了。

还有一个常见的问题："今天的猿类为什么不会再变成人了？"这个问题的错误之处就在于把进化的过程想象成是一棵大树，根部的生物都要想办法向顶部生长，所以误以为任何时代任何情况下猿类都有变成人类的可能。如果换成圆形图，就不会有这个误解了。人并不比猴子更高级，因此猴子即便再进化，也不一定就会朝着人类的方向进化。到底进化成什么样子，取决于它们受到了什么样的生存压力。

误解二：生物的后天努力可以改变基因。

这种观点叫作"拉马克主义"。我们都知道"用进废退"的说法，如果我们总用左手工作，那么左手就会比右手更粗壮、更灵敏。拉马克主义认为，这种"用进废退"的现象会影响到下一代。也就是说，以前的长颈鹿因为够不到高处的树叶，就使劲地伸脖子，把脖子伸长了，它生出的下一代的脖子也就变得更长。

达尔文的进化论则认为，长颈鹿并不是自己把脖子伸长的，而是每一代新出生的长颈鹿因为基因的变异，脖子有长有短。在食物短缺的时候，脖子较短的长颈鹿吃不到高处的叶子，死亡的概率更大，因此长脖子的基因更容易留下来。久而久之，长颈鹿的脖子也就越来越长了。

这个假说很容易反驳，有人把每一代小老鼠的尾巴都剪短，坚持了好几十代，最终生下来的老鼠却仍旧长出尾巴。

虽然理论不成立，但是拉马克主义在感情上更容易被接受，因为它赋予生物在进化道路上的主观努力，让人觉得，生物在进化中是"奋勇向上"的。相反，在达尔文这里，生物的进化完全是被动的、无知的。基因并没有"想"变成什么样，完全是随机变成各种样子，再由残酷的淘汰——生物个体的死亡——来把不适合生存的基因淘汰掉。

虽然达尔文的理论很冷酷，但是他的理论很简洁，进化完全是客观发生的，不存在主观因素的参与。

最后要说明的是，关于拉马克主义，目前还有一些新的理论，认为部分性状的后天改变是可以遗传给下一代的。这是一个还在发展中的理论，即便成立，对我们后面结论的影响也不会很大。

误解三是上一条衍生出的结论。

从个体看，基因进化完全是无序的、随机的，生物根本不知道自己该进化到什么方向。

但是从宏观看，从成千上万代生命的总体性上来看，基因又好像是有意识的，似乎是基因在努力延续自己，不断把自己变得更有竞争力，更有适应能力。

后者完全是一种错觉，但是我们在宏观上讨论进化的时候，是可以这么理解的，并不会导致错误的结论。当然我们时刻不要忘记，这意志其实并不存在。

误解四：机关枪这么厉害，按照"优胜劣汰"的原则，动物为什么没能进化出机关枪呢？眼睛这么复杂的器官，只靠基因突变就有可能进化出来吗？

这是一个问题的两面。

对于第一个问题的回答是，单一的机关枪零件并不会对生物的延续有什么益处，所以即便生物随机突变出单个的机关枪零件来，也显不出生存优势，反而会因为累赘而被自然界淘汰掉。另一方面，基因突变的能力并不是无限的，基因可以使下一代的某个骨头更长一点儿或者更短一点儿，但是没法一下子进化出机关枪这么复杂的新东西来。所以虽然不同生物之间的特征千差万别,我们却能找到很多相似的地方,比如脊椎动物的骨骼结构都差不多。陆生动物向鸟类进化的时候,只能让身上的羽毛越来越厚,让前臂逐渐变成翅膀,而不能一下子长出全新的翅膀来。

那么,由此就会产生第二个问题:眼睛这种非常复杂、少了任何一个微小部分就没法看东西的器官,是怎么进化出来的呢?解释是,如果我们详细分析眼睛就会发现,每一个微小的局部在进化过程中都有一定的作用,比如增强了一点点感光能力之类,不会存在没有任何作用的进化。

误解五:那么雄孔雀的尾巴呢?这玩意儿纯粹是累赘!

这个疑问乍一看的确是对进化论非常有力的攻击,所以达尔文说:"每当我凝视雄孔雀的尾羽,总感到一阵恶心!"

解释是,进化中除了生存选择外,还有生殖选择。

说白了,决定某一种基因能不能流传下来的因素,首先是前面说过的生存压力,带有不实用基因的个体都会死掉。此外,还有第二个因素,就是看带有这一基因的个体和异性交配的机会是多还是少。

对于有性繁殖的动物,交配是这么一回事:雄性交配的成本很低,几分钟后就没自己的事了。雌性则不同,成功受孕直到生出下一代,在这段时间里都不能再重新受孕。所以在生殖这件事上，雄性和雌性相比，雌性是稀缺资源。也可以这么说：雄性个体要把自己的基因传递下去，最优的策略是寻找尽可能多的未孕雌性交配。雌性个体的最优策略，则是千挑万选，寻找基因最优秀的雄性交配。

那么雄性想要让自己的基因遗传下去，就必须和其他雄性竞争。最常见的竞争方式是武力搏斗，也包括用华丽的外表、漂亮的巢穴等东西去吸引雌性。所以在有性繁殖的动物里，我们会发现，最漂亮的动物常常是雄性的，和我们今天的社会正相反……

你可能还会问，那雌性为什么会对有华丽外表的雄性感兴趣呢？比如，为什么雌孔雀会对有大尾巴的雄孔雀感兴趣？这样的雄孔雀不是生存能力更差吗，这还符合进化论吗？

这个进化过程可能是这样的：最开始雄性孔雀的尾巴还没那么长，雌孔雀选择尾巴漂亮一点儿的雄孔雀，是因为漂亮的尾巴代表了雄孔雀身体里没有寄生虫，身体健康。所以雌孔雀的基因促使它们对尾巴漂亮的雄孔雀感兴趣（那些对漂亮尾巴不感兴趣的雌孔雀基因，因为有更大的概率去和不健康的雄孔雀交配，所以被淘汰掉了）。刚才说了，在交配中雌性是稀缺资源，那么同样都是尾巴漂亮的雄孔雀，就只有最漂亮、最显眼的那一只被雌孔雀挑中。长此以往，雄孔雀的尾巴就像长颈鹿的脖子一样，越来越大、越来越漂亮了。

当然不要忘了，决定基因遗传有两个因素，生存压力是第一位的。之所以雄孔雀的尾巴能进化到严重影响生存的地步,这是因为孔雀的生存压力很小。假如生存压力大的话,当雄孔雀的尾巴进化到让自己不容易逃跑的时候,大尾巴的雄孔雀就都被吃掉了。孔雀的尾巴只能变大到刚好不会成为逃跑累赘的大小,就停止变大了。就比如公鸡的鸡冠、公狮子的毛发,都起到吸引异性的作用,但大小没那么夸张,不会影响逃生和捕食。

和孔雀例子类似的是,为什么人类进化以后,毛发会越来越少?我们知道,毛发能耐磨、能御寒,好处很多。之所以人类的毛发越来越少,这可能是因为只有毛发少的人类才能向异性更好地展现自己的基因优势:体型匀称、体色正常、没有皮肤病等。

当然,这肯定还和气温变暖、人类学会用火和衣服御寒有关,否则人类中的大部分都被寒冷夺去生命,那么毛发少的人类也就不会生存下来了。

误解六:进化论还只是一种未经验证的假说。

反对进化论的宗教人士特别喜欢这么说。有两个解释可以反驳它。

第一,所有的科学理论都是一种假说。这就是为什么我们前面要费这么大力气解释进化论的细节,我是想让大家明白,达尔文进化论是目前最合理、证据最多、反证最少,也是最简洁、最聪明的假说。

第二，有越来越多的科学发现增加了进化论的可信度。除了现实中可以观察到活生生的进化过程外，最有力的证据，是在不同地质层里发现的化石都符合进化论的预言。就像有人吐槽过，假如这世界里的动物真的像《圣经》里说的是被上帝一次性创造的，那么上帝还得按照不同的地质年代和生物进化的规律，费尽心机地把不同进化阶段的生物化石分门别类地放好，再设定好碳-14的放射量，以便让人类误以为进化论是对的……

另一个有力的证据是人工培育。我们今天接触的大部分生物，粮食、蔬菜、瓜果、家畜、宠物，全都是人类选育出来的。今天的小麦也好，家猪、宠物狗也好，放到野外去就都不可能生存了。人工选育的过程是加速版的进化论，是进化论的应用和证据。

另外在生物研究中，我们还会发现很多"笨拙"、无用的设计。之所以笨拙，是因为它们是在漫长的演化中，一点点随机应变"凑合"出来的，而不是一开始就计划好的。假如生物真的是由一位最智慧的神灵设计出来的话，这些地方本可以被设计得更好，这也可以反驳"神创论"。

误解七：把进化论推广到社会学领域。

在接受了进化论以后，有些人试图把这一理论应用到其他领域，就像哲学家把力学应用到机械论世界观中一样。其中给人类造成最大恶果的就是社会达尔文主义了。

简单地说,社会达尔文主义的意思是,我们的社会也应该像遵循优胜劣汰的大自然那样,有很高的淘汰率,把不适合生存的人都淘汰掉,以便达到最高效的进化。其中最具代表性的就是纳粹的种族主义。纳粹认为只有"优等"种族才有权利在资源有限的地球上生存下去,其他的"劣等"种族必须淘汰掉,以免他们和"优等"种族抢夺资源,或者以通婚方式"污染""优等"种族的基因。这种社会达尔文主义给纳粹迫害犹太人找到了理论借口。

在这种理论的支持下,纳粹还会杀害老人、残疾人、精神病人等弱势群体,因为他们不再有竞争力,对国家的索取大于贡献,拖国家的后腿。

毫无疑问,这种观念和我们今天奉行的人道主义严重相悖。但我们可以暂时放下道德谴责,看看这种理论是不是还有其他可以反驳的地方呢?

这里面还有一个有趣的问题。

纳粹的社会达尔文主义,主张为了集体("优等"基因)的利益,可以无条件牺牲个体(比如老弱病残)的利益。为了延续"优等"种族,牺牲更多的人民。

这是一个集体主义的价值观。然而,根据进化论,我们还可以得到另一个完全相反的结论。

进化论不是说基因的遗传——个体的生存、生殖——是最重要的吗？换句话说，人类基因的本性就是自私的，因为不自私的基因都没得到遗传。那么，自私不就是人类的天性吗？这样看来，每个人都为自己的利益行事也是天经地义的。"人不为己，天诛地灭"，这便形成了和社会达尔文主义相反的、极端的个人主义的价值观了。

怎么看待这两种观点呢？

英国作家理查德·道金斯写了一本《自私的基因》，解释了生物种群中的利他行为。比如有的蚂蚁为了其他蚂蚁的生存，会牺牲掉自己。这是因为，在有的情况下，我们应该把某一个生物群体看成一个基因单位。当生物是以种群为单位生活的时候，基因中可以带有一些牺牲自己帮助他者的"利他基因"，这样更有助于整个种群基因的延续。当个体牺牲自己利于他者的时候，就等于通过他者延续了自己的基因，并不违背进化论的模式。

所以，"人类天生自私"的这种观点就可以被否定掉了。人类就是典型的社会型生物，人类的基因中，并不一定就不存在"利他基因"。

然而，《自私的基因》不正好符合社会达尔文主义吗？不正好说明，为了集体牺牲个体是符合进化论的吗？

关键在这里。

无论是天性自私论，还是社会达尔文主义，全都犯了一个错误，那就是从"实然"中推理出"应然"，或者说，从"我们是什么样"推理出"我们应该怎么样"。休谟认为，这种推理是没有道理的。

比如，我们知道"老虎天性吃人"，这是事实。但是，我们不能从这个事实里推理出"老虎吃人"是对的、是正义的。这两件事之间没有关系。

同样的道理，我们根据进化论，知道了"人人都有天性自私的一面"，但是不能因此推理出"人就应该自私""自私是正义的"；我们知道"人类的基因是经过生存斗争而来的"，也不能推理出"人类就应该把这种斗争精神延续下去，继续通过竞争来筛选基因"。

所以社会达尔文主义从根子上就是荒诞的。

最后我们来看一看，进化论对哲学有什么影响呢？

第一个影响，是严重打击了基督教的权威。可以说，在所有的科学发现里，基督教最讨厌的就是进化论。

牛顿力学都没那么讨厌，《圣经》里又没讲自由落体的事。"日心说"也算了，虽然和《圣经》有抵触，但是《圣经》其实没有直接提到"地心说"，所以可以做一些变通的解释。唯独进化论，《圣经》里可是用了很大篇幅去写上帝怎么创造万物的，写洪水来时诺亚方舟是怎么拯救动物的，更关键的是上帝创造了亚当和夏娃，并由此引出了人类灵魂较之于其他动物的高贵性，以及人类的原罪。

可假如承认人类和各种生物都是一点点进化来的，《圣经》的说法不就都不成立了吗？

在基督教势力很强的美国，有些地区的教科书仍旧不能讲述进化论，或者必须和神创论放在同等地位上来讲。甚至还有神创论博物馆，用大量模型和文字"论证"进化论是错误的。比如，做了一个原始人和恐龙其乐融融生活在一起的模型，告诉参观者恐龙和人类生活在一个时代……

在基督教和进化论的对抗中，有一些有趣的言论，比如有神创论者认为，之所以在不同的地质层中会出现进化程度不同的化石，是因为每一个地质年代都有一次类似诺亚方舟时代的大洪水让所有的生物灭绝，随后都伴随着一次类似《圣经》描述的上帝造物的过程。还有人解释说，化石是上帝最初创造生物时的实验模型，或者干脆说，进化论是上帝为了考验信徒而创造的。

不过，并不是所有的基督徒都反对进化论。首先，基督教的教派很多，基督徒不一定就是神创论者。而且《圣经》中和进化论矛盾的地方也可以进行适当的调整性的解释。比如说上帝创造了最初的生命，然后让生物自己进化，或者上帝是通过进化论来创造万物的，或者说《圣经》的很多文字仅仅是比喻，不能从字面上解释。

一个比较常见的基督教解释是，生物的确是按照进化论的模式进化的，但是在人猿进化到比较成熟的一刻，是上帝将人类的灵魂注入人猿的躯体中，由此产生了人类。

进化论的第二个影响，是进一步消除了人类的神圣性。

在古代，人类以为地球是宇宙的中心，"日心说"打破了这个美梦，告诉我们人类不过是生活在广大银河系一隅中、微不足道的星系里、一个微不足道的小星球上的一种生物，没有任何特殊的地位。

人类原本还以为自己是万物之首，和其他动物相比有着截然不同的高贵地位，所以在基督教里，只有人类才有灵魂。

然而进化论把这种自满也给消灭了。人类只不过是为了生存、在进化论规律下随机突变出的一种生物而已，没有什么特殊的。

在古希腊时代，人们还相信"目的论"。认为"我"诞生在这个世界上，一定有某种目的。这个目的自然就是"我"的人生意义。但是在进化论看来，人类的出现是基因突变的偶然。那么人生不一定非要有目的，就是偶然而来，必然而死，完全可以没有任何意义。

比如叔本华认为，每个人都有求生存、求繁衍的"生命意志"，这种意志是无法抗拒的。这和进化论的结论很接近。进化论认为，生物求生存、求繁衍的冲动，都是基因创造出来的。只有把这些冲动放到第一位的生物，才最有可能延续基因。所以这些冲动往往会压制其他需求，甚至能压制人的理性。

而且基因的最高目标是繁衍自己，而不是让人类快乐。从这个角度讲，的确可以把人类看成是基因用来满足目标的工具，看成是被基因操纵的木偶。叔本华对"生命意志"的描述是很有洞察力的。

但是，如果我们用基因来解释人类的求生和繁衍冲动，那么就不能认为这种冲动来自"物自体"，基因仅仅是符合物理定律的自然现象。我们更不能认为，没有生命的物体背后还存在"生命意志"。从这个角度讲，叔本华就是想多了（当然，叔本华本人一定不会同意这一点）。

类似的，尼采的"权力意志"也可以用基因来解释：人类天生就有不断征服、扩张、变得更强大的冲动，这也是基因的一种本能。尤其是雄性动物，还要有更强的占有欲、更勇猛好斗，才更有可能和雌性交配。但是同样，如果"权力意志"真的用进化论来解释，那么也就说明它并不是每个人的本质。从生理上说，"权力意志"不过就是一股激素而已，人们吃药、生病、衰老都会轻易削弱它。

有意思的是，进化论还可以用来解释康德的"先天认识形式"。康德认为，每个人都有"先天认识形式"，都天生认为这个世界上存在着时间、空间的概念，存在着因果关系。但是为什么呢？用进化论可以这么解释：动物在竞争中，只有进化出时间、空间的概念，才可能观察外界，判断时机，才能更好地生存。人类只有演化出因果概念，才可能去分析世界，改进求生方式。所以可以这么说：凡是没有演化出"先天认识形式"的生物，都诞生不了高级的文明，当然不可能思考哲学了。所以"先天认识形式"的存在是必然的。当然，这种解释也弱化了康德的理论，把康德的哲学世界变成了物质世界的一部分，恐怕康德也是不会同意的。

总之，进化论让我们有了新的眼光审视人类，我们对自己有了更清醒的认识。这提示我们，能不能沿着基因、神经学、心理学的道路继续下去，利用科学的力量探寻人生意义，甚至解答一切哲学问题？

不行，因为科学自己也开始犯晕了。

第八章　科学倒打一耙

这一次出场的，是号称"数学王子"的高斯。

这是一位天才中的天才。

3岁的时候，高斯的父亲和别人算账，从没学过数学的高斯在一旁靠心算就说出了父亲的错误。14岁，出身贫困的他就靠着自身的天赋得到了权贵的赏识。高斯也不负期望，很快开始不断发表各种成果，19岁的时候就被誉为欧洲最伟大的数学家。

大科学家洪堡尤其喜欢高斯。高斯后来在哥廷根大学工作，有一位哥廷根的校友就跟洪堡感叹说："我们哥廷根过去常被人说三道四，可是自从咱们有了图书馆和高斯，终于能挺起腰板儿了。"洪堡回答说："我同意，但是我有责任要求阁下颠倒两个词的顺序，先提高斯的名字。"

还有一次洪堡问大数学家拉普拉斯，谁是德国最伟大的数学家。拉普拉斯说了一个别人的名字。洪堡一听不是高斯就急了，急赤白脸地问："那高斯呢？"拉普拉斯回答说："哦，高斯啊，他是世界上最伟大的数学家。"

高斯一生获得了无数荣誉，到后来简直被世人当作神仙一样看待。但是他在数学上有一项重大的发现，因为害怕社会压力一直没有发表，直到他去世以后，人们才从他的书信和笔记中知道了这个发现。

到底是什么数学发现让已经名扬天下的高斯如此恐惧呢？

1826年，在俄罗斯的喀山，一位名叫罗巴切夫斯基的数学家发表了一篇古怪的演讲。在严肃的学术会议上，他突然谈起什么平行线可以相交、三角形内角之和不等于180度等古怪的定理。这正是高斯不敢发表的那些发现。事实证明高斯的谨慎是对的，就是因为说出了这些发现，罗巴切夫斯基一生遭到了各种压力，攻击和嘲讽接踵而来，晚年的时候连大学教职都被剥夺了。

他到底发现了什么呢？

罗巴切夫斯基其实没想这么叛逆。我们前面讲欧氏几何里有五条公设，其中第五条公设非常复杂，很多数学家都想通过前四条公设证出第五条来，结果都没有做到。罗巴切夫斯基也想证明第五条公设，但是他别的办法不用，非要用归谬法。归谬法是什么意思呢？就是先假设第五公设不成立，然后只要能推出不成立的第五公设和其他公设有矛盾，就可以证明第五公设是多余的了。

罗巴切夫斯基假设第五公设不成立以后，他使劲地证啊证，越证越不对劲，为啥所有的结论都和前四个公设不矛盾呢？结果罗巴切夫斯基发现，嘿，把第五公设改了以后，新的第五公设和前四个公设竟然还是相容的，这不就形成一个全新的几何体系了吗？而且这个几何体系和欧氏几何的各种定理全都不一样。后来这个体系就被称为非欧几何学。这可真是数学界的一大发现！罗巴切夫斯基激动地发表了自己的看法，结果却换来数学界的一片嘲笑。

这是为什么呢？

您说，您能想象出平行线相交的情况吗？

假如你在上中学数学课的时候，举手问老师说："老师，为什么平行线不能相交呢？"

老师多半会回答说："大哥呀，平行线的定义就是'在平面内两条不相交的直线'——再捣乱就给我出去！"

你看，一般人根本没法想象什么叫"平行线相交"，这话完全是没意义的嘛。罗巴切夫斯基时代的很多数学家也是这样想的，所以都不理解罗巴切夫斯基的想法。

罗巴切夫斯基幼年丧父，小时候家里非常穷困，长大以后凭着天才和勤奋进了大学当老师，又一步一步慢慢当上了喀山大学的校长。就算当上了校长，他仍旧过着勤劳朴素的生活，经常在学校里干体力活。

有一次，一位外宾访问喀山大学，遇见了穿着普通衣服的罗巴切夫斯基。那位外宾把罗巴切夫斯基当成了普通的校工，要求罗巴切夫斯基带他参观学校的图书馆和博物馆。罗巴切夫斯基欣然同意,并且对学校收藏的展品一一做了详尽的讲解。那位外宾没想到一个普通的校工能这么彬彬有礼又应答如流,于是在分别的时候,给了罗巴切夫斯基一笔钱。这个举动惹怒了罗巴切夫斯基,他愤怒地拒绝了。这让来宾感到莫名其妙,以为这个校工有怪脾气。结果到了晚上,在省长举行的晚宴上,两个人再次见面,外宾认出了罗巴切夫斯基,向他诚挚道歉。

罗巴切夫斯基这个校长做得十分称职,他亲自设计学校的建筑,在霍乱流行的时候利用学校的设置对学生和教职工家属采取科学的隔离措施,最终全城在霍乱中的死亡率远远低于当时的平均水平。

可是到了罗巴切夫斯基的晚年,政府突然解除了他的校长和教授的职务,并且不作任何解释。几年以后,他遭受到儿子去世的打击,自己的身体越来越糟,在去世前,双眼已经几近失明。

另一个研究非欧几何的黎曼也没从这发现中得到多少好处。黎曼也是个天才型的数学家。10岁的时候,他的水平就超过了他的数学老师。上中学时,他用6天的时间读完了八百多页的数论专著。到了上大学的时候,他受到已经名满天下的高斯的高度评价。后来黎曼要做一次演讲,他提交了三个演讲题目。前两个是他准备好的,第三个是凑数的,高斯就偏偏选了第三个。结果黎曼的这次演讲最后成了"世界上所有发表过的10篇顶级数学论文之一"。就是这样的一个天才，研究非欧几何也没能给他带来太多的财富。因为贫病交加，黎曼39岁就去世了。

在黎曼去世50年后，爱因斯坦创立了震惊世界的相对论。爱因斯坦证明，牛顿对世界的描述不够准确，相对论才描述了世界的真实样子。

然而，爱因斯坦有物理理论却找不到数学工具来表达它。为此爱因斯坦苦苦思索了三年也没有结果，直到他的一位数学家朋友从旧纸堆中发现了黎曼的著作，并惊喜地发现，这理论能完美地表达相对论。

从此，学术界才意识到，非欧几何学不是疯人的臆想，反倒能揭示世界的真相。

在小学数学课上，常常有孩子这么问老师：

"老师，什么叫公理？"

大部分老师都会严肃地回答：

"大家公认的道理就是公理。"

但如果你此时已经继承了苏格拉底的怀疑精神，那么你就应该反问道："那么老师，到底有多少人公认才算是公理呢？我承认有用吗？"

老师说："废话，你是小孩，你承不承认有个屁用！"

你又说："那大人承认有用吗？公理应该让全民投票吗？要

是全民投票，布鲁诺不还是应该被烧死吗？"

老师说："只要数学家都承认就可以了。"

你又说："那什么样的人才能算数学家呢？是根据考试产生吗？还是投票产生呢？抑或是根据学历吗？再说，数学家之间也投票吗？哪边人多哪边就正确吗？那会不会是这样的场景呀——某个礼拜天的早晨，剑桥大学数学系里人声鼎沸，如同证券交易所一般。负责接听电话的助教兴奋地大喊：'就差一票啦！就差一票就可以压过牛津那帮人啦！'数学系教授们焦急地互相询问：'谁？谁还没投票？'只有罗素沉着地说：'快把维特根斯坦叫起来，他一定在赖床，每次投票他都缺席！'呃……老师，是这样的吗？"

于是老师只能说："你给我出去！"

今天我们知道，老师们这么回答其实是蛮不讲理。

公理不是什么公认的道理，公理是硬性规定的。

但是在非欧几何出现之前，大部分知识分子对几何公理的看法和咱们的老师差不多。认为"平行线不相交"这个陈述是绝对正确的，是不以空间、时间、客观世界以及人的意志为转移的。那它是什么啊？不就是绝对真理嘛！实际上，在很长一段时间里，学者们都相信整个欧氏几何——那时还没有"欧氏几何"这个名字，那时候就叫几何——阐述的是绝对真理。

所以数学家们没有发明什么新的东西，他们仅仅是在发现已经存在的绝对真理。

因此我们前面说，理性主义者相信这世上存在着某种先验的真理，根据之一就是欧氏几何的存在。

但是非欧几何是什么呢？

非欧几何不是建立在某种对客观世界的观察上的。非欧几何是建立在一个假设上，而且这个假设看上去就像是"闲着没事胡思乱想"出来的。结果就在这个"没事找事"的假设的基础上，建立了一套和传统几何完全不同，但是同样能用来解决客观问题、描述客观世界的新几何。在这套新几何里，平行线就可以相交了。

那还能说几何是绝对真理吗？

几何变成了一个"在人为规定出来的公设的基础上，建立起来的数学游戏"了。

假如几何不是绝对真理，那么哲学家们对先验理性存在的证据，又被进一步削弱了。

其实，这远不是数学家第一次摧毁人们对先验理性的信心。比如古希腊哲学家大都相信"整体大于部分"是不言自明的真理（咱们一般人也都相信）。但是数学家在研究无穷大数的时候发现了一个有趣的问题：

我们知道，自然数包括奇数和偶数，偶数只是自然数的一部分。但是我们却可以认为偶数和全体自然数一样多！因为每提出

第八章 科学倒打一耙 339

一个自然数,都可以将它乘以2,找到一个和它对应的偶数。按照这个方法,无论找到多少自然数,我们都能找到一样多的偶数。所以,"整体大于部分"的概念在无穷大的集合中是有问题的。

当然,这似乎只是个数字游戏,跟我们的生活关系不大,那么看看下面这件事。

1919年3月8日,第一次世界大战刚刚结束几个月,两队英国人登上了停靠在利物浦港的英国军舰。这艘军舰要把两队人分别送到非洲海岸附近的一座小岛上和巴西热带雨林的一片荒地上。两队人行色匆匆,他们必须在5月29日之前做好一切准备,晚一秒都不行。

这是一场带有民族情绪的行动。英国和德国在第一次世界大战中互为敌国,而这场行动即将证明,到底是英国人牛顿还是德国人爱因斯坦[1]在引力问题上的预言更加准确。因为这是英国人的队伍,所以有不少人都暗暗倾向于牛顿。

之所以选择5月29日这一天,是因为爱因斯坦的理论和牛顿的理论有个可以验证的差别:

按照牛顿的万有引力定律,光线经过附近的时候,会因为太阳的引力有一点点弯折。所以我们观测太阳附近的恒星时,恒星

---

1 然而爱因斯坦不是个民族主义者,他很早就放弃了德国国籍。

的位置会和它真正的位置有差别。等到半年后——地球绕着太阳转了半圈后——人们在晚上可以再次观测到这片星域,这时候就可以知道这颗恒星在没有太阳影响的情况下,真正的位置在哪儿。把两份观测结果一比较,就能算出光线具体偏移了多少。

爱因斯坦和牛顿一样,同样认为光线会发生弯折。但是按照他的理论计算,偏移的程度和用牛顿理论算出来的不一样。所以只要找个星星真正观测一下,就能知道牛顿和爱因斯坦到底谁说的对了。

但是我们都知道,白天看不到星星,因为太阳太亮了。

只有一种情况除外:日全食。

1919年5月29日正是发生日全食的日子。英国人千里迢迢地远征,为的是寻找地球上的最佳观测点。而且为了防止那天当地正好阴天,选择了两个观测点,组织了两支队伍。两支队伍都成功拍摄到了照片。半年后,人们再次观测了星空,通过计算得出结论:

爱因斯坦是对的,牛顿错了。

这不是唯一的一次实验,在这之前和之后,科学家们做了无数次实验,都证明了爱因斯坦的理论正确。

人们曾经以为牛顿就是物理世界最终的答案,结果牛顿被打败了,相对论取而代之。

相对论得出了很多看似怪诞的结论。出于好奇,让我们简单地了解一下吧,看不懂也没什么关系。

首先说狭义相对论,我们看看两个最直观的结论(其实说的是同一件事)。

第一,光速是永恒不变的。我们在前进的自行车上打手电筒发出的光速,和我们站着不动打手电筒的光速一样。

这就可以问了:假如我是一个武林高手,出手飞快,我的手速已经超过了光速,那我向你出手的时候你会看到什么呢?因为从我手上发出的光的速度没有我出手的速度快,所以你会先挨打,然后才看到我出手。这……不就天下无敌了吗?

爱因斯坦说,不行,因为任何物体的移动速度都不能超过光速。再牛的武林高手,即便能突破生理极限,也没法突破物理规律的极限,他的拳速至多是接近光速,永远不可能超越光速。

第二,一个宇宙飞船接近光速,飞船之外的人去看这个飞船,会发现飞船的时间变慢了,长度也缩短了,然而飞船内部的人却没有感觉。

准确点儿说是这样的,相对论说的是,两个运动状态不同的观测者,在看同一个物体的时候,他们看到的这个物体的时间、长短、质量都是不同的。

也就是说,在牛顿时代(也是咱们普通人的概念),时间和空间都是独立的,互相没有关系。就像"5分钟"和"3厘米"根本没法放在一起计算一样。

但是狭义相对论认为,时间和空间不是互相独立的,可以互相影响,不同运动状态的人观察同一个物体,观测到的时间、大小都不相同。因此时间和空间得放在一起研究,统称为时空。质量和能量也不是互相独立的,统称为质能。这也是核武器的理论基础。

牛顿理论相信物体的时间、长度、质量都是绝对的,无论观测者是谁,一米尺子的长度就是一米,是不变的。狭义相对论则认为,这些数值都是相对的,观测者不同,观测的结果就不同。

以上是狭义相对论。下面来说广义相对论,它解释的是万有引力。

在相对论被提出之前人们已经知道了万有引力的存在,但是不知道引力是如何产生的。万有引力能够让两个星球相隔万里还有相互作用力,这点连牛顿都不太说得明白。

直到广义相对论出现后,人们对于引力才有了一个较为合理的解释。广义相对论的意思是说,当空间中存在物质和能量的时候,空间就会受到影响而弯曲,质能越大,空间弯曲得越厉害。引力就是由这种空间弯曲产生的。

有一个非常形象的比喻。好比我们的空间是一张抻平的床单,当我们往上放一个木球的时候,床单会被压下去,那么木球周围其他更轻的小球就会滚向木球,看上去就好像小球被木球吸引了一样。假如放的是铅球呢,床单会被压得更严重,造成的空间扭曲更大,引力也就更大。

1919年的那次实验之后,爱因斯坦一夜成名。绝大多数人做梦都没想到,牛顿这么简洁又合理的世界观,竟然还会被人推翻。更要命的是,牛顿的静止、绝对的时空观,每个人都可以理解。爱因斯坦说的那些东西呢?在脑海中想象一下都费劲,是普通人没法理解的东西。

结果这么一堆稀奇古怪的东西,才是宇宙的真相?

这种新世界观给思想家们带来了巨大的冲击。对于哲学来说,相对论进一步打击了人们对先验理性的信心。

首先,相对论否认了牛顿时代的时空观。

过去,时间和空间的独立性是不言而喻的。时间、空间这些概念,是先天的、绝对的,这也是人们相信存在先验真理的理由之一。而相对论认为,人过去对时间和空间的概念都是错的。那么人们对先验理性的信心要进一步打折扣了。

第二,相对论打击了欧氏几何的垄断地位。

广义相对论发现,真实的空间是扭曲的。我们以为自己生活在平坦、均匀的空间里,其实是一种不精确的看法。只是因为在我们的日常生活中时空扭曲的程度很小,所以我们忽略掉了误差。

但是，假如我们是一个超大型的生物，有整个银河系那么大，那么时空扭曲的程度就无法被忽视了。如果这么大的生物去探究几何学，它创造的就是非欧几何，而不是只能研究平面的欧氏几何。

这就是说，我们使用什么样的几何，取决于我们生活在什么样的环境里。欧氏几何并不是这个世界的真理，而仅仅是我们用来解释世界的工具。

——顺便多说一句，不仅几何不是绝对真理，代数也不是。

我们习惯把1、2、3、4……这样的数称为"自然数"。为什么要叫"自然"数呢？意思就是，这些数字是自然而然的，也就是先天的、先验的。

这和古人崇拜几何的思路是一样的：大自然里并不真存在某个物体，叫作1、2、3、4……你不能指着一个东西，说"这就是1"。可是，数字又无处不在，这似乎说明了，数字是超越了现实世界的、更高级的真理。

古希腊的毕达哥拉斯学派就持这种观点。毕达哥拉斯说"万物皆数"，认为世界的本质就是数，神也是数，他们把数字当成了宗教去崇拜。

中国古代哲学家也一样，儒家相信《周易》揭示了万事万物的运行规律，用《周易》可以推算未来。《周易》中的八卦，就是一组二进制数的各种排列组合。所以有些古人认为，"天地万物，莫逃乎数"，数字就是宇宙的本质。

但真的是这样吗？

自然数有一个特点，叫作"离散"。也就是说，我们要把被数的物体看成是一个个孤立的、互不联系的个体。我们数自然数，数完1，后面就直接数2，1和2中间存在的数，比如1.5，我们是没法用自然数数的。甚至就算引入了小数和分数以后，我们数的数还是离散的，每一个数字之间仍旧有"缝隙"。

结果，英国数学家迈克尔·阿蒂亚，提出了这么一个思想实验：

假设在太平洋的深海的海底有一种水母，它们从出生到死只能看见大海。这种水母没有手指头，也没有分叉的触须。那这种水母这一生都接触到了什么样的信息呢？它们接触到的都是海水的压力啊、温度啊，自身的饥饿啊，都是连续的状态。它们从来没有接触过一个一个分离的东西，它们也就不会有离散的概念。

那么，这种水母如果产生了智力，产生了数学，这种数学一定跟我们以自然数为基础的数学截然不同。它们产生的是一种连续的数学（比如解析几何里，用连续的曲线来表示的方程式）。然而，这种数学同样也可以反映现实，同样可以用来计算。

这就是说，我们熟悉的数学，其实也是一个用来解释周围世界的工具，是为了适应我们的生活环境被创造出来的，并不就是这个世界的本质。

总之，以上的这些新知识无不让人怀疑先验理性的存在。当年的理性主义者、形而上学家们自信满满地追求绝对真理，此时看来，他们的自信受到威胁了。

我们顺便说一下，相对论的发现也正好证明了休谟怀疑论的正确。休谟说，无论我们过去看到多少重复发生的事件，我们也不能断言这事件在未来一定会再次发生。无论太阳升起过多少次，也不能肯定明天太阳一定会再次升起。当时很多人都觉得他是抬杠。

可是在相对论出现之前，全世界范围内的各种科学实验、天文观测和机械生产，无数次证明了牛顿力学是正确的。可接下来的结果呢，有一天人们发现：哇，新的观测数据真的就出现例外了，真的就不符合预测了！这不就是休谟的预言吗？

所以，让我们一起膜拜休谟大人吧。

相对论还有一个衍生的结论：我们对整个宇宙的认识有很大的局限性。

通过发展观测技术，人类有能力看到很远以外的宇宙，目前已经达到了上百亿光年。但光速是恒定的，所谓"多少亿光年"的意思，是说来自那个地方的光得花这么多亿年才能照到地球上来。因此，我们现在看到的"×亿光年"远的宇宙，是它×亿年前的样子。后来它变成什么样子了，今天它是什么样，因为它发出的光线还没到地球，所以我们就不知道了。

也就是说，能跟我们发生频繁联络的宇宙，最多是地球附近几光年的范围。人类有生之年能到达的宇宙，也不过几十光年。可是据推断宇宙可能有几百亿光年大，相比之下，我们能活动的范围实在小得可怜。

所以，无论我们对宇宙的全貌有什么样的设想，这些设想都不可能得到全面的检验。我们对宇宙的了解只能局限在有限的范围内。只要相对论没有被推翻，这个有限范围就没法突破。

更厉害的发现还在后面。

在牛顿的经典物理学里，我们想要了解一个物体的运动状态，必须知道两个东西：物体的位置和动量。

然而物理学家们在研究量子的时候发现了一个奇怪的现象。物理学家观测一个电子，越是精确地确定其位置，就越无法确定它的动量；越想更精确地测定它的动量，就越测量不到它的位置。这并不是因为科学家的观测技术不行，而是由严格的理论决定的。这个规律叫作"海森堡测不准原理"或者"海森堡不确定性原理"。

也就是说，你大可以想象每一个电子在某个瞬间有固定的位置和动量，但这对于人类是没有意义的。人类永远无法知道一个电子的运动状态，也永远无法精确预测电子的运动，只能大略猜测它的运动趋势。

而且，因为不能准确预测某个电子下一刻的位置，所以我们连分辨两个电子的能力都没有。当我们观测两个相同电子的时候，我们只能看到两个电子闪来闪去，根本没法知道哪个是哪个。

类似的怪事，还有电子的"波粒二象性"。从传统意义上说，电子不可能既是波又是粒子。然而科学家在实验中发现，电子既能显示波的特性，又能显示粒子的特性，关键看科学家们用什么方法去检测它。用一种方式观测就是波，用另一种方式观测就成了粒子了。

这是对物理学冲击非常大的一个学说：在微观世界里，没有严格的决定论。

科学家们对于一个电子的运动状态只能预测出一个概率，只能说大约、可能在哪儿。物理学成了一门缺乏确定性的学说。

这一下子让整个物理学都变得可疑了。难怪爱因斯坦对这一学说特别反感。在这个问题上，爱因斯坦扮演了顽固派的角色，试图用各种办法来驳倒测不准原理。爱因斯坦有一句名言："上帝不掷骰子。"意思是说，世界不可能真正是随机的，一切都是确定的。

然而，这回是爱因斯坦错了。

经过无数次讨论,今天的科学家们普遍接受了海森堡等人的结论。人们相信,在对量子的认识上存在着不可逾越的限制,人类永远无法准确地认识量子。霍金因此说:"上帝不但掷骰子,还把骰子掷到我们看不见的地方去。"意思是说这世界不仅存在随机性,而且人类无法更准确地了解它。

这意味着,人类对世界的认识能力又受到了进一步的限制,而且只要量子力学不被推翻,这限制就永远无法超越。

那种认为"随着不断发展,科学终究能解释明白所有事情"的想法,就很值得商榷了。

而且,还有一种人类认识能力的局限是由逻辑决定的,更是没法超越的。

比如,"一切事物都是互相影响的",这句话对吗?

这句话永远是对的。因为一旦我们找到一个"不影响任何事物的事物",那么,当我们观测到它的时候,它就开始对我们产生影响了。所以我们永远找不到不影响他者的东西。所以,上面的这个命题是永远正确的。

再比如,一些宗教信徒号称自己拥有过神秘体验。比如感觉到神灵对自己有所启示,或者是某种"天人合一"的体验。那么,从科学的角度说,即便我们排除当事人撒谎、使用迷幻药等原因,科学仍旧不可能承认这种现象是真实的,仍旧会认为这些都是幻觉。

"幻觉"的定义是什么呢？定义就来自经验主义：一个东西我说我看见了，其他人都没看见，那就说我产生"幻觉"了。问题是，宗教的神秘体验恰恰是属于个人的，因此就算那个人真的见到神迹了，只要神秘体验没有留下其他人看到了的痕迹（比如神灵出现后融化了地面之类），那么永远都会符合"幻觉"的定义，永远都不会被科学承认。

再比如，"不存在不能被观测到的事物""如何确定我的记忆没被修改过"也属于类似的问题。

前面说过，科学原本是理性的帮手，然而第一次世界大战以后的科学发展却不断揭示了理性的局限。其实，哲学家们很早以前就意识到了人类认识能力的局限。比如休谟认为人类不可能了解因果律，康德认为人类认识不到物自体。这些科学新发现等于佐证了哲学家们的结论。

再说点儿闲篇儿。

量子力学还有一个问题，它和广义相对论是矛盾的。用广义相对论去研究宏观宇宙，用量子力学去解释微观世界，都没什么问题，但是这两个理论却无法相容。这里面显然有问题，但是科学家们无论是从量子力学还是广义相对论中，都还没有找到突破口。科学家们觉得，应该从更高的层次上来统一这两种理论。比如美国电视剧《生活大爆炸》里的主角Sheldon搞的超弦理论以及另一套M理论，都是目前非常流行的方案。但这些方案的问题是，它们只能在数学上进行统一，却无法用实验验证。因为实验所需要的技术远远超过了人类现有的能力。不能用实验检验，这对于物理学家来说是很难接受的，但也没有什么好办法。

还可以说说爱因斯坦和海森堡。

这两个人有一个共同点，就是他们都和原子弹有关，但都不是原子弹真正的发明人。

很多人误以为爱因斯坦就是原子弹之父，人们根据他的质能方程造出了原子弹。其实，质能方程只是从理论上说明了质能转换是可能的，离原子弹还远着呢。爱因斯坦虽然身在美国，但是对原子弹的开发贡献其实很小。

海森堡则是实实在在开发过原子弹，但是在战争中，他站在了纳粹一方。他本来有机会造出原子弹改写历史的（当然，是往黑暗的那一面改写），结果由于算错了数，最终失败了。好玩儿的是，第二次世界大战中的美国人很精，一边打着德国，一边还琢磨着德国的先进科技。美国人专门组织了特种部队，抢在其他盟国之前搜捕德国的著名科学家。结果海森堡等人就这么被美国抓去了。不过美国也不能强迫人家投靠，打探够了情报就把海森堡放了。之后海森堡就在联邦德国工作，也算是为盟国服务了。

第九章　罗素的幸福

科学虽然削弱了人们对理性的信心，但是理性还没有被完全打倒。我们可以承认理性在宏观和微观上都有局限，但这并不是说理性在现实生活中就没地位了。在日常生活中，我们不还在用牛顿定律嘛。

时间进入20世纪，理性还没有被打倒，还有很多哲学家在为理性的尊严而奋斗。

这次冲到前面的，是罗素老师。

罗素高寿，活了98岁。他出生的时候是中国清朝同治十一年（公元1872年），慈禧太后还不到40岁。他去世的时候是1970年，互联网已经诞生了。

罗素大概是在普通人里声望最高的哲学家了。但就像叔本华和尼采在大众中的声望一样，罗素并不是因为他的哲学成就而出名的，而是他一系列非哲学的、亲民的著作和社会活动所致。

虽然身居剑桥的象牙塔中，罗素一生却撰写了大量诸如《幸福之路》之类适合大众口味的通俗书籍，甚至他的《西方哲学史》在讲哲学的过程中都穿插着玩笑。他的名言是："三种单纯又极其强烈的激情支配着我的一生：对爱情的渴望、对知识的追求，以及对于人类苦难不可遏制的同情。"这话更是广为流传。

罗素出身英国贵族，他积极参加社会活动。在第一次世界大战的时候他就说过"爱国就是为一些很无聊的理由去杀人或被杀"——这话要放在今天，恐怕就会被人肉搜索了。在冷战最为激烈的时代，89岁的罗素积极倡议核裁军运动，因此以高龄坐了牢。

罗素晚年的标准像——白发苍苍，神采奕奕，叼着一支烟斗，一副很有智慧的样子。这些远比精致的著作更能打动大众，使他成为大众心目中智者的代表，就像尼采的妹妹故意让尼采穿上白袍留着大胡子一样。老百姓谁看你的书啊，关键是做派到位，看着有智慧就行了。

这次我们要讲的是逻辑实证主义，但是理论内容并不多，八卦却不少。所以我打算这次先痛快地跑一回题，好好讲讲八卦。然后再回来敷衍了事地把正经内容说了。

好，就这么定啦！

我觉得说起罗素的八卦，最有意思的不是他如何反战、如何被剑桥开除、如何在高龄时被抓进监狱，最好玩儿的是他的浪漫史。

之前讲的哲学家，有不少人都是独身，罗素却是个大例外，这家伙不仅结婚离婚次数多，而且情史极为复杂。

复杂到什么程度呢？我要是在文章中把他女伴的姓名一一写出来，您肯定记不住。咱们只能用ABCD代替。等您看完了就会发现，啥哲学思辨、形而上学呀，原来罗素的情史才是咱们这本书最复杂最绕人的内容。

罗素的家世非常显赫，他父母两家都是世代的英国贵族。他的祖父担任过两任首相，见过拿破仑。但罗素出生以后，他的父母和祖父相继去世，他是由祖母带大的。

我们可以想象，隔辈的教育，又是这么一个显赫的大家庭，罗素小时候自然受到了严格的管教，他小小年纪就很苦闷。但罗素也很牛，十几岁的时候就开始用希腊语写日记，防止别人偷看。

17岁的时候，罗素遇见了一个比他大5岁的美国姑娘。罗素热情地追求她，美国姑娘不久就接受了他的感情，但是罗素的祖母极力反对这件事。

那个时候的英国是有着上千年历史的、在全世界都有殖民地的头号帝国，而美国则是一帮流浪汉创造的杂牌国家。你想，去殖民地开荒的那都是些什么人啊。别说罗素这样历史显赫的贵族家庭了，一般的英国人都未必瞧得起美国人。

于是罗素的祖母使用了各种办法来拆散这对情人。首先祖母告诉罗素，他们的家族有精神病历史，不能生孩子。罗素的回应是，他保证结婚后会采用避孕措施。

老太太一计不成又施一计，她安排罗素从政，去巴黎当外交官，试图用异地恋拆散两个人。但是就像其他的热恋情人那样，暂时的分离非但没有降低罗素的感情，反倒让他更加痴情。不久以后，罗素辞掉了外交官的工作，在22岁的时候和那美国姑娘结婚了——为了记忆方便，我们以后叫她A。

28岁的时候，罗素和他的老师怀特海一起进行《数学原理》的写作。结果，写着写着，罗素喜欢上了怀特海的年轻妻子，也就是他师娘。同时罗素发现自己对A已经没有了感情。这时罗素显示出了令人惊讶的冷酷。他毫不掩饰地告诉A，他们的婚姻已经名存实亡，任凭对方痛苦哭泣，自己却在一旁继续工作。

其实怀特海对罗素非常好，不只是知遇之恩那么简单。当年在剑桥上学的时候，罗素申请奖学金，成绩比另一个学生差一点儿。结果怀特海特喜欢罗素，就擅自把成绩单烧了，然后推荐了罗素。不过后来罗素和怀特海的妻子就是关系挺好的，倒也没怎么着。

罗素39岁的时候，又喜欢上了另一个朋友的妻子（B）。罗素对B的感情很深，以至为她写过几千封情书，有的时候隔几个小时就写一封，都快赶上手机聊天了。但是B一面接受罗素的感情，一面和他保持距离。

这里面还搅和进了怀特海的妻子。怀特海的妻子帮罗素跟B聊天，还帮罗素刺探A的情况。慢慢地，B就接受了罗素，怀特海的妻子还提供自己的房子让他们约会。B对罗素的影响很大，后来罗素又有了很多情人，但同时他一直都保持着和B的关系。

罗素的那个朋友、B的老公，在这件事中表现得非常有风度。他知道了老婆出轨的事，还知道老婆有时候出去住一段时间就是为了约会。但这人能以他老婆的幸福为重，挽留老婆未果，就任由她与罗素相好了。后来，还有一个同情A的人发现了这段情事，要把这事闹大。但如果这样的话，会影响到罗素和B的前程（B夫妇也都很有名望）。结果还是B的老公劝那个人，把这件事压了下去。

罗素42岁的时候到美国旅行，又遇到一个28岁的女大学生（C）。C和罗素同居，还与罗素订了婚。不久，罗素把C带到了英国，因为C没有钱，罗素就让她和B住在一起。

亏罗素想得出来！开始C不知道罗素和B的关系，还跟B说自己的心里话。后来她慢慢明白罗素已经把自己当作一个累赘了。有时B到罗素的房间里幽会，C就去使劲砸门。据说罗素只开了一次门，给了她一杯水，但是从来没有让她进屋过。B既嫉恨又同情C，但也不可能过分帮助她。几年后，C回到美国去了，得了精神病，身体瘫痪了。

43岁时，罗素又认识了著名诗人艾略特。罗素跟艾略特是一点儿没客气，艾略特生活困难，罗素一面接济艾略特，一面和他老婆（D）搞到了一起，还给人家买真丝内衣什么的。我想，罗素的接济不会出于龌龊的理由，他大概觉得帮助朋友是友情的伟大，而挖朋友的墙脚是爱情的伟大，互不冲突。罗素和D搞得明目张胆，甚至当艾略特不在家的时候，罗素直接就住到他们家里去。

这件事B和怀特海的妻子都知道。开始罗素资助艾略特的时候，B就劝过罗素，说你别跟人家老婆搞上。罗素还跟B说，放心吧，不可能。

但是几年后，罗素突然厌烦了，中断了和D的关系。结果D受到了严重的精神打击，一些年后，被送进了精神病院。

44岁时，罗素又认识了一位已婚的女演员（E），两个人很快产生了感情。E接受了罗素和B的关系，愿意和B一起分享罗素。在第一次世界大战期间，罗素因为反战进了监狱。两个女人常常一起去看望罗素。

50岁的时候，罗素让一个比他小22岁的剑桥老师（F）怀了孕，因此选择了和她结婚。

此时，在罗素继承到伯爵爵位之前，一直深爱罗素的A终于同意和罗素离婚。但A一直把对罗素的感情保持到晚年。据她的朋友说，她至死都深信下一个电话会是罗素打来的，要重新娶她做伯爵夫人。

或许是报应吧。结婚才两年，罗素的这个F就出轨了。但是罗素也没消停，50多岁的他还追求过一个20多岁的年轻女孩，跟人家保持了几年的情人关系。另外，他同E也藕断丝连。

在60岁左右的时候，这个F又爱上了一个双性恋，还生了这个人的孩子。而且F还让孩子姓"罗素"！一开始，罗素打算容忍这个孩子和这段婚外情。有时候度假，罗素和F都带上了自己的情人，就这么一起玩儿。据说有一次，一位访问者看到罗素不耐烦地带着一个孩子，就问他，这是你的孩子吗？结果罗素回答：

"不是我的孩子，是我老婆的。"

F后来又给那个双性恋生下了第二个孩子，再后来又迷上了双性恋者的前情人（看懂了吗……）。这种超乱七八糟的关系让罗素实在不能忍了，于是在61岁的时候跟F离婚了。

但是罗素也没亏，在离婚之前，他58岁的时候，喜欢上了一个20岁的漂亮的牛津大学本科生（G），她原本是来照顾罗素夫妇的孩子的。而且罗素还没离婚呢，就公然把G带回家住，这把F气坏了。

64岁的时候，罗素和G结了婚。这其中一直没说的是，那个女演员E一直都抱着和罗素结婚的幻想。但你想啊，这位女子自从跟罗素在一起以后，眼瞅着他离了一回又结一回，离了一回又结一回，都结了两回婚了还没轮到她呢，这时候心理就比较崩溃了，但还是和罗素保持着关系。

第九章　罗素的幸福　359

罗素和G结婚以后，两个人又都出轨了，罗素在76岁的时候又离了婚，此时他同时追求着好几个女人，然后在80岁的时候又和H结婚。这次婚姻终于维持到了他98岁去世的时候。

或许很多人想知道，罗素能拥有这么多两性关系的秘诀是什么。金钱肯定不是原因，因为虽然罗素继承了不少钱，但是他也很能花。到了岁数比较大的时候，罗素面临过好多次经济危机，有时候穷到连书都买不起，别人出了书他不得不求人家送他一本。我想，除了名声之外，罗素能如此受女生欢迎，主要的原因应该是他优雅的举止、智慧的谈吐、幽默的性格以及对每一位女性都非常真诚热情。

另外，作为一个年过半百还能和妙龄女子约会的人，还必须做到不迂腐古板，甚至要比年轻人更加大胆开放。有一个段子说，罗素在北美旅行的时候，一群崇拜他的女大学生围住他，问他为什么后来放弃了哲学研究。罗素回答说：

"因为我发现我更喜欢性交。"

最后再说罗素干过的一件狠事。

在罗素的年代，代数一直缺乏一个像几何那样逻辑完备的体系。因此，数学家们创造了一个"集合论"，想给代数一个完备的公理体系。这是人类理性的一大胜利，引来当时数学界一片欢呼。

然而罗素琢磨琢磨这事，在不到30岁的时候提出一个"理发师悖论"。大意是说，在一个小镇上，有一个唯一的理发师。他理发的规则是，只给"不给自己理发的人"理发。那么，这个理发师该不该给自己理发呢？这就陷入了矛盾。

我们不细究这个悖论了，简单来说，罗素用这个悖论说明了集合论的一个无法解决的缺陷。

最惨的是当时一个搞集合论的逻辑学家，辛辛苦苦写了一本关于集合论的著作。在书即将出版的一刻，他收到了罗素关于这个悖论的信，一下子崩溃了。他意识到这本书完全是白写了。但是此时再修改他自己的书已经来不及了，这个逻辑学家只能继续出版这本书，并在书的末尾加上一句："一个科学家所碰到的最不爽（undesirable）的事，莫过于在他的工作即将完成时却发现所干的工作的基础崩溃了。"然后他把罗素的信附在了结尾。

有人说，它这个undesirable是数学史上最词不达意的词了。我们可以想象，当他写下undesirable的时候，心里八成想的是另一个词——

太扯了！

第十章　高富富富富富帅——维特根斯坦

罗素的八卦好看吧？更好看的还在后面呢。

说到逻辑实证主义，虽然罗素也是一位干将，但贡献最大的不是罗素，而是他的学生维特根斯坦。这兄弟可能很多人没听说过，但他的经历可比罗素猛多了。

如果我们按照现在的习惯，管罗素叫"高富帅"的话，那么维特根斯坦的正确称呼应该是：

高富富富富富帅。

在哲学史上，有不少哲学家家境殷实，很多人继承了丰厚的遗产。但是这些人要是跟维特根斯坦比起来，全都算穷光蛋。维特根斯坦他们家不是一般的富，而是超级富。

维特根斯坦是犹太人。他的父亲是个商业奇才，用了三十年时间，从一个普通的绘图员一路奋斗成为钢铁大王，基本上垄断了整个奥匈帝国的钢铁产业。他们家的财产是世界级别的。他们家在维也纳的住宅无比豪华，外人都称作"维特根斯坦宫殿"。

咱们过去受阶级观念的影响，认为穷人先进、富人落后。所以历史人物的形象，多半是越穷越聪明勇敢，越富越愚蠢残暴。但事实上，不少艺术家、思想家都出身富贵家庭。这是因为有钱人也不会是傻子，他们当然不希望自己的后代变成纨绔子弟，他们和普通家庭的家长一样，都会尽力教育好自己的子女。而有钱人有更多的资源可以利用，培养出人才的概率也就可能更大一些。

所以我们看历史，会看到有的人出身富家，继承巨额财产一辈子丰衣足食，而且长得还帅，还受到了良好的教育，还有好多艳遇，还高寿，吃喝玩乐一辈子，最后还有很大的成就，在艺术或者思想史上留下了名字（咦，这不就是罗素吗？）。所有的好事怎么都让他们给占了？你怎么着，还真没辙。

维特根斯坦他们家有崇尚文艺的传统。他的父母都有很深的艺术修养，喜欢资助艺术事业，很多艺术家都是他们家的座上客。这种氛围也影响了维特根斯坦，使他从小就爱好广泛。除了是一个哲学家外（而且是史无前例的双倍哲学家，这一点我们后面会讲），他干过的事还包括：

会演奏多种乐器，特别擅长吹奏单簧管。

能用口哨吹出交响乐的整段乐章。

喜欢飞行和机械，拥有一项改进螺旋桨的专利，有助于后来喷气式发动机的发明。

打过仗，因为作战英勇当上了中尉。

独立设计过一幢现代风格的房屋，从门锁到合页无不精益求精。整幢房屋有很高的艺术价值。他还为这房屋专门发明了一种涂墙的油漆。

能雕刻出精美的胸像。

当过药剂师，制作的药品质量出众。

当过医学实验室助理，设计了新的医学实验方法。

编了一本针对小学生的字典。

在参加皇室晚宴的时候，发现朋友穿的衣服不合适，用剪刀当场剪下了两颗纽扣，操作一番后，衣服立刻变得更加优雅。

罗素和怀特海合写过一本《数学原理》。这本书超级难读，难读到人们为此编了一个段子，说：世界上只有三个人通读过这本书。一个是罗素，一个是怀特海，还有一个是校对员。而且罗素和怀特海有没有通读过还不一定。

罗素说，据他所知，只有六个人把《数学原理》从头到尾读过。而维特根斯坦是在19岁的时候读的这本书，而且理解得是非常深刻。后来罗素接受维特根斯坦的批评，愿意按照他的意见改写第一卷。

——看着维特根斯坦这一长串技能表，真想忍不住问他：还有什么事是您老不会干的啊？

他大概会回答"犯蠢"吧……

不过呢，富贵人家也有不顺心的事。维特根斯坦家族笼罩在自杀的阴影下。维特根斯坦的四个哥哥里有三个自杀了，维特根斯坦自己也常年被自杀的念头缠绕着。

小时候的维特根斯坦还有一个八卦：他中学的时候竟然跟希特勒在一个学校。他和希特勒同岁，但是比希特勒高两个年级，维特根斯坦跳了一级，希特勒蹲了一级。不过，没什么记录表明这两个孩子之间有过什么交往。

22岁的时候，维特根斯坦对数学产生了浓厚的兴趣，那年罗素39岁，正处在思想的巅峰时期。维特根斯坦专门跑到英国剑桥去跟罗素学习。

一年后，维特根斯坦就正式在剑桥读本科了。罗素是他的导师。罗素听说他从来没有上过逻辑课，就安排了当时著名的逻辑学家、国王学院的一个理事给他上课。

结果呢，维特根斯坦后来跟别人说："第一个小时我就发现他没什么可教给我。"那个老师也愤愤不平地和别人抱怨："第一次见面他就给我上起课来了！"

罗素慧眼识英才，当时就特别喜欢维特根斯坦，夸他是"传统上认为的天才人物的最完美的范例"——呃……您还能夸得更狠一点儿吗？

第十章　高富富富富帅——维特根斯坦

维特根斯坦还真不辜负罗素的期待，学问很快就和罗素并驾齐驱了。按照瑞·蒙克[1]的话说，那时的罗素"虽然形式上仍然是维特根斯坦的导师，但罗素越来越渴望得到他的赞许"。

在剑桥期间，当罗素准备写他的新书《知识的理论》的时候，维特根斯坦批评了罗素的想法，结果罗素真的就放弃了该书的写作。

除了超人的天赋外，维特根斯坦还有吓人的财富。

刚到剑桥上大学不久，维特根斯坦对一个同学产生了好感。他是怎么拉近关系的呢？他和人家只认识了三个礼拜，就提出请人去冰岛旅游。这同学一听就蒙了，没敢答应——你想，要是你上大学不到一个月，突然蹦出一个不太熟的同学邀请你去巴厘岛，你也蒙啊……

后来这同学忍不住还是答应了。这个同学回忆说，虽然他之前已经想到了会花很多钱，但是奢侈程度还是让他震惊了：先是出发后维特根斯坦不满意这位同学的行李，拉着他疯狂购物买了一大堆东西；然后走到哪里都是头等舱、最好的轮船、最豪华的酒店、高档的饮食、随手雇用庞大的马队和向导。

结果呢，维特根斯坦还觉得这趟旅行的条件不太好。

---

[1] 南安普顿大学教授，研究领域包括数学哲学、分析哲学的历史，并长期致力于哲学家传记写作。1991年蒙克因《维特根斯坦传：天才之为责任》获得达夫·库珀奖。

另一个朋友也被维特根斯坦吓着过。有一次维特根斯坦提议一起去海边散心。两人到了火车站,发现没有适合他们的车次。结果维特根斯坦提议说:要不咱包一趟专列吧!

其实,维特根斯坦性格古怪,脾气不好,很多人都觉得他难以相处。但是他和凯恩斯——就是那个写了《就业、利息与货币通论》的著名经济学家——成了好朋友。后来凯恩斯给过维特根斯坦很多帮助。

在剑桥学习的时候,有人劝维特根斯坦加入英国国籍。但他是奥地利的名门贵族呀,怎么可能答应呢?他回答说不希望成为"一个虚伪的英国人"。

维特根斯坦25岁的时候,第一次世界大战爆发。罗素坚决反对英国参战,拒绝加入军队。据说有个老太太生气地问他:"别的小伙子都为了保卫文明穿上军装打仗去了,你就不惭愧吗?"罗素回答道:"我就是他们要保卫的那种文明。"

维特根斯坦呢,正好相反,他积极参军。维特根斯坦童年做过疝气手术,本来可以不参战,结果这哥们儿竟然动用家族关系让自己上了前线。战争开始不久,军队发现维特根斯坦懂得数学,于是让他当炮兵,而且驻守在后方。有很长一段时间,维特根斯坦只负责坐在办公室里干些无聊的文书工作。维特根斯坦几次主动要求把自己调去当步兵。

您可能知道，第一次世界大战时期出现了可以严重杀伤步兵的火炮、毒气弹和重机枪，却没有普及可以掩护步兵的坦克车。步兵在进攻时，只能用血肉之躯迎战交叉火力的扫射，阵亡率非常高。维特根斯坦要求当步兵，无异于主动自杀。军部自然无法理解他的要求，难得有个大学生，怎么可能调去当炮灰？

就这样，维特根斯坦在后方待了很长一段时间。后来战事变化，他真被调去了前线，还是去当他的炮兵。

一到前线，维特根斯坦就主动去最危险的观察哨所。他参加了不少残酷的战斗，每一次都表现得非常英勇，因此不断被提升，最后还当了军官，获得了不少勋章。

在战争中，维特根斯坦还进行着哲学研究，开始构思他的作品《逻辑哲学论》。他一边打仗一边写，把自己的哲学思想记在了随身携带的一个笔记本里。我想，战场上的协约国士兵们谁也不会意识到，在他们枪口下正活跃着一个20世纪最天才的哲学头脑，他身上有一本能改变哲学世界的笔记本，打歪的那几枪让他们无意中为人类文明做出了他们一生中最大的贡献。

后来，维特根斯坦被意大利军队俘虏了。据说敌人来抓他的时候，他正骑在炮架上，用口哨吹着贝多芬第七交响曲。维特根斯坦随后进了战俘营。

有一个段子说，维特根斯坦在战俘营里遇到了另一个军官，那个军官看到维特根斯坦穿着简单，没有架子，就以为维特根斯坦的地位比他低。有一天他们聊天，聊到著名的画家克里姆特"为某个维特根斯坦小姐画的肖像"，那个军官听见维特根斯坦把这幅画随口称为"我姐姐的肖像"，大吃一惊，才知道这家伙来头有多大。

后来战俘营中流行伤寒，死了很多人，维特根斯坦的家人以及凯恩斯等朋友都很担心他。他的家族暗中活动，让一名医生宣布维特根斯坦的身体不适合长期监禁。维特根斯坦却觉得这样不道德，拒绝在同伴获释前出去，坚称自己完全健康。

在维特根斯坦30岁的时候，战争结束了，他也被释放了。此时他也写完了《逻辑哲学论》，认为他自己解决了所有的哲学问题（就像黑格尔、叔本华一样）。

此时维特根斯坦的父亲已经去世，他继承了大笔遗产。然而他做了一件非常惊人的事。一拿到财产，他就立刻把所有的钱都赠送给兄弟姐妹，自己一分钱不要。负责转让财产的公证人根本不相信世上还能有这种事，维特根斯坦不得不一遍又一遍地宣布自己的主张，才把这件事办下来。

维特根斯坦把财产分出去后，就立刻到乡下当小学老师去了。一开始，教育系统还把他分配到一个比较繁华的小镇上，广场上甚至还有一个喷泉。维特根斯坦非常不满意，在他强烈的要求下，他被调到了最贫困的山区教书。

一个全世界最有才华的哲学家，同时还是世界级的大富翁，放弃了一切财产去穷乡僻壤教孩子,这事正常人肯定理解不了。维特根斯坦的侄子就说:"作为乡村小学教师的亿万富翁肯定是个变态狂。"

关于这事还有个段子,当时有人问他为什么把钱给自己的家人,怎么不给穷人啊。维特根斯坦回答说,金钱让人堕落,而他的亲人已经够堕落了,所以再堕落点儿也没关系。

在乡下,维特根斯坦对他的学生非常尽心尽力,他为孩子们编写字典,据说还爬上布满积雪的高山为学生摘果实。他给孩子们安排了丰富的教学内容,给他们读文学大师的作品,给11—12岁的孩子教高等代数和几何,还让孩子们学习制作机械,带学生们郊游和参观。有一次,村子里羊毛工厂的机器坏了,工人们束手无策。这时候维特根斯坦围着机器一言不发地看了一圈,然后让四个工人拿着锤子在指定的位置上按照节奏敲打机器,机器就奇迹般地好了,这让当地人大为信服。

但是维特根斯坦还有不光彩的一面,他有殴打孩子的劣迹。最严重的是一个女孩被他拽掉过头发,耳朵打出了血。原本维特根斯坦的举止做派就和贫困的村民们格格不入,再加上因为打骂孩子引起的矛盾,有的家长对他非常反感。那个小女孩的家长甚至把他告上了法庭。维特根斯坦经过了漫长的法庭调查,被认为并无多大过错。但维特根斯坦已经对乡村的工作和生活环境失望至极。在法庭审查后，他就结束了小学教师的生涯[1]。

离开乡下，维特根斯坦回到奥地利首都维也纳，在修道院里当了一个普通的园丁。此时他和奉行逻辑实证主义的哲学团体"维也纳小组"有了一系列交往。他并没有加入"维也纳小组"，但是"维也纳小组"非常推崇他的《逻辑哲学论》，小组的活动经常是坐在一起朗读《逻辑哲学论》，然后大家一起讨论。

过了一段时间，维特根斯坦又萌生了研究哲学的想法。在40岁的时候，他决定回到剑桥。那时的维特根斯坦已经身无分文，到剑桥还是靠了罗素的资助。

维特根斯坦到了剑桥继续念博士。交了学费之后，他已经没有钱继续生活。在凯恩斯的建议下，维特根斯坦向剑桥申请津贴。但是剑桥难以理解这事：你家是世界富豪啊，这津贴怎么说也轮不到你呀。

于是在申请津贴的时候，发生了如下尴尬的对话。人家问

---

[1] 关于维特根斯坦在乡村教书的生活，巴特利的《维特根斯坦传》描述得比较生动，还有几点比较有趣。一是说维特根斯坦来到乡村可能是受到托尔斯泰的影响，托尔斯泰说农民朴实，没有城里人的虚伪。但是后来维特根斯坦发现，这里的乡下人同样自私虚伪。二是说维特根斯坦虽然放弃了财富，但也有虚伪的地方，他故意让农民知道自己的家世和学术地位。三是说维特根斯坦在生活上也有矛盾的地方。一方面他非常不重视物质生活，到最贫穷的农家吃饭。但也有一次，他受不了楼下农民饮酒作乐的声音，冲下楼向他们大吼。喜欢安静大概是所有知识分子的共性，这不禁让人想到了康德和叔本华。另外这书还记载说，维特根斯坦班上的一些学生为了能不上课，会故意夸大被惩罚的后果，比如假装晕倒，以此助长了人们对维特根斯坦的不满。

他:"有别的金钱来源吗?"他回答:"没有。""有能帮忙的亲戚吗?"他只好回答:"有。"

好在有很多理解他处境的老师,在他们的积极争取下,这个曾经的超级大富豪终于得到了一点儿微薄的津贴。

后来,维特根斯坦发现用不着读完书,只要交一篇论文就可以获得哲学博士学位,于是他就把那篇《逻辑哲学论》交了上去。

负责审阅该论文的是摩尔和罗素。摩尔也是个有名的哲学家,当年给维特根斯坦当过老师。维特根斯坦上大学的时候水平就比得上罗素了,而且这篇《逻辑哲学论》已经成名多年,被当时很多哲学家当作经典拜读,你说摩尔能怎么评价呢?自然,他说这篇论文是"天才的作品",水平已经远远超过了剑桥哲学博士学位所要求的标准。

论文答辩那天,罗素和摩尔一起走进考试的房间,罗素微笑着说:"我一生从未有过如此荒谬的事。"在正式答辩之前,维特根斯坦先跟罗素和摩尔闲聊了半天。聊到后来,罗素跟摩尔说:"咱还是答辩吧,你好歹也得问他几个问题,怎么说你也是教授啊。"答辩的时候,罗素对维特根斯坦的一个观点产生了疑问。维特根斯坦解释完了,拍了拍两个老师的肩膀说:"别介意,我知道你们永远都搞不懂我在讲什么。"

维特根斯坦这么说不仅因为他确实牛,也因为他和摩尔已经很熟了,都是好朋友。当年维特根斯坦在剑桥上学的时候,摩尔还把自己在剑桥的房间让给了他。所以摩尔回忆这次答辩的时候,说这件事"既愉快又可笑"[1]。

维特根斯坦的父亲不仅是一个超强的商人,而且超级有远见。他在生意顺风顺水的情况下,突然放弃了全部的钢铁生意,把家里的财产变成债券,投资到美国等其他国家。随后不久,一场席卷欧洲的通货膨胀毁掉了大部分欧洲人的财产,维特根斯坦一家的财产却幸免于难。在接下来的第二次世界大战中,美国又是全世界唯一经济没受到破坏反倒飞速发展的国家。这时候维特根斯坦的父亲早已去世,但他的远见仍旧保佑着他的家族。

这场通货膨胀还导致了另一个恐怖的后果:让希特勒上了台。

第一次世界大战之后,战败了的奥匈帝国分裂成许多小国。维特根斯坦的祖国从奥匈帝国变成了奥地利。1938年,维特根斯坦49岁的时候,崛起的纳粹德国吞并了奥地利。同时纳粹高官戈林宣布奥地利首都维也纳将在四年内成为"无犹太人区"。同年11月,巴黎一名德国外交官被一名波兰籍犹太青年谋杀。以此事为导火索,纳粹德国的统治区内掀起了反犹运动,各个地区的犹

---

[1] 摩尔也是一位哲学牛人。有一次罗素和摩尔聊着天,罗素突然问他:"你是不是不喜欢我?"摩尔想了半天,老实地回答:"是的。"然后两个人跟没这事一样,继续友善地聊天。

太人财产都遭到了破坏。

维特根斯坦一家是犹太人,也面临着纳粹的迫害。这回又要再次赞赏维特根斯坦父亲的先见之明了,由于他们家大部分财产都在美国,纳粹垂涎这笔财产,才没对他的家族直接下手。

在被迫害的威胁中,维特根斯坦的哥哥在支付了160万帝国马克的移民税后,逃到了美国。但是他的两个姐姐一方面不相信自己真的会受到迫害,另一方面舍不得家人和朋友,决定留在奥地利。等到迫害真的到来时,两个姐姐再想跑已经来不及了。她们曾经想伪造证件出境,结果事情败露,两个贵妇人在监狱里过了两夜。

纳粹知道了维特根斯坦家在海外还有大笔财产,便打算用这两个姐姐的身份问题大做文章。维特根斯坦的家族并不是百分之百的犹太人血统。纳粹对于混血的犹太人有一系列的法案:几分之几的犹太血统算犹太人,会受到迫害,以及几分之几的血统又不算之类。纳粹拿这件事和他们家族反复商量,实际的意思就是想把他们家族在海外的钱都勒索过来。

维特根斯坦的哥哥逃到了海外,海外的财产由他说了算,他便和纳粹进行谈判。维特根斯坦的哥哥知道纳粹贪得无厌,一味妥协不是办法,因此对纳粹寸步不让,谈判断断续续进行了很久,一直都没有结果。

这边身在英国的维特根斯坦也面临着生存问题。因为奥地利和德国在名义上是"合并"的,所以维特根斯坦在法律上自动成了纳粹德国的公民。此时的维特根斯反倒成了英国敌视国家的人了,可能会被驱逐回奥地利。而作为拥有犹太血统的他,一回到奥地利肯定是羊入虎口。此时又多亏了凯恩斯的帮助,维特根斯坦费了很大的力气才成为英国公民——我们还记得当年别人邀请他加入英国国籍,他还曾不屑一顾呢。

维特根斯坦得到英国护照的时候,德国和英国还没有开战。他立刻以英国人的身份回到奥地利。他在纳粹德国和美国的哥哥之间来回奔走,协调谈判的事情。不久他的两个姐姐终于获得了"非犹太人"的身份,代价是:

1.7吨黄金。

他家统共得有多少钱啊……

这件事办完以后,维特根斯坦回到英国。后来第二次世界大战爆发,他又积极参与到战争的工作里。他要求干最低等的体力活儿,但最终医院安排他负责分发药物。就像当年在军队里,他拦不住别人给他升官一样,干了不久,他就被提升到实验室里当药剂师,负责生产一种软膏。一个实验室的职员说,以前从没有人做出过品质那么高的软膏。后来,维特根斯坦又被调去医院实验室当助理,这期间他设计了仪器和实验程序,有助于观测人的血压随呼吸的变化情况。

战争结束以后，维特根斯坦在剑桥当了一阵子教授，他生活非常简朴，几乎到了苦行僧的地步。由于他的天才思想和古怪的性格，他在剑桥拥有一群崇拜者。这些学生不仅崇拜他的思想，还模仿他的穿着打扮和习惯动作。

不过，"性情古怪的大师"在远观的人看来充满了魅力，但对于生活在他身边的人来说，和他相处未必是愉快的体验。维特根斯坦有个女性朋友，有一次因为扁桃腺发炎住院，维特根斯坦来看她。这个女孩抱怨说："我觉得自己像只被车碾过的狗。"结果维特根斯坦超级直男式地回答："你根本就不知道一只被车碾过的狗是怎么感觉的。"

后来，维特根斯坦辞去了剑桥的教授职位专心写书。结果这位曾经的世界富豪，因为没有了工作又不善于理财，陷入了经济拮据的境地。他的一位很要好的学生邀请他到美国做客。维特根斯坦回信说，他非常想去，但是出不起路费。

但即使如此，维特根斯坦仍旧对金钱毫不贪婪。后来他被邀请到牛津大学演讲，人家答应给他200英镑，却被他拒绝了。因为维特根斯坦觉得他讲不出什么有用的东西。后来他的学生帮他从洛克菲勒基金会争取到一笔研究经费，维特根斯坦以自己丧失了大部分工作能力为由，拒绝了这笔钱。

最后还有两个小八卦。

一个是，毛姆小说《刀锋》主角的原型就是维特根斯坦，两者在经历上有很多呼应的地方。

另一个是,作为罗素的学生,维特根斯坦和罗素之间有一个有趣的小区别。

维特根斯坦喜欢看侦探小说和电影,而且对质量不怎么挑剔。据他的学生说,每次教完课维特根斯坦都快步走进电影院,哪怕是很烂的电影他都看得全神贯注,不许别人打扰他。这大概是他强迫自己暂时停止思考的办法。

而罗素说自己从来不看电影,直到有一次因为研究生命哲学的柏格森的文章中拿电影举了个例子,罗素才勉强去看了一次。那时候他还安慰自己说,我那是为了哲学研究才去看的。

第十一章　用逻辑搭建哲学大厦

八卦说了不少了，我们说正事吧，说说这个逻辑实证主义到底是怎么回事。

罗素和怀特海花了十年时间，合写过一本《数学原理》，这是一部很猛的书。手稿之多，必须动用马车才能运到出版社。但是这种雄心勃勃的理论作品不好卖啊，最后罗素和怀特海只能自己掏了一部分钱出版[1]。

虽然销量不好，但是罗素在写作《数学原理》的时候受到了启发。他想，既然能用逻辑来建立整个数学大厦，那么，是不是

---

[1] 罗纳·W.克拉克在《罗素传》（葛伦鸿等译）中引用《数学原理》编审的话说：一个不谙此道的平常人出于好奇，读过此书后半部分时表现出的那种沮丧的神态，是显而易见的。他看到的是整页整页的，在标题以下没有一个英文字的篇章；看到的是大量分布在各处的符号，有大小不一、毫无关联的希腊罗马字母，其间又堆满了括号、点、倒写的逗号、立写的箭头和惊叹号，甚至还有一些更为光怪陆离的符号，他都叫不出它们的名称。这使得该手稿不可能用打字机打印。它也意味着该书的排印注定成为出版商的梦魇。

也能用类似的方法建立整个哲学大厦呢？

具体来说，能不能建立一套严谨的逻辑语言，然后用这套逻辑语言来研究哲学呢？

稍等，我们先问个问题，为什么严谨的逻辑语言这么重要呢？

我们前面说过，无论是哲学观点还是哲学家之间的辩论，要靠什么形式表达出来？要靠语言，语言是人类交流、记录思想最基本的形式。

前面还说过，严谨的哲学研究要靠理性思维。那么，什么样的语言能够最严谨地表达理性思维呢？

那就是严格符合逻辑的语言。

更准确地说，是逻辑符号。

就好比我们在数学题中写的那些数学符号，它们是最严谨、最符合逻辑的。假如老师上课不用数学符号，只用日常的大白话来教授数学知识，很可能会表达错误，引起误会。

逻辑实证主义者发现，过去的哲学家们不是很重视语言的严谨性，他们经常使用大白话来表达自己的哲学思想。哲学家们常自己提出一些特定的术语——就像我们前面说过的"生命意志""权力意志"——他们又不给这些术语下特别严格的定义，很容易引起读者的误解。

尤其是哲学经常涉及一些理性难以把握的终极问题（比如您先想象一下"无限大"是什么感觉，然后能用文字来描述这种感

第十一章 用逻辑搭建哲学大厦 379

觉吗？），再加上并不是所有的哲学家都受过严格的逻辑训练，所以哲学作品常有词不达意、用词混乱的情况。

这就好比请一个文学家来写数学论文，这样的哲学研究到后来能不混乱吗？

金庸的《侠客行》里就说过这种情况，说侠客岛上刻着一首包含了天下最强武功的诗。那些特有学问的武林宗师都猜不出来这首诗是什么意思，便从里面一个字一个字地考证辩论，研究了好几十年啥也没研究出来，搞得家人都以为他们被绑架了。

你看，要是没有准确扼要的学术语言，这多耽误事啊。

逻辑实证主义者也是这么想的。他们要进行一项伟大的工程，要用严谨的逻辑符号代替之前所有的哲学观点，用逻辑的方法分析前人的一切命题，最终把整个哲学世界都用逻辑符号重铸一遍。

光用逻辑符号重铸，还只是第一步。逻辑实证主义还强调"实证"。

为什么呢？

前面说过，逻辑强调的是演绎推理，即从一个真的前提，推理出一个真的结论。可是，光有演绎推理的话，那得出的只能是重复的命题，得不出新的知识来。要扩展知识，我们要从经验中吸收。"实证"的意思就是说，逻辑实证主义得出的新结论，必须能有经验实实在在的证明。

也就是说，这回哲学家们可是真的为了理性下了狠心，他们一只脚踩着逻辑，另一只脚踩着经验证据，保证两只脚都踩得稳稳当当，一点儿含糊的地方也没有。然后一步一个脚印，每步脚印都踩稳了。保证每一个结论都绝对严谨，绝对有依据，这样得到的就是一座完美的哲学大厦了。

他们的工作效果怎么样呢？

失败了。

逻辑实证主义者想得不错，他们要发动一场继承苏格拉底、笛卡尔和休谟怀疑精神的运动，他们要用逻辑工具去一一考查所有的哲学命题，把所有没有意义的、不可证实的命题都剔除出去。

然而工作的结果却吓了他们一跳。

他们发现，剔除到最后，只剩下了两种命题。

一种是重言式命题，就是类似于"桌子是桌子"这样的话。这样的话当然是绝对正确的，可是这样的话不包含任何有用的信息，不过是文字游戏而已。之前的形而上学家们找到的那些所谓终极真理就多半属于此类。因为重言式命题绝对正确，所以就会被误以为是终极真理。然而，这些终极真理一点儿用都没有。

还有一种命题，是类似于"这朵花是红色的"之类描述片断经验的命题。虽然是新知识，但是无法形成普遍真理，也就无法回答哲学问题了。

其他的哲学问题，特别是形而上学问题，全都是没有意义的伪问题。要么违反了种种逻辑规则，要么无法用经验去实证。

这样一来，逻辑实证主义者就回答了一个问题：为什么哲学家们对形而上学争论了那么久都没有结果呢？因为他们争论的全都是没有意义、不可能有答案的问题。人们没办法靠实证的方式来解决这些问题。

年轻的维特根斯坦写了一本《逻辑哲学论》，完成了逻辑实证主义的工作。

写完这本书以后，维特根斯坦以为自己解决了所有的哲学问题。语言都被他用逻辑工具分析光了，他觉得所有用语言能表达的句子他都明白是怎么回事了。

所以维特根斯坦说："凡是可说的事情，都可以说清楚，凡是不可说的事情，我们必须保持沉默。"对这句话我的理解是：凡是符合逻辑实证规则的语言，内容都很清晰准确；凡是不符合逻辑实证规则的语言，说了也是没意义的，就不用说了。

这么一来，维特根斯坦觉得他没有困惑了，就去乡下当小学老师了。但是随着时间的推移，他逐渐觉得不是这么回事。后来在剑桥当老师的时候，维特根斯坦留下了很多上课的发言记录和平时的笔记。在他死后，这些文字被结集成书出版。这本书显示了维特根斯坦在《逻辑哲学论》之后发展的哲学思想和逻辑实证主义完全不同。

维特根斯坦发现,原先用逻辑去分析语言的想法太天真了。

比如生活中有人说一句:"我还是我吗?"这话如果用逻辑来分析,那么显然是一句没什么用处的话。然而我们知道,在生活中我们说这句话的时候,有自己的意思,而且不同的情景下还可以代表不止一种意思。

如果我们掌握了逻辑分析的方法,到生活中一看,没意义的句子比比皆是。然而老百姓谁管你什么逻辑哲学呀,人家是觉得这话有意义才说的啊。

维特根斯坦发现,语言并不能只停留在表面的逻辑分析上。同样的一句话,说话的情境不同,说话人的语气、表情、手势不同,常常会表达出不同的意思。换句话说,每一个情境都给语言制定了不同的规则,语言得和规则结合在一起,才能显示真正的意思,而这规则又是没有逻辑可言的。

维特根斯坦揭示的,其实是理性思维和现实的矛盾。

逻辑实证主义的理想很好,要坚持绝对的理性、绝对的正确,可是最后发现,这个绝对的理性却得不到任何有意义的结论,连一个普遍的理论都得不出来。可是,我们的现实生活是多姿多彩的,我们有灿烂的文化,有日新月异的科学知识。

这说明了什么？

说明理性根本无法担负从总体上解释世界、指导生活的任务。

维特根斯坦建立的逻辑实证主义，又被他自己亲手毁灭了。

可以说，维特根斯坦是世界上独一无二的、能够提出两种截然不同又都对哲学史影响深远的理论的哲学家。所以我们前面才说，他是史无前例的双倍哲学家。

他是超级天才，可惜理性也被他毁了。

第十二章　哲学其实很实用

哲学家们没有招儿了吗？

还有招儿。

和逻辑实证主义差不多同一个时期，出现了一个新的哲学流派——实用主义。实用主义哲学家遇到了和逻辑实证主义一样的困惑：科学在飞速发展，然而哲学却一直在原地打转，这问题到底出在哪里？

实用主义和逻辑实证主义的思路不一样，逻辑实证主义看到的是科学的严谨性，希望哲学也能和科学一样严谨。实用主义则看重科学的实用性，看到科学家没哲学家那么多废话，在科学研究中什么理论好用就相信什么。实用主义者觉得，哲学也得像科学这样，不再说空话，不再讨论空泛的大问题，而是重视哲学的实用性。

这话说得好听，那么我们问实用主义者：真理是啥？

实用主义者回答：这得看真理的效果，效果好的，就叫真理！

这……你不是在开玩笑吧……

我们还记得吧？这和尼采的真理观很像。尼采说，真理和谬误其实全是虚构的，区分真理和谬误的关键是真理实用，而谬误不实用。

实用主义者从进化论中给自己找到了根据。说思想是什么东西呢？从进化的观点上看，思想起源于动物对环境的反应。那么，思想和真理什么的，其实就是人们应对环境的工具，源自人类繁衍自己的需要。所以真理的价值就和工具的价值一样。我们评判一个工具，看的是它好用不好用，而不是评价工具本身。我们评价一个真理，也应该只看它的使用效果，评价思想本身是没有意义的。

在进化论里，生物的机能要随着环境不断改变，同样真理也不应该是一成不变的，也应该随着环境不断修正。在这个环境下，真理是这样，到了另一个环境里，真理就变成另外一个样了。

按照实用主义的观点，之前的种种哲学问题就非常好解决了。比如有没有因果律的问题，和尼采的说法一样，实用主义者说，我们接受因果律的原因是它对我们有用，如果不接受它，我们就没法生活了。

乍一看，这是一个很扯淡的理论。真理没有了统一的标准，我们岂不是可以凭着自己的喜好，想说真理是什么样真理就是什么样了吗？这还会导致相对主义，两个人都以对自己有用为理由，各自坚持互相矛盾的真理，结果是谁也不能说服谁，那不就没有了分辨是非、争论真伪的必要了吗？要是人人都以实用为原则，那不就会出现极端的个人主义，不就没有真伪、没有善恶、没有道德可言了吗？

对于上帝存在不存在的问题，实用主义者说，假使相信上帝会给我们带来好的结果，那么我们就相信上帝是存在的。这观点恐怕宗教信徒和无神论者都没法接受。

我们先抛开这些对实用主义的疑问，看看实用主义在生活中有什么具体例子。

我们之前说过的哲学流派，重心都在欧洲，实用主义终于轮到美国人了。

实用主义在美国很受欢迎，实用主义哲学家也大多是美国人。有人说，这是因为实用主义正好契合了美国人的务实精神——这是好听的说法，难听的说法是美国人世俗功利。

但这种实用主义未必不能收到好效果。

比如美国的司法采用判例法。意思是，过去类似的案子是怎么判的，这回的案子就参考着判。或许有人认为这过于儿戏了，难道国家制定的法律不是最大的吗？但判例法认为，一次性制定的司法是很难完善的。那么我们就通过每一次的审判，来不断纠正、完善国家的法律。你看,这不正好和实用主义者的真理观吻合吗?

再看经济问题。

马克思对资本主义经济制度的批判非常尖锐,很多西方政治家都认同他的观点。

但是这些西方政治家不认同阶级斗争、暴力革命的路子,觉得这事动静太大了(当然,从马克思主义的角度说,是这帮人在维护资产阶级的利益)。所以他们采用了实用主义的方案,一些有社会主义倾向的政党在西方国家兴起。他们不搞武装革命,也不想消除阶级差别,而是搞工会,搞社会福利。不像马克思那样试图从根本上解决问题,而是从小地方一点儿一点儿改良,遇到什么问题就解决什么问题。比如资本家对工人压榨得太厉害了,国家就制定法律保护工人。垄断企业影响市场竞争,就制定反垄断法律限制垄断企业。工人购买力下降,就设置最低工资,增加社会福利。实际上,马克思当年为了维护工人阶级利益提出的很多要求,大部分都被资本主义国家接受并且实现了。如今这种改良式的资本主义在西方颇受欢迎,这可以让我们看到实用主义在西方的用处。

也不要以为实用主义只有西方人才喜欢,实用主义离我们也不远,有一句话我们很熟悉:

"黑猫白猫,能抓住老鼠就是好猫。"

实际上，我写的这本书就奉行着实用主义的观点。我以为，我们普通人学习哲学是为了解决各种靠物质无法解决的人生苦恼。就像俗语说的"能用钱解决的问题都不是问题"，我们就是来解决用钱解决不了的问题的。所以我在筛选、介绍哲学观点的时候，最关心的一件事就是：这个哲学观点能不能帮助我们减少痛苦，能不能让我们内心平静，能不能让我们不再空虚、不再恐惧、不再陷入物欲的无限烦恼之中。

其实这并不是所有哲学家都关心的问题，比如笛卡尔时代的哲学家都信上帝，他们没有多少生活的烦恼，不少人研究哲学纯粹就是为了追求真理。但是我们这本书从实用的观点审视他们的工作，只有当他们的结论对回答我们的问题有帮助的时候我才介绍。那么我们这本小书里介绍的哲学，其实就是一个奉行实用主义的"庸俗"哲学。

但这并不是我自己胆大妄为的做法，胡适在《中国哲学史大纲》中说："凡研究人生的切要问题，从根本上着想，要寻一个根本的解决，这种学问，叫作哲学。"他所持的，也就是实用主义的哲学观。

但要注意了，实用主义并不代表着只要观点对我们有用，我们就能没有原则地拿来相信。对于咱们前面提出的各种人生问题，最容易接受、效果又最好的观点，莫过于相信这世界上有神灵，公平地赏罚一切，而且人的灵魂不灭。

以上这些观点是最"实用"的了,但我们绝不会因此就认为它们是真理。我们依旧严格按照逻辑、按照理性思辨来寻找我们的答案。就算得到一个让人绝望的结论,我们也会坦然接受。

这就说到了前面对实用主义的常见误解,认为实用主义就等于乱用主义,想怎么来就怎么来。实际上,如果能全面地考虑实用问题,我们就会发现实用主义和日常生活并不冲突,不会产生荒诞的结论。

比如有学生问,为什么要相信某一个历史事实,比如"元太宗叫窝阔台"?第一我们又没亲眼见过他叫什么,第二这名字多难记啊,叫别的名字难道对我们的生活就有影响吗?我们随便给他起一个好记的名字——叫"窝窝"多好多实用。

但事情是这样的,我们只有需要用到这条知识的时候,才会想起它,对吧?我们什么时候会用呢?当我们在学校的时候用,那么就必须相信"元太宗叫窝阔台",否则我们会被老师批评,考试不及格。或者我们对这段历史感兴趣,那么,也必须相信"元太宗叫窝阔台",否则我们就看不懂任何一本关于元太宗的书,也不可能收集到元太宗的资料。我们写出的关于他的文章也没有人会看得懂。所以,虽然我们可以用实用主义的原则任意评判真理,但结果会发现,和我们平时筛选真理的方法是一样的,只不过我们没注意罢了。

再比如,罗素反驳实用主义的时候说,圣诞老人存在比不存在好。照此说来，圣诞老人是真实存在的了？

我可以反驳说，假如我们确实相信圣诞老人存在，那么在平安夜飞行的飞机就有危险。平安夜要花费大量的人力物力去检测圣诞老人的行踪，甚至要求全世界的飞机停飞。这还会引发物理学上的困难——圣诞老人是如何在一个晚上给全世界的孩子都发礼物的？如果以此为证据，我们就必须改变物理学上的时空观。那么，是改变整个物理学实用呢，还是认为圣诞老人不存在更实用呢？因此，最实用的结果是成人不相信圣诞老人而孩子相信，这正是西方社会所遵守的。

你看，其实实用主义没什么毛病。

但是……你是不是有点儿崩溃了呢？

我们这本书开始还好好谈哲学，但是后面越来越扯了，结果说到选择真理的标准是实用与否，这还是严谨的哲学吗？

相比之下，科学让人越发羡慕。你看科学多好，不仅成就很大，而且重视实证，坚持理性，还能创造出那么多的成果。虽然在相对论和量子力学的问题上有一些困惑，但是在日常生活中，科学理性还是无敌的啊。最起码现在很厉害的手机、电脑，都是靠严谨的科学理性创造出来的吧？

那科学会不会维护理性最后的尊严呢？

不。它将打败理性，彻底终结形而上学。

第十三章　如何看穿伪科学？

科学为什么要终结形而上学？科学不是坚持理性的吗？不是在哲学家们放弃理性的时候，它还在独自挽回理性的尊严吗？

它怎么能这么不讲义气，竟然反戈一击，去终结形而上学呢？

要回答这个问题，需要回顾一下科学的历史。

我们先想想，科学是什么呢？

我们对科学最直接的理解是，科学是对客观世界的正确反映。

科学首先要观察客观世界，然后对客观世界的现象进行解释，解释完之后，科学理论还能做出预测。我们一检验这些预测，发现，预测对了！这科学知识才算正确，才能对我们有用。

所以，符合客观经验的就是正确的科学理论，不符合的就是错误的科学理论。

这个科学观，叫作"实证主义"。

实证主义是说，所有的科学经验，必须有经验来证明它是正确的。

这简直是废话，这句话难道还会有什么问题吗？

有。

这句话的问题是：它根本没有办法执行。

绝大部分科学理论都是无法证明的。如"所有的乌鸦都是黑色的"，我们应该如何证明这个命题是正确的？唯一的做法是必须检验全世界所有的乌鸦颜色。更有甚者，把全世界的乌鸦都找到也不够，还得找到过去历史上出现过的，以及未来即将出现的所有乌鸦，全都检查一遍它们的颜色，才能证明上面的理论是对的。

显然，任何一个人都做不到这一点。

那你说了，我尽自己的能力，把可观测范围内的乌鸦都观测一遍，只要它们都是黑的，我就能证明"所有的乌鸦都是黑色的"为真，这可不可以呢？

休谟不答应呀！

这就是休谟抨击过的错误：再多的偶然观测也不能得出必然的结论。

最典型的例子是在17世纪之前，欧洲人见到的所有天鹅都是白色的。无数次的观察结果让欧洲人相信，天鹅一定是白色的。但在1697年，人类发现了黑色的天鹅。这个例子正好证明了实证主义的错误，即便人们发现再多的白天鹅，也不可能得出"所有天鹅都是白色的"结论。

休谟大人再一次正确了。

有人说了,那好吧,我们确实不能证明"所有的乌鸦都是黑色的",人类没有这个能力。我们换一个说法,我们每发现一只黑色的乌鸦,就能增加"所有的乌鸦都是黑色的"这个命题为真的概率。我们研究的乌鸦越多,我们对乌鸦颜色的知识掌握得就越可靠。

这听上去很靠谱了吧!

这个理论叫作"概率真理",说科学家不可能找到绝对真理,但起码能不断提高科学理论为真的概率。

可惜的是,这个理论也有问题。

最经典的反驳是"亨普尔悖论"。

我们刚才说了,概率真理认为,我们多发现一只乌鸦是黑色的,就可以增加"所有的乌鸦都是黑色的"(设为命题A)为真的概率。

但是,"所有的乌鸦都是黑色的"这个命题的逆否命题为"所有不是黑色的东西都不是乌鸦"(设为命题B)。从逻辑上说,A和B这两个命题是等价的。那么按照概率真理观,每发现一个不是乌鸦且不是黑色的东西,就可以增加命题A为真的概率。

这是什么意思呢？就是说作为研究乌鸦的生物学家，这个人不需要观察乌鸦，而是坐在屋子里随便看，每次找到一个不是黑色的东西，一看，它不是乌鸦，那就是在为"所有的乌鸦都是黑色的"这个课题的研究做出贡献。更荒谬的是，当这个生物学家观察一个红杯子的时候，这个观测不仅增加了"所有的乌鸦都是黑色的"为真的概率，还增加了"所有的乌鸦都是白色的"为真的概率。还可以推理说，黑油漆厂实际上干的是破坏"所有的乌鸦都是黑色的"这一自然现象的邪恶勾当。

这显然是荒谬的。

好，现在轮到在理论上拯救科学又终结形而上学的家伙上场了。

他叫波普尔。

波普尔和维特根斯坦一样，都生于奥地利。他比维特根斯坦小13岁。

波普尔12岁的时候，第一次世界大战爆发了，奥地利当时还叫奥匈帝国，是参战的一方。就在波普尔14岁、战争进行到一半的时候，波普尔通过自己的思考，认为祖国在战争中是不正义的一方。

我们知道，战时是爱国情绪最高涨的时候，14岁又是最容易被热血情绪冲昏头脑的年纪。而且波普尔所有够年龄当兵的堂兄弟，当时都在军队里当官打仗（维特根斯坦也在哦）。在这种情况下，波普尔还能得出和爱国主义相反的结论，说明他非常善于独立思考。

第二年，波普尔就意识到，在中学里除了数学学科外，学其他的科目都是在浪费光阴。16岁的时候，他决定离开学校自学。

独立思考是创立一门理论必备的精神。

弗洛伊德当时是奥地利的大红人。波普尔的父母和弗洛伊德的姐妹是很好的朋友。波普尔很小就接触了弗洛伊德的学说，他没有被弗洛伊德的大名吓倒，很快发现了弗洛伊德的问题。

我们大都了解一点儿弗洛伊德对梦的分析，他这派的心理学家常常把患者的梦境与童年经历、与性联系在一起。患者说梦见了一座山，医生就会解释一番，这座山象征着什么，说明你潜意识里有什么。患者说梦见了一条河，医生也会解释说，这条河象征什么，说明你潜意识里有什么。

这里的问题是，无论患者梦见了什么，医生都会进行解释，都会说这符合弗洛伊德的理论。换句话说，无论患者出现任何情况，弗洛伊德都不可能是错的。

这样的理论，的确不会和现实产生任何矛盾，但是，能说它是现实的真实反映吗？

波普尔看出了其中的问题,提出了一个检验科学理论的重要标准:可证伪性。

什么是科学理论,什么不是科学理论?其中关键的标准,是看这个理论有没有可以被证伪的可能。

具体来说:科学理论必须能提出一个可供证伪的事实,假如这个事实一经验证,便承认该理论是错的。

如果暂时没有人能证明它是错的,那它暂时就是真的。

比如"所有的乌鸦都是黑色的",这就是一个可证伪的命题。这等于说"只要你能找到一只不是黑色的乌鸦,就能说明这个命题是错的"。既然我们尚未找到不是黑色的乌鸦,那么到目前为止这个命题就是暂时正确的。

换句话说,所有的科学理论都是一种假说,科学家没有办法证实任何一种科学理论[1]。但是科学理论必须给别人提供验错的机会。在被检验出错误之前,我们就姑且相信这个科学理论是正确的。

还记得吗?前面有人说进化论只是一种假说,所以不可信。

进化论该怎么回答呢?

进化论应该说:"呵呵,正因为我是可以证伪的假说,所以

---

[1] 严格地说,那些表述片断经验的科学命题是可以证实的。如"这个世界上至少有一只乌鸦是黑色的"是一个有意义的科学命题,它可以证实,但不能证伪。不过这样的命题很难成为一个有价值的理论。

我才是一个合格的科学理论呀。"

我们说过，在休谟看来归纳法不可靠。

证伪主义的回答是，没错，用归纳法总结出的科学理论是不可靠的，我们的应对办法是：在它被证明不可靠之前，凑合着用。

证伪主义有点儿像是科学理论上的进化论。

在形而上学统治的科学观下，人们认为存在着一个绝对真理，我们在形而上学的指导下，可以带着科学大踏步地朝着这个真理前进。

证伪主义的科学观是，人类提出的各种科学理论有点儿像是基因突变，科学家们发散思维，想出各种充满想象力的假说。证伪就如同自然环境对基因的筛选，经不住证伪的假说都被淘汰，留下的都是经得住检验的，也就是暂时正确的科学理论。

那些留下来的理论，科学家们也在不断地尝试证伪，一旦证明是错的，就进行修改。这样科学理论就会越来越完善。这个试错、修改、完善的过程是无休止的，科学也因此会越来越接近真理[1]。

---

[1] 波普尔的这个观点还是有概率主义的倾向。我个人不同意这一点。因为"真理""世界的真实面貌"，这些都是形而上学的概念，是不可证伪的。因此我认为根本不存在真理，也就不能说科学可以不断接近真理。然而诡异的是，我这个论点——"真理是不可知的"，也是一个形而上学的论点，也是不可证伪的。

概率主义认为，我们每一次检验科学理论正确，都是在为科学做贡献。证伪主义认为，检验正确并不为科学做贡献，只有检验出科学理论是错的，才是真正为科学做贡献。

证伪主义非常好用。

在现实生活里，这个标准可以很方便地把巫术、迷信和科学区分开。

算命、巫术为了吸引人，不得不做出预言，但是他们拒绝把这些预言说得很清楚，而是用尽量模糊的话预测，如"你过几天要倒霉""你过几天要遇到贵人"。问题是，"过几天"是几天呢？什么样的事算是"倒霉"呢？因为他们没有明确下定义，当事人在未来的任何遭遇都可以用这个预言来解释，所以这些预言是不可证伪的。换句话说，这些预言没提供任何有价值的信息。

有些预言家提出了精确的预言，但是在遇到和他们预言不符的事实时，他们不会承认自己错了，而是用自己的理论进一步诡辩。如预言某人该遇到坏事，结果没遇到，就解释说"是因为有贵人帮助你啊"。预言该遇到好事，结果没遇到，就解释说"你心不诚"。这些解释听上去很有道理，但正是这些解释使得他们的预言变得无法证伪，他们的预言也就不可信了。

再举一个例子，用星座分析人的性格的时候，常会见到这样的文字：

"你有时很讨厌自己""你喜欢独处,又不甘寂寞""你平时对爱情玩世不恭,但如果遇到命中注定的那个人,一定会义无反顾"。

相信星座的人把这些话往自己的身上一套,一看,真准呀,这不就是我嘛!

其实呢,这些"预言"都是不可证伪的,我们挨个说一说。

"你有时很讨厌自己"——这个"有时"保证这句话不可证伪,要证伪这句话,就要证明一个人在一辈子里的每一分钟,包括尚未到来的每一分钟里,都没有产生讨厌自己的情绪。这当然是无法证明的。

"你喜欢独处,又不甘寂寞"——这句话把两个相反的情况都概括了,相当于说"一个命题不是正确的,就是错误的",是重言式,也是不可证伪的。

"你平时对爱情玩世不恭,但如果遇到命中注定的那个人,一定会义无反顾"——这句话的陷阱在于,"命中注定的那个人"的定义不清。人们在对某个异性义无反顾的时候,自然会认为自己遇到了"命中注定的那个人",因此后半句也是重言式。

正因为这些"预言"是不可证伪的,所以这些话对任何人而言都是绝对正确的,不仅用它谈论这个星座时是正确的,用它谈论另一个星座时也正确。而且这些话不提供任何有用的信息,是无意义的正确。

再看宗教，大部分宗教理论都是不可证伪的。比如有的宗教说，"神灵存在，但是人类不可主动检测神"，我们当然无法设计出一个实验来证明不存在"一个人类不可主动检测的神"，因此这个命题无法证伪。

再比如，当科学结论和经文矛盾的时候，信徒往往不会认为是经文错了，而是用各种办法来解释，如"你被魔鬼迷惑了""经文不能教条地翻译""经文描述的世界在人类观测能力之外"。那么这样的宗教，也是不可证伪的。按照科学的观点来说，这就是一种"迷信"。

证伪主义不光能干掉宗教和巫术，还能干掉一些哲学命题。

前面的"黑客帝国"问题，证伪主义怎么回答？"我们生活在一个无法感觉到异常的虚拟世界里"，这个命题不可证伪，所以这个问题毫无意义。

同样，决定论也是不可证伪的。

要注意，不可证伪的命题并不一定是错误的命题，而是属于无法用经验检验的命题。假如你说，我这个人就不相信客观经验，就相信主观臆断，那你是可以相信不可证伪的命题。假如你坚持"未经检验的道理不值得相信"，坚持苏格拉底的怀疑论，那么不可证伪的命题就等同于"没有意义的问题"。讨论这些问题不可能得出什么有用的结果,把它们扔到一边不去相信,是最好的办法。

波普尔还根据证伪主义提出了自己的政治观。

有一种社会观念认为,历史的发展轨迹是必然的,这种观念叫作"历史主义",黑格尔就持这样的观点。

波普尔不同意这样的看法。

历史主义的逻辑是,既然自然社会存在规律,那么历史也应该有规律。我们历史主义者像科学家一样揭示了这个规律,人类按照我们揭示的规律奋斗就可以了。但证伪主义认为,没有永恒不变的真理,所有的理论都可能是错的。所以,也就不存在什么"历史的必然规律"。而且科学理论未来的发展方向也是难以预测的。就比如在牛顿时代,没人能够预测相对论的出现,也没人能预测牛顿理论将会在哪里出问题。因此,预测未来的历史规律,一劳永逸地设计一种绝对正确的政治制度,也是不可能的。用钱穆先生的话说:"制度须不断生长,又定须在现实环境要求下生长。"

波普尔因此主张应当建立"开放社会",要求执政者能够广泛接受意见,赋予大众质疑政策的权利。因为执政理论和科学理论一样,永远都可能是错的。必须不断地接受证伪,才能保证理论的正确。

所以在波普尔等人看来，可以"纠错"才是现代民主思想的核心精神。有人可能会简单地以为，民主就是"大家一起投票，多数说了算"，就是"少数服从多数"。其实这种原始的民主制度有极大的缺陷，这个缺陷在雅典人判苏格拉底死刑、法国大革命的屠杀、希特勒被民众选上台等事件中已经暴露无遗，早就被现代社会抛弃了。

我们常说"人民大众的意见最正确"，这句话对吗？在证伪主义看来，这话就有问题。因为证伪主义认为世上没有绝对真理，那怎么可能说某个意见"最正确"呢？就算全世界99%的人都同意的一件事，也不能说这件事最正确。否则，布鲁诺时代就不用怀疑"地心说"了。

证伪主义的政治观，最关心的不是谁制定的政策，而是无论谁制定的政策，都不能成为绝对真理。不管是美国总统下的命令还是全世界人民投票的结果，都要给别人留出修改、推翻它的机会。

可以随时"纠错"而不是"多数说了算"，这才是波普尔等人眼中的现代民主制度的核心精神。

当然，这种观点只是波普尔的一家之言。从逻辑上说，"可纠错"并不等于"最正确"，两者之间还隔着一道巨大的鸿沟。比如，该怎么定义"错"就是一个致命问题——"可纠错"不代表越纠越对，没准儿还越纠越错呢。而且"可纠错"还意味着巨大的成本。就像老师有时会在课堂上强行终止学生的讨论，因为不可能为争论支付无限多的时间成本。

在证伪主义看来,历史主义的另一个问题是,整个人类历史发展所涉及的因素太多,我们无法设计实验,让历史大事件重复发生。因此,哪怕是对已经发生过的历史,很多解释也是无法证伪的。

比如有人说:"历史是由人民创造的,假如没有法国人民的力量,拿破仑就不可能成功。"有人说:"历史是由伟人创造的,没有拿破仑,就不会有法兰西帝国。"这两个命题其实都是不可证伪的。因为历史不可重复检验,谁也不能让时光倒流,把拿破仑用飞碟抓走,再重新检验一遍历史。也不可能现在做一个实验,模拟拿破仑时代的所有经济、文化、政治细节,来检验这两个理论。因此,这两种观点可以永远吵下去,各自举出无数的间接论据,却无法说服对方。所以在历史研究中,我们常说"历史不能假设",诸如"假如没有××,历史会怎样"的讨论,往往没有结果。

所以在波普尔看来,历史主义大谈的"人类历史的规律",其实是不可证伪的。

历史主义者对未来的预言如果是明确的(如预言某某事件在某个时间段一定发生),那的确是可以证伪的。但这需要理论持有者勇于承认错误,一旦理论被证伪了就要认错,而不要推脱责任，说额外因素太多，干扰了预言。但事实是，现实中能够干扰历史进程的元素太多了。有的历史主义者，不断用各种额外出现的新因素解释原有理论的错误。这时，历史主义也就变成不可证伪的了。

因为影响历史的因素太多，不可重复实验，所以波普尔认为，科学只能研究局部的社会问题，如某条法律好不好用，某个政策价值如何。因为只有局部问题才可以反复验证，而那些执掌全局的宏观理论，都是不符合科学精神的。

当然，这也只是波普尔等人的一家之言，很多学者并不同意。

历史学家们虽然会说"历史不能假设"，但是他们也经常会下论断说"××事件的发生，导致了××"，或者"××人对历史造成了什么样的影响"。而这种论断，其实不就等于在说，"假如没有××事件的发生，就不会导致××""假如没有××人，历史就不会这么发展"吗？这不还是在假设历史吗？其实要是按照严格的证伪主义，历史研究就变成了历史事实的考证和罗列，我们不能从历史里总结出任何规律，历史学就变成一本档案夹了。这恐怕是很多人不能接受的。

总而言之，证伪主义是区分"科学"和"伪科学"的利器，但是用在社科领域的时候，还有很多争议。

但是对于正谈恋爱的姑娘，证伪主义很有用——

我们知道，谈恋爱的男生都有个臭毛病，特别喜欢跟姑娘聊军事政治，因为他平时跟别人讲，别人都不会听。但是姑娘您听着多半会感到无聊对吧，这时候应该干吗呢？您可以听他话里的用词。如果他的话里总说"人类社会……从20世纪以来整个亚洲……中国未来应该……"一股子挥斥方遒的劲儿，那您就要小心啦。您这位醉心的都是些大而无当、无法证伪的空洞理论。如果他只是过过嘴瘾那也就罢了，要是他平时生活里也是这个习惯，那就麻烦啦。我建议您在他咽唾沫的时候抽空问问他"咱结婚在哪儿买房啊"之类的现实问题。要是他没有提点儿具体的意见（哪怕是不靠谱的），而是满不在乎地一挥手："不着急，到时候再说……咱们总会发达的！"那我劝您啊——找个机会蹬了吧！因为"总会发达"是不可证伪的呀。与其听他发誓海枯石烂，还不如让他说"我待会儿给你买个冰激凌"要好。最起码这句是立刻就能证伪的。

我们回来说正经的，那证伪主义是怎么看待形而上学的呢？

很简单，形而上学追求的是绝对真理，而绝对真理恰恰是不可证伪的——因为"可证伪"就意味着"可能会错"，就不可能是"绝对为真"。

所以，无论你说任何一个命题，只要你说"它肯定是真的"，那在证伪主义者看来，它就是毫无意义的，和巫术，和宗教理论都是一个地位，毫无讨论的必要。

这和逻辑实证主义对形而上学的看法是一样的。

我们还记得，逻辑实证主义发现，最后能实证的只有类似"这朵花是红色的"一类的个别经验，找不到有普遍价值的命题。这是为什么呢？

用证伪主义理论来说，这很好回答：因为"所有的花都是红的"这种有普遍价值的命题，是只能证伪而不能证实的。

证伪主义太霸道了。

如果我们用证伪主义——分析之前的哲学理论，会发现它们全都是不可证伪的。甚至一些我们熟悉的结论，在证伪主义看来也是有问题的。

比如"运动是绝对的，静止是相对的，没有绝对静止的事物"，这就是一个典型的不可证伪的命题。要证伪这个命题，就要找到一个永远静止的事物，但是人不可能观测"永远"那么长的时间。

再比如"物质不依赖意识存在，物质决定意识"这个命题，如何证伪呢？那就必须找出一个"不依赖物质存在的意识"。那么，能设计出一个实验来证明这一点吗？

实际上，无论指出任何一个意识，唯物主义者都可以说："它是依赖物质存在的！没物质就没它了！"比如那个唯心主义哲学家贝克莱说："我的意识是本质的，物质只是我意识的感觉。"唯物主义会说："你的肉体死了，你的意识就没了！"

贝克莱或许会说:"不,是因为我的意识没了,我的肉体才死了。"唯物主义会说:"不,你胡说,物质是第一性的,你错了!"总之大家辩论来辩论去,最后也没有一个结果。

证伪主义看见这两个人,会笑着说:"你们辩论不清的根本原因是你们俩的命题都不能证伪呀,其实都是空谈呀。"

总而言之,形而上学走不下去了。

康德和黑格尔是形而上学的巅峰。在那个时候,人们相信,可以通过理性找到永恒的真理。但是从叔本华开始,越来越多的哲学家质疑理性的局限。从尼采到克尔凯郭尔,再到维特根斯坦和波普尔,每个人从自己的角度否定了形而上学的存在。越来越多的人同意:

形而上学走不通,形而上学的问题都没有答案。

我们说过,形而上学的任务,是用理性思维去研究世界本质等"大问题"。

形而上学走不通,也就是说,理性不可能回答"世界的本质是什么""终极真理是什么""人生的意义是什么"等问题。如果硬要回答,答案一定是独断的,或者在推理上有错误。

可是如果形而上学走不通了,那接下来该怎么办呢?

该怎么回答"人生意义是什么"的问题呢?

最直接的答案是不可知论和虚无主义:既然形而上学的问题都没有答案,那就意味着我们不知道人类的一切知识是否可靠,这个世界没有终极真理，没有本质，人生也没有意义。

这是一个很自然，但是也很偷懒的答案。这个答案如果推到极致，相当于反对一切秩序和道德，拒绝一切知识。如果相信了绝对的不可知论，那人连拿起杯子喝一杯水的理由都没有。如果相信了绝对的虚无主义，那人只能走向精神崩溃。

实际上，没有任何一个人会真正接受这个答案。

——形而上学没有答案，我们又不得不需要一个答案。

在艺术史上，很多顶级艺术家都内心苦闷。作为这世界上最有才华的人类，顶级艺术家思考的问题常常和哲学家一样，都是一些形而上的终极问题。只不过艺术家不用理性探索，而是想通过艺术作品让别人和自己感同身受。但他们为什么都不约而同地感到苦闷呢？他们不都是最聪明的人吗？他们不都是在用毕生精力追求答案吗？

原因只有一个：终极问题没有答案，最聪明的人类追求到最后，不约而同地发现这是一条绝路。

但正是因为这些艺术家陷于永远无法挣脱的苦闷，而他们又非要倚仗自己过人的天赋全力挣扎，所以他们的作品才能深深打动我们。

所以世界上才有艺术这东西。

证伪主义说完了，这个理论听上去很棒，在现实中也确实好用。

不过我要告诉你，在科学领域，证伪主义有时也不靠谱。

在下一章开始批评证伪主义之前，先补充一个波普尔的小八卦。

这个八卦和维特根斯坦有关。

波普尔和维特根斯坦有一些相像的地方。他们都是出生于奥地利的犹太人，从小都享有较好的艺术环境，两个人都喜爱音乐。在纳粹德国崛起以后，他们都受到了迫害。

前面说过，维特根斯坦家族在纳粹的迫害中算是侥幸生存：先是在通货膨胀之前转移了财产，又支付了大笔财富从而使家人免于迫害。维特根斯坦本人则去了剑桥避难。

波普尔家就不同了，他原本家境不错，但是因为通货膨胀，全家变得一贫如洗。波普尔年轻时生活贫寒，甚至干过筑路工的苦活儿。纳粹掌权后，波普尔的母系家族里有16人死于大屠杀。那时波普尔也想移民英国，但他没有维特根斯坦那么有名，申请了两次都没有成功。后来他终于得到了剑桥的聘书（这次申请时，为他签名的人有爱因斯坦、波尔、罗素、摩尔……），波普尔本来也想去剑桥，但是为了照顾维也纳小组的一位哲学家，他把聘书让了出去，自己去了新西兰教书。

第二次世界大战结束以后，波普尔终于得到了英国的公民权，进了伦敦政治经济学院任教。不久，他去剑桥访问，与罗素和维特根斯坦谈了自己的哲学观点。

然后,他就和维特根斯坦打起来了……

这是哲学史上非常有名的一个事件。

波普尔访问剑桥那天,来到罗素他们平时聚会的一个房间(这个房间牛顿还住过),向剑桥的哲学家们宣读自己的论文。当时有罗素和维特根斯坦在场。

结果波普尔和维特根斯坦在哲学问题上发生了激烈的冲突。维特根斯坦越说越激动,突然拿起烧壁炉用的拨火棍向波普尔比画。这大概只是维特根斯坦内心激动的下意识表现,但要别人看上去,却像是个非常挑衅的动作。

波普尔当时生气地说:"不要拿拨火棍威胁来访学者。"

一旁的罗素觉得这实在不像话,出言阻止维特根斯坦,这让维特根斯坦觉得非常委屈,故事的结果是维特根斯坦怒气冲冲摔门而去。

这是哲学史上少有的戏剧性事件,也成了当时学术界最大的八卦之一。波普尔说,在事情过后很短的时间内,他就收到了新西兰来的信。信里问他是不是跟维特根斯坦用拨火棍打起来了。要知道,新西兰距离英国足足有半个地球远啊,看来任何时代的人都热衷于传八卦,而且越传越邪乎。

波普尔后来有一个学生,就是金融大鳄索罗斯。索罗斯后来设立了一个开放社会基金，就和波普尔的"开放社会"的主张有关。

而写作《通往奴役之路》的经济学家哈耶克，也是索罗斯的老师。

然后哈耶克和维特根斯坦还是远房亲戚，哈耶克也在剑桥任过教。

哈耶克说，有一次他和维特根斯坦谈话，维特根斯坦突然拿着一根拨火棍"恶狠狠地冲过来"，在屋里走来走去，吓得哈耶克想找个地方躲起来。

所以这事说起来就是，世界级富翁的儿子维特根斯坦用拨火棍单挑过两位世界级学者，这两位世界级的学者又教出来一位世界级的大富翁。

第十四章 科学不为真理，只为实用？

尽管证伪主义能很好地检验科学和非科学，但它依旧有漏洞。

先让我们作一个假设。

我们已经知道相对论比牛顿力学更准确了，那么我们假设有一个时空机，把相对论带到了牛顿时代。牛顿时代的科学家们见到了更准确的相对论，他们会是什么反应呢？

可能会有两种情况。一种是当时的观测技术可以观测到两种理论的区别。另一种是当时的观测技术有限，区分不出两者。

我们不用辩论那时候的观测技术到底怎样，我们把这两种情况都讨论一下好了。

第一种情况，观测手段能区分相对论和牛顿力学。

你或许会说，这种情况是不可能的，假如人类发现观测结果和牛顿的理论不符，为什么还会相信牛顿两个世纪之久？

事实上，在1859年，法国天文学家就发现，水星的移动和牛顿理论计算出的结果有几十秒的角度偏差。

他们怀疑牛顿了吗？没有。

科学家们想当然地认为，这是由另外一颗没被发现的水星卫星的吸引造成的。他们根据牛顿理论计算出了这颗未知卫星的位置和大小，还给它起了一个名字。但实际上，他们根本观测不到这颗卫星。

他们怀疑牛顿了吗？没有。

科学家们又提出一堆新理论来解释为什么找不到这颗卫星。比如"水星因发出黄道光的弥漫物质使水星的运动受到阻尼"——别问我这是什么意思，我直接复制过来的，我也不知道这是啥意思。

我们想，如果相对论来到牛顿时代，完美地解决了水星误差的问题，那它也不过是"未知的卫星"啊、"什么什么阻尼"啊等众多解释中的一种。所有这些假说都能解释实验数据的异常，但其他假说不复杂，又没有破坏牛顿理论，而相对论则要向大家宣布全世界相信了两个世纪、被无数科学家崇拜的经典理论是错的。

你信谁？

科学哲学家拉卡托斯假设过一个类似的场景。他说，假如天文学家们观测到一颗星星的运转和用牛顿定律计算出来的结果不符合，会怎么办？他们不会怀疑牛顿，他们会认为有一颗未知星球干扰了这颗星星的运动。于是他们就计算出那个未知的星球，但是星球太小了，普通望远镜观测不到。于是他们就申请一笔资金，花上三年时间造了台天文望远镜。结果他们没发现那颗星球。他们还是不会怀疑牛顿，会认为是一片宇宙尘埃挡住了未知的星球。于是他们又申请造了一颗卫星去发现那片尘埃。要是没发现那片尘埃，他们会认为是宇宙中的磁场干扰了卫星的仪器。要是还没发现磁场，他们就会提出更多的理论……直到人们把这件事整个都忘了为止。

这就好像我们生活中遇到的那种从来不懂得从根本上反省的人。他受了穷，就骂老板吝啬给他钱太少、商人太坏囤积居奇。要是怨不上老板商人，他就骂是政府太坏，要么是"社会的错"。要是赶上他还爱国怨不了国家，那还可以骂"一代不如一代了""现在年轻人全都堕落了"。要是这些都骂不上，他还可以仰天大骂是老天不公，是命运不济。总之他遇到的所有坏事，都可以从别人身上找出无数理由，从而"严格地论证"出，他自己是不会出错的。

你或许还会觉得，这个假设不可靠。科学家们不会就那么傻吧。他们那么聪明，怎么会只知道不断给错误的理论找理由，不知道怀疑整个理论呢？

实际上科学家们不仅喜欢找理由，而且无时无刻不在找理由。

想想我们上物理课时做的实验。实验结果是不可能得到理想值的，对吧？老师给我们解释说，这是因为存在误差。空气阻力也好，物体表面不够平滑也好，尺子不够精确也好，总之到处都有引起误差的原因。

但问题是，科学家就能创造出绝对理想的实验环境吗？他们创造出绝对光滑的物体了吗？他们创造出不受观测干扰的实验了吗？不，他们永远都创造不出来，所有的实验结果、观测数据永远都有误差。

科学家有能力减少误差，比如说改进实验技术，更换各种实验条件来对比实验数据，通过多次实验计算误差的分布，看看分布曲线是不是正常。但是，科学家永远没法真正消除误差，也没法精确地认定数值的某一个部分肯定属于误差——假如能精确认定，也就不存在误差了。

再者，科学中不乏前文水星观测这样的例子，它是一个孤单的证据，当时的科学家们没法找到同类例子，也就更没法确定数据的偏差到底是不是属于误差了。

所以，实验数据总是给错误留了空间。而科学家又没有严格的办法去判定每一个错误数据的出现到底是因为实验误差，还是因为理论本身的错误。虽然大部分时候科学家的判断没有错，但是到了水星的那个例子里，实验数据已经失去纠正科学理论的功能了。

类似的例子并不少。1956年，李政道和杨振宁发现了宇称不守恒定律，这是物理学界的一件大事，其冲击效果类似于证明出"能量不守恒"来。两个人因此获得了诺贝尔奖。然而实际上，在27年前，一些实验早就已经出现了支持宇称不守恒的数据。但是科学家们觉得宇称不守恒这事太扯了，就认为这些异常的数据只是误差而已。

但这并不是科学家们的错。

宇宙中确实可能存在未知的星球，存在磁场，它们也确实干扰过数据，以往这样的事情也发生过，几乎每一次，科学家们给异常数据找的理由都挺靠谱的。

就拿牛顿定律失灵这事来说。历史上还有一个相反的例子：当年牛顿定律发表后，天文学家们发现，按照牛顿的公式，天王星的位置怎么都计算不对。最后天文学家们推测应该还有一个没有被发现的星星。天文学家计算出了这颗星星的轨道，最终果然发现了它，这就是海王星。

——你看，这次就真发现新星星了。

那么，当下次牛顿定律和现实不符的时候，我们到底该怎么判断呢？

回到我们的假设，假设牛顿时代的科学家们提前知道了相对论，而且科学家们发现相对论恰好能解释水星位置出现误差的原因,那么他们会放弃牛顿吗?

假如你是科学家,你选择相信哪个呢?一边是一个没听说过的科学新人提出的一套全新的、复杂的新理论,彻底推翻了现有理论,唯一的证据是一次可能由误差产生的异常数据;另一边是一个在两个世纪里被无数人经过无数次验证的经典理论,外加一颗远离人类一亿公里的、小小的、尚未被发现的新卫星,以及我们对自己天文观测能力不足的谦虚承认。

换句话说,为了一个独立出现的异常数据,我们应该推翻一个被验证了成千上万次的成熟理论,而用一个更复杂的全新理论取而代之吗?

实际上,在前面说的日全食观测实验完成后,欧洲顶级的学术会议宣布爱因斯坦正确,结果当场就有权威学者站出来宣称:他认可实验的数据,但是不认为爱因斯坦就能因此推翻牛顿——人家就打心眼儿里觉得你证据不足,那又能怎么办呢?

咱们再说刚才第二个假设……您没忘了那假设吧?我们假设说,假如牛顿时代的人见到了更为正确的相对论,但是当时一切的观测手段都无法验证两者的区别,那该怎么办呢?

这时候科学家们就会毫不犹豫地选择牛顿了,原因在于前面我们提到过的"奥卡姆剃刀"。

在讲牛顿的时候,我们说过衡量理论学说的两个标准,第一位是预言的准确性，第二位是简洁性。

"奥卡姆剃刀"大致的意思就是，当两个学说都能准确解释同一件事的时候，我们选择更简单的那个。

不为别的什么，就只是因为它简单。

关于奥卡姆剃刀，有一个比较常用的例子，说我们可以假设在车库里有一条我们看不到、摸不到、听不到、用任何科学手段都检测不到的"喷火龙"。这种假设在逻辑上是成立的——你不能证明它不存在嘛。那我们为什么要忽视关于这条龙的假说呢？我们可以根据证伪主义，说这条隐形龙的存在不能被证伪，所以是不科学的。我们也可以根据奥卡姆剃刀原则，说这条龙无论存在还是不存在，对我们的生活没有任何影响，那么科学家就认为它不存在，为的是让我们的理论更简洁，同时我们也不会损失任何东西。

我们也可以把奥卡姆剃刀用在《黑客帝国》的假设里。我们的确可以假设我们的世界都是虚拟的，但这假设对生活没有影响。那么，两相比较，否认假设的世界更为简洁，于是我们就选择相信没有虚拟世界，我们生活的世界就是真实的。

但是您有没有嗅到一个危险的信号？

科学不是追求真理的吗？那么奥卡姆剃刀是怎么回事？奥卡姆剃刀能证明车库里的隐形龙不存在吗？没有，它只是当作隐形龙不存在。

根据奥卡姆剃刀原则,我们选择科学理论的原则竟然不是哪一个更接近真理,而是哪一个更简洁实用。

我们刚才说,无论当初的科学家是否观测到和牛顿力学不符的数据,都不会相信相对论。那你肯定会问:那后来相对论怎么就被承认了呢?

其实,广义相对论被科学界接受的过程,并不是一锤定音——前面介绍的日全食观测实验是最有戏剧性的一次证明,但不是唯一一次。早期证明广义相对论的最重要的证据有三个,而且爱因斯坦对这三个问题都能计算出精确的数字。结果科学家们发现,实际的观测结果和爱因斯坦的计算结果极为接近,这才服了——用别的理论,做不到同样准确又同样简洁。

而且就算这样,还是不能说服所有人。之后仍旧有无穷无尽的科学家质疑相对论。再加上当时找不到更多可以应用相对论的领域,所以在随后的几十年里,人们渐渐冷落了相对论。直到20世纪60年代以后,随着技术发展,人们发现在天文观测、雷达信号、GPS(全球定位系统)等领域,相对论都很有用,那些质疑相对论的声音才逐渐消失。因为到了这个时代如果再不相信相对论,眼瞅着身边的好多事就办不成了。

——说白了,相对论为什么能被人们接受?是因为背离牛顿力学而符合相对论的证据越来越多,多到人们觉得宁可选择复杂的相对论，也比不断给牛顿理论打补丁要更简洁、更省事。

也就是说，相对论代替牛顿力学并不是一个突变的过程，并不是科学家们在一次大会上拿出各种证据和理论来不停地辩论，最终一方灰头土脸地离开会场，另一方宣布科学理论被改写。这其实是一个渐变的过程，是随着反对旧理论、支持新理论的证据越来越多，相信旧理论的科学家不断地给那些证据找理由，直到所有找出的理由堆积在一起比新理论还复杂、还难以让人接受的时候，科学理论就被改写了。

那么，您能意识到科学理论互相取代，依据的是什么原则了吗？

是实用主义！

那个市侩的、庸俗的、让我们瞧不起的实用主义，竟然是整个科学的核心？

在相对论出现以后，我们发现，牛顿力学严格来说都是错的。我们生活的空间是弯曲的，我们随便摆放一块橡皮就可以改变空间的弯曲程度。我们坐了一趟汽车，手表的时间就和标准时间有了一点点偏差。然而，我们在生活中从来不使用相对论解决问题。人们在制造汽车轮船的时候，用的仍旧是牛顿力学的公式。为什么明明有更准确的理论我们不用，非要用不够准确的呢？原因不用我说，您肯定知道：牛顿力学在日常生活中已经足

第十四章 科学不为真理，只为实用？ 421

够准确而且足够简单。

一句话，更实用。

再比如，生物体内的分子原子都严格遵守物理定律。那么我们可以把生物看成一个由大量分子组成的物体，使用种种物理定律去研究它的规律。然而事实上，我们在研究生物的时候，用的是和物理学完全不同的生物学，是一套全新的定义和理论。我们为什么抛弃掉物理学已经取得的巨大成就，在生物体研究上另起炉灶呢？这就是因为，当我们把某个器官当作一个整体，按照生物学的方法去研究时，要比把它当作一个复杂的分子集合体用物理学去研究简单省事得多。虽然物理学研究的结果更精确，但是生物学的方法简单实用，所以我们选择使用生物学。还是因为实用。

甚至连我们最熟悉的"日心说"也是一样。我们今天都知道地球绕着太阳转，可是我们平时会这么描述太阳——我们说太阳"升起"，太阳"落下"。当我们说"日出"和"日落"的时候，我们其实是在假设地球静止不动，运动的是太阳。

为什么要这么做呢？因为在日常生活里，认为"大地静止不动"更实用啊。

我们应该好好想想科学到底是个什么东西了。

前面的种种例子都表明了，科学是个只讲究实用与否的工具。我们在筛选科学理论的时候，实用是唯一的标准。首位的要求是这个科学理论能够指导我们工作，不能够出错。其次，在不出错的基础上越简单易用越好。就比如牛顿力学其实是错的，但在我们粗糙的日常生活中已经足够用了，我们就只当牛顿是正确的，不需要了解相对论。

假如你接受这一点，那么可以听听我个人给科学下的定义：科学就是建立在经验主义基础上的、以实用主义为原则筛选出来的、可以被证伪的理论。

说白点儿就是，科学就是我们在一堆科学假设中，挑出一个能够解释已有的实验和观测数据，而且表述尽量简单，还可以被证伪的理论。这个理论就是最"科学"的。

波普尔的科学观中，其实也有实用主义的倾向。

过去，人们以为科学知识是从对经验的观察中总结出来的。也就是说，先观察，再得出理论。这简直是明显得不能再明显的事了。

但波普尔说，这是错的。

有一次上课，波普尔对学生说："拿起你们的笔和纸，仔细观察，然后记下观察的结果。"

结果学生们手足无措，不知道该写什么，也不知道老师叫他们观察些什么。

波普尔于是说，我们在开始"观察"经验之前，不可能不带着目的。人在开始观察之前，一定要先有一个目的，有一个明确的任务，才能开始观察。

所以波普尔认为，先有观察后有理论是错的。应该是先有理论（先提出问题、设定目的），再有观察。

这能说明什么呢？

有一个科学研究最基础的问题，一切自然科学都要遵守一个前提：全宇宙一定会遵守相同的物理定律。也就是说，物理规律是普适的，我们在地球实验室里得出的物理规律，对于十万光年远的恒星来说，同样适用。

可是，我们凭什么相信这一点？

波普尔说，我们并不能证明世上存在普遍的规律，但是人类为了生存，为了便于使用理论，必须在各种混乱的经验中总结出规律来。换句话说，人类是带着"总结规律"的目的去观察、去总结经验的，因而发现了各种普适的规律。

这等于是说：为什么宇宙中存在普适的物理规律呢？

因为人类需要，这样人类改造自然才方便。

这便是实用主义的观点了。

科学是实用主义的，这听上去似乎太不靠谱了。而且，科学也未必不是独断论的。

这是怎么回事呢？

我们来看车库里的那条隐形龙。

显然，任何一个科学家都不会承认隐形龙存在。我们可以用证伪主义说，这条隐形龙的存在是不可证伪的，也可以用奥卡姆剃刀把这条龙剃掉。而且我们在谈这条隐形龙的时候，措辞很严谨，我们不说它不存在，只说它存不存在我们不知道。这还有问题吗？

有。

实用主义哲学家詹姆斯有一个比喻，原本是来说宗教信仰问题的，我给改写了一下。

说有一个小伙子想要向一个女孩求婚。这个小伙子只想和美若天仙的女孩结婚，但除非结婚，否则他没办法知道这个女孩的相貌，于是小伙子就很纠结。因为女孩的外貌不能被检验啊，按照科学的原则，就得当作这事不成立。那么小伙子一直犹豫，也就一直没跟那女孩求婚。

小伙子对待女孩子外貌的原则和我们对待隐形龙一样：女孩的相貌我没法知道，那我就得存疑，我不能证明女孩是一个美若天仙的人，我就一直不能做出结婚的决定，婚事就得一直拖着。

但詹姆斯说了，小伙子对结婚犹豫不决，拖着没求婚，这不也是一种选择吗？这不就等于选择了相信"女孩并非貌若天仙"了吗？换句话说，怀疑论者以为自己把所有可疑的东西都悬置起来了，不当它是真的，实际上，这就相当于你当它是假的了！

所以怀疑论者以为自己是谨慎的、中立的，但其对可疑的事情采取了不相信的态度，本身还是一种独断的选择。按照詹姆斯的话说，怀疑论者觉得"与其冒险步入谬误，倒不如冒险丧失真理"。这和盲目相信有什么区别呢？

所以这事成了这样：我们反对独断论，坚持怀疑主义，结果在坚持怀疑主义的同时，我们又犯下了新的独断论。从逻辑上说，怀疑主义的问题就是那句老话：这怀疑一切的原则本身难道不应该怀疑吗？恰恰是因为怀疑论者没法怀疑这个原则，所以对于那些不可证伪的事物的怀疑，这个行为本身就成了独断论。而我们自己却没有办法再避免这种独断论了。

科学真让我们失望啊。

当非欧几何出现的时候，人们意识到，欧氏几何不过是人们研究世界的一个工具而已，它被人们崇拜并不是因为它揭示了永恒不变的真理，仅仅是因为它是众多几何工具中最实用的一个。

今天我们发现，原来科学也只是一个用来描述世界的工具。科学家们并没有一本"科学真理审批手册"，并没有什么固定的程序来决定哪个理论更正确。我觉得，科学家更像是一起去市场采购的大妈，望着小贩摊位上各类假说叽叽喳喳，挑挑这个够不够精确，看看那个够不够简洁，最后七嘴八舌商量出一个大伙儿最能接受的假设"买"下来。当然也有谈不拢的时候，这时候科学家们就各说各话了，都说自己相信的那个假设最好。直到科学界出现了新的证据，大伙儿就接着挑，接着吵。

一点儿没有追求真理的神圣劲儿！

这会让科学很难堪吗？我倒觉得，这会让科学更自在。我们前面说过，按休谟的说法，世界上不存在因果律，但另一方面，在一个决定论的世界里，虽然存在因果律，我们却无法发现它。那么建立在因果律上的科学就很纠结，好像随时都可以被驳倒一样。

然而当我们接受了"科学并非揭示真理，仅仅是实用工具"的概念以后就发现，我们没必要非要先证明有因果律，然后再去研究科学。我们只要当作有因果律就可以了。因果律就是我们的一个假设，错就错了，那又如何？

第十五章　为什么要相信科学？

假如我们接受了前面的看法，那么，科学还代不代表真理呢？

我们是不是可以说，既然科学只是一个描述世界的工具，那么其他的理论，比如宗教、巫术、占星术，它们也是描述世界的工具。难道一个工具能比另一个工具更高贵吗？凭什么科学就敢拿自己的标准去衡量别人？而且只要人家不符合"科学"就说人家荒谬呢？那你科学还不符合我占星术呢，为什么你就不是荒谬的呢？

我觉得这么说是有道理的。

假如一个科学家对一个巫师说："你的巫术不符合科学理论，所以你是错的。"我认为，这就是学霸的表现，科学家并没有说这话的根据。

你可能会问：那么你的意思是我们可以不相信科学了，以后什么神啊鬼啊，随便信信都没有关系了？

不，我不这么认为。

虽然我们不能把科学当作衡量一切理论的标准，但是仍旧有标准可以用。

我认为有两个原则必须坚持。

一是经验主义原则。换句话说，理论好用不好用，必须眼见为实，拿出大家都承认的证据来。

二是实用主义原则。理论还得有实用价值，不实用的理论再诱人也没有意义。

换句话说，假如有一个理论认为自己比现有的科学理论更优秀，那么就应该拿出可以检验的证据来，同时这个证据得比已有的科学成果更实用。你要是算命师，你就得拿出证据，证明你比物理学、社会科学能更准确地预测未来。你要是民间医学，你就得拿出证据，证明你在某方面比现代医学能更有效地治愈病人。

或许有人会问：你又凭什么说，经验主义和实用主义是考察各种理论的标准呢？

我们想，我们选择信不信某个理论是为什么呢？比如，我们为什么需要在民间医学和现代医学之间选出一个更优秀的理论呢？因为我们要治病，对吧？我们要的是它的实用效果。所以我们关心的是这两个理论哪一个更实用。

假如你去找了一个懂民间医学的人，他给你看完病说：根据我的某某理论，你的病好啦。你会就这么相信他吗？不会吧。你得在以后的日子里观察自己的身体，看自己的病是不是真的好了。要是没好，你就会找他算账去。所以，我们要选择理论，原则必须是实用主义的，依据必然是经验主义的。

因此，拿经验主义和实用主义做考察理论的标准，这不是出于科学家的学霸作风，而是出于我们自己的需要。

如果我们接受了这一点，回来再看科学：科学坚持经验主义、坚持实用主义，并且完全开放，允许证伪、允许质疑，反对独断论。那么，还有什么研究方法能比科学更好呢？

所以我的观点是这样，我们不能说某个理论"不符合科学理论"，就认为它是错的。但假如我们认为"科学方法"指的是"以经验主义为标准，以实用主义为目标，允许别人检验，反对独断论"的话，那么我们就应该相信科学，就可以说：如果某个理论的论证过程"不符合科学方法"，那么它就是不可信的。

在这件事上，我对一个很有争议的话题多说几句。

那就是关于医学的争论。

首先纠正一个称呼。我们今天俗称的"西医"，严格地说要叫"现代医学"，指的是建立在科学结论的基础上，使用科学方法研究的医学。而字面意义上的"西医"，是对西方的民族医学的称呼，指的是过去西方人用的草药啊放血啊之类的疗法，已经被现代医学淘汰了。

我们今天俗称的"中医",其实可以分成两部分。其中正规的中医学院、中医医院里使用的"中医",已经学习了大量现代科学的思想,重视实验、重视统计,不排斥那些已经被广泛检验的科学成果(比如X光机)。这样的中医,在研究方法上和科学没有矛盾,也可以看成是"现代医学"。

但还有一种观点,认为"真正的中医"不能使用科学的方法,不能使用科学的结论,古代的典籍比现代的科技更正确,甚至认为正规的西医治疗是错的。这种主张,我们姑且称之为"民间医学"。

我们这里讨论的,就是"现代医学"和"民间医学"之间的争论。

显然,以现代医学的标准,"民间医学"里有很多地方是"不科学"的。"民间医学"的辩护者们有一个论点,说你们西方人凭什么非要用"科学"的标准去看待我们中医?那是你们的标准,不是我们的。你强行用自己的标准要求我们,这是一种霸权主义。把科学不言而喻地当作衡量事物的标准,这不也是一种迷信吗?

这个观点我同意。

没错,现代医学的种种理论、观点都不是绝对正确的,现代医学仅仅是我们对人体的众多解释中的一种,绝不是唯一的。特别是对于人体这种极为复杂、经常处于变化中的研究对象,或许

"民间医学"的确比现代医学有更大的潜力，这些观点都是没问题的。

但是关键的一点是，我们不能放弃经验主义和实用主义。

就是说，如果想证明"民间医学"比现代医学更有效，就必须在大范围内进行治疗实验。目前最好的方式是大样本随机双盲实验。做完实验一统计，对于某个病症，哪种治疗方法的效果更好，我们就选择哪种疗法。

说中医历史上有过多了不起的记载，里面有多少五行八卦之类深奥的哲理，民间医学"能平衡人体""从整体看待人体""更自然"等理由，我认为都不重要。重要的是此时此地，它能更有效地治病，能切实地延长人的寿命。你能实现了就算你有本事，你要是不能实现，你的理论再天花乱坠我们也弃你不用。对于现代医学，我们也用同样的标准对待。

就像我们说相对论代替牛顿力学的过程那样。爱因斯坦并不是一上来就说：哥这个理论吸取了古籍精华，从上古希腊文献中破译了欧几里得密码，然后又根据多么多么先进的辩证思想总结出来，上合天道下顺地气，所以哥是对的。科学家们听了肯定会对保安说，把这个精神病给我拉出去。相对论刚提出来的时候，科学家们并不信服，而是静静等待实验数据的出现。相对论的胜利来自观测实验的胜利，是经验的正确证明了理论的正确，而不是相反。

"民间医学"的支持者有一种辩词，说过去的老方法已经流传了这么多年，还有这么多人相信，能说它没有效吗？

我认为，这是一个有一定力量的辩护。流传时间越久、范围越广的理论，说明它积累的经验越多、经过的考验越多，的确可以增加它的可信度。但是这个辩护的力度还不够。

首先，在现代医学进入中国以前，中国人只有民间医学，没有其他理论与之竞争。其次，今天很多中国人相信老方法，不仅是因为它有效，还有很多社会因素。就像有很多人相信宗教，但这并不能证明神迹一定是真的一样。所以这是一个不够强的证据。

最好的检验办法还是"大样本随机双盲实验"。

解释一下。

"大样本"是说，我们验证某个方法可靠不可靠，光看一个例子是不行的，要找很多很多的例子一起验证。例子越多，实验的结果就越可靠。

"双盲"是说，要把实验对象分成好几组。比如实验一个疗法是否有效，不能光看吃了药后多少病人的病好了。还应该有另外一组病人，只给他们毫无疗效的安慰剂，对比两组的实验结果，才能知道药物的真正疗效。病人的分组应当是随机的，保证各个组之间患者的情况类似，不能身体好的分一组，身体差的分一组，那样就作弊了。

而且这个过程，被实验者和实验者都是"双盲"的。安慰剂的外形和真实的药物一模一样。吃药的患者不知道自己吃的是真实的药物还是安慰剂，目的是避免患者的心理作用影响结果。同时，亲自给患者服药的医生，也不知道哪些病人吃的是真药。这样做是避免医生通过心理暗示（如对服真实药物的患者更关心）来影响结果。当然，最终实验的统计者能准确知道哪些病人吃的是真药，哪些吃的是安慰剂。有的实验做不到"双盲"，也可以做"单盲"，也就是只瞒着病人。

大样本随机双盲实验的作用，在于寻找两件事（如实验药物和疗效）之间真实的因果关系，尽量排除其他因素的干扰。

比如，有一些病是可以自愈的，还有很多病只靠心理作用就可以加速痊愈。有很多人一有病就吃药，吃药后身体果然好了。这到底是药物成分的作用呢，还是药物的心理安慰作用呢，还是纯粹是身体自愈了呢？要想搞清楚这些，最好的做法就是找大样本病人，分成三组，一组吃药，一组吃安慰剂，一组不吃药，双盲实验，统计结果。药物有没有用一目了然。

不仅对于医学，大样本随机双盲实验对于各种算命、巫术等不愿意同科学合流的理论，都有很好的检验效果。前面说过，星座算命所给出的结论大多是不可证伪的。但有时也有一些可以证伪的结论，有时也灵，那么怎么知道星座到底有没有用呢？找一堆人，随机分组，一组人用和本人相符的星座的预测结果，另一组用和本人不符的星座的预测结果，但也告诉他们这些都是真实的预测结果。看看两组人觉得灵验的比例是否相近。实际上，有人已经做过这样的实验，把同样一段预测结果发给不同星座的人，结果人们都表示很"灵"。

双盲实验在这个问题上，排除的是"巴纳姆效应"的干扰。这是一个心理学效应，说的是人们倾向于相信为自己量身定做的、模糊的性格预测，而不管这个预测是不是真的准确。

再比如，我们在历史上常看到某些特别灵验的算命大师：如在某名人年轻的时候说此人大有可为，如在朝代更替之前就能预言某朝当兴，假如我们翻开史书统计，灵验的预言比不灵验的要多很多，这说明算命真的有道理吗？不能，因为样本不是随机选择的。要真的检验算命，应该找一大堆算命大师，让他们做出大量可证伪的预言。再叫不会算命的人用类似的句式做一些假预言，成为对照组。看看是不是算命大师组为真的概率明显高于对照组。否则，哪怕名声再大、口碑再好的算命大师，无论历史上的还是当代的，都不能算他真正有本事。

双盲实验在这里排除的是"幸存者偏差"的干扰。这个意思是说，只有被验证为正确的预言，人们才会广为传诵，才愿意记录在历史书上。那些出错的预言，人们没兴趣传播。因此，光从历史书上或者邻里的传闻里听说的某大师灵验所留下的印象，和现实是有偏差的。

大样本随机双盲实验并不是没有漏洞。诚如休谟的怀疑论，人类的任何检验手段都不可能彻底地符合客观事实。譬如，或许某个神医一进行实验就紧张，发挥失常，真正看病时却没这个问题。那么双盲实验就会冤枉他。

更大的缺点是，大样本实验的成本非常高，药物实验耗时很长，很多治疗方法没有条件接受这样的实验。严格如美国的食品和药物管理局，批准新药上市也不是全靠双盲实验，还要结合临床医生的反馈等更多的信息。

但是——这里一定要说但是——对于那些争议特别强的理论，大样本随机双盲实验仍旧是利用剔除骗术、心理误差、第三方原因等非常态因素来检验争论对象是否有用的最好办法。没有其他更有效的方法了。

回来看"民间医学"。

如果我们坚持经验主义和实用主义的标准，那么，那些拒绝大样本随机双盲实验的理由就都站不住脚了。

比如：

有辩解说，民间医学的治疗是对病人"定制"的，每个病人的药方都是独一无二的，因此不能用双盲实验。——其实还是可以用双盲实验，可以让医生给所有的病人诊断、开个性化的药方，然后由试验组织者把安慰剂组的药物替换成安慰剂就可以了。

有辩解说,每个人的身体情况都不一样,同样的病、同样的治疗方式在每个人身上的表现不同,怎么能用刻板的试验和冷冰冰的数字统计呢?——现代医学也认为每个人的身体情况都不一样,但还相信双盲实验,秘密就在"大样本"和"随机"这两个条件上。通过大样本的统计,可以消除个体差异,显示出真正的疗效。其实,强调每个人身体不同而不接受统计学的检验,就相当于承认自己的医术不可证伪。因为治疗好了,治疗者绝不可能说自己是蒙的,而是强调靠的是自己的医术。治不好,就说每个病人的具体情况不同。这是典型的不可证伪。

有辩解说,民间医学擅长的是调理人的整个身体,根本就没有现代医学"具体某某病"的概念。对于这种观点,可以增加双盲实验中的检验指标的数量。无论"民间医学"所说的健康是个多么整体的概念,最终总要落实在具体的、摸得着看得见的效果上。如人的寿命延长、人体机能增强、器官的衰老速度减慢,这些都可以量化和统计。

有辩解说,民间医学擅长长期调理人体,而不是治一时的病。——那可以延长试验的时间,进行长达几十年的跟踪统计。这样的试验已经搞过不少。

还有一些辩护,给"民间医学"的治疗增加了很多限制条件,条件多到足以让该方案无法通过双盲实验。实际上,这就等于承认该疗法不够实用。比如，有人辩解说，病人情况千奇百怪，在你们试验的时候，我没有发挥好，其实我很有本事的。可是，那病人找您看病的时候，您要是也没发挥好，那怎么办呢？

还有的人辩解说，凡是没通过双盲实验的医生都是庸医，不是真正的好医生。——那么普通的病人，又该怎么分辨谁是庸医，谁是真正的好医生呢？假如你说，可以让第三方机构来分辨。那第三方机构秉公无私（而不是依赖个人主观意见）地分辨庸医和好医生的方法，不还是看统计学上的疗效吗？

说这么多，并不是要给医学的优劣下结论，而是用这个有争议的话题来说明，无论任何声称自己和科学"不是一个系统"、不能"把科学理论强加给我"的理论，最终还是离不开实用主义，离不开经验检验。而且最好的检验办法，就是大样本随机双盲实验。假如你拒绝检验，那么你的理论在大部分情况下就是不实用的。

有一种观点，说科学只是众多认识论中的一种，只相信科学，拒绝别的理论，不也是一种迷信吗？

什么叫"迷信"呢？不经思考的相信，不允许别人质疑，就叫"迷信"。假如一个人在没学过哲学史的情况下，认为科学代表了终极真理（在哲学中叫作唯科学主义），不承认科学的局限性，认为不能证伪的观点就是错的（我认为，不能证伪的命题仅仅是不可知的），那么这的确可以称作"迷信"。

但是，如果一个人在承认科学局限性的前提下，仍旧相信科学的结论，那就不应该叫迷信。在这点上，我认为科学和宗教、巫术不是对等的，科学比宗教和巫术更"不迷信"一些。

关键不仅在于科学理论可以证伪，还在于它的检验是开放的。

科学理论的语言基于严谨的逻辑，任何人只要花一点儿时间学习都能读得懂（相反，一些学派会说他们的理论不遵守逻辑思维，需要自己领悟，不同意就是没领悟到真理），科学没有权威（有的宗教教义只有神职人员才有权解释，教众不允许有不同的说法），任何人只要有技术条件，都可以去证伪、推翻最权威科学家的理论（有些宗教拒绝教外人士参与讨论，而科学不会歧视人的身份，只要你拿出证据来就行）。因为这些原因，科学虽然有局限性，但比其他不允许质疑的理论，要更"不迷信"。

世界各大宗教内部都分成很多小派，不少小派之间还互相攻击，互相骂战。为什么宗教总讲"宽容""慈爱"，而这些细小的派别却难以统一呢？因为宗教理论大多不可检验、不可证伪，因此不同的观点根本无法辩论出对错。过去，教会要靠宗教裁判所这样的暴力机关才能解决争议。但是科学观点就相对统一，当然科学家也不一定都是好人。科学家和其他人类一样拥有各种阴暗面，一些科学家也自私，也互相嫉妒，也会虚伪欺骗。科学家在研究同一件事的时候,也常常各执己见,都认为自己是对的,谁也不服谁,甚至还会有李森科[1]这种利用政治权力打击异己的恶劣事情发生。但是科学的方法是开放的,因此不同的意见哪怕相隔万里、相隔千百年,也都可以在同一个平台上公平对话。任何人都可以通过实验来发表自己的意见,时间长了,对同一件事检验的次数多了,自然就会分出正误来。

当年有多少人不服牛顿,天天和牛顿打架,不久以后,就再没有科学家否认牛顿,因为如果你在否认牛顿的基础上研究,你就不可能搞出任何经得住经验检验的成果来。同样,当年有不少人反对爱因斯坦,过了一段时间后,那些反对的声音也都渐渐没了。

教会当年用了成千上万个宗教裁判所、遍地而起的火刑架都没能统一观点,科学家们只靠着几本学术期刊就搞定了。这不是非常了不起的事吗?

---

[1] 特罗菲姆·邓尼索维奇·李森科(1898—1976),苏联生物学家、农学家,乌克兰人。

第十六章 寻找人生答案

前面关于科学的内容说了很多，不是我存心想跑题，是因为咱们这回终于讲了点儿有用的东西啦！

您想想，这本书前面说了大半天哲学，什么这个主义、那个主义，吵来吵去最后一看，这些理论全都是错误的，一点儿有用的东西没落下，您看得都快掀桌了吧？这回轮到实用主义这里，总算是说了点儿有价值的理论了。

我们现在知道了，实用主义对于科学来说很有用。那么，我们能不能把实用主义的方法应用到哲学研究中？它能用来回答形而上学的问题吗？

试试吧，哲学中有什么实用的问题呢？

前面说过，我们研究哲学的目的是追问人生意义。

这个问题哪里实用了呢？

我们想想，我们什么时候才会追问人生意义？

也许是夜深人静的时候，突然想到人的一生短如朝露，对必然到来的死亡和虚无产生深深的恐惧，又不知道该如何排解。

或者是体验了一次纵欲之后，觉得人生就算再有钱再成功，欲望满足后得到的也是痛苦和空虚，不禁对人生充满了悲观。

或者是觉得自己正过着庸俗无聊的生活，有一种强烈的欲望想要摆脱庸常，却不知道该做些什么。

或者正陷于生活的泥潭中，觉得人生就是一场无休无止的苦役，永远看不到解脱的可能。希望能给自己经受的这些苦难找到一个价值依托，让自己吃的苦变得有意义。

总结起来，我们大半是在空虚、焦虑、恐惧、悲观、绝望的时候，才更需要追问"人生的意义"，来驱散这些负面的情绪。

按照实用主义的观点，只要我们能找到一个人生意义，一经相信它，就可以消灭上述负面情绪，那这就是我们的人生意义了。

问题是，你以为天底下只有你自己才有过空虚、焦虑、恐惧、悲观和绝望，没接触过哲学的人就没有过这些负面情绪吗？世界上的其他人就都不怕死吗？别人就没有空虚无聊，没有对苦难的生活感到过绝望吗？

人天性趋乐避苦，人类发展奋斗千万年，你以为全体人类在干吗呢，不就是在干这一件事吗？不就是在通过经验主义和实用主义的原则，尽一切手段来驱散各种负面情绪，追求充实和快乐的生活吗？

前面说过，假如这世上有一种易于接受、成本很小，又能给我们带来好处的思想，没有什么理由能阻止这种思想立刻在人类中传播开。你难道认为，在某本哲学书中还隐藏着一个既好用又能让每个人都相信的人生意义，大家伙儿都不知道，就偏偏等着咱们几个聪明人去发现吗？

显然，更靠谱的结论是：老百姓平时应对上述精神困境的办法，就是这些问题的最优解。

我们都不需要有文化的人出手，随便拽过一个大妈，就把前面那几个问题都搞定了。

你问大妈："我怕死，怎么办？"大妈说："怕啥啊！愁也是一天，乐也是一天，为啥不乐啊？"——她回答了，"追求快乐"就是人生意义，关注眼下的快乐，就可以不怕死亡。

你问她："我觉得满足欲望也没什么意思，怎么办？"大妈说："人活着得有个爱好啊。你瞧我，天气一好就到广场上跳舞，身体好，还交了不少好朋友，多快乐！"——她回答了，"拥有爱好，锻炼身体，和朋友相伴"就是人生意义，这样做能避免孤独、沮丧和纵欲的空虚，拥有持久的幸福。

你问她："我不想过庸常的一生，怎么办？"大妈说："我听不懂啊，啥叫庸常？平安是福，知足常乐。健健康康、没病没灾的，这日子不挺好吗？"——她回答了，"平常生活来之不易，

第十六章 寻找人生答案　443

因此平凡的生活并不平凡",认识到这一点,就是人生意义。

你问她:"人生要受那么多苦难,有什么意义?"大妈回答:"啥意义?我不懂啥意义,苦这东西,轮到你吃的时候你就得吃。反正吃苦总有个头儿呗。"——她回答了,"等到苦尽甘来的一刻"就是吃苦的意义。

这些都不是唯一的答案。这世上每一个不困惑的人,对这些问题都有自己的回答。您如果想最简便地解决这些问题,那么就去找各种人问一问,选一个自己最喜欢的答案就是了。

而且实际上,我们都不需要张口问,就已经在不知不觉中,找到了实用主义的人生答案。

这是因为,今天我们在休闲时接触到的绝大多数精神产品,都来自自由市场。而在自由市场,尤其是在快消行业里,"用户的购买冲动"要比用户的长期体验更重要。

什么意思呢?简单地说,就是厂商要用户在决定花钱购买的那一瞬间,大脑做出"只要我现在购买,我就能获得好处"的判断。哪个产品能让用户产生这个判断的概率最高,产生的购买冲动最强,哪个产品就更容易占领市场。

比如说,我们都知道薯片之类的食品吃多了对身体不好,但是在超市的货架上,还是高油高盐高糖的零食占的位置最多、最好。而且在包装袋的正面,还印满了油汪汪、香喷喷的食物图。

目的就是把消费者当成了巴甫洛夫的狗，希望消费者在看到图片的一瞬间多巴胺能多分泌一点儿，然后一冲动买买买就完事了。

可是，消费者又不是傻子，明明知道这些食品吃多了会不健康，难道不会用理性克制自己吗？确实有这种可能，那怎么办呢？对于厂商来说，最根本的办法当然是改进食品的配方，让它更健康。但这其实不是关键，关键是在包装袋上用巨大的字印上"健康""少糖""减脂""天然"，再印上巨大的新鲜水果、绿叶，添上清澈的露水。然后就等着消费者在看到图片的一瞬间多巴胺一分泌，一冲动买买买就完事了。——至于吃了这些食品的一个礼拜后消费者的体重稍微增加了0.1克、十年后得慢性病的概率增加了0.01%等这种"小事"，消费者意识不到，生产者更不会在乎。虽然这些才是"健康"的真正定义。

换句话说，在很多市场里，最好卖的产品是"在消费者做出决定那一瞬间最能打动消费者"的产品，而不是"真正提供价值"的产品，更不是"消费者决定购买后好久还能从中受益但是消费者意识不到"的产品。

从这个角度我们来看自己身边的精神产品，那些最好卖的、最出名的、我们每天都要接触到的商品，都是在用户消费的一瞬间，把"寻找人生意义"这件事做到了极致。

在互联网时代，消费者对于内容的消费行为，主要体现在三个动作上：点击标题、点赞、转发。这三个动作能直接转化成内容生产者的收入。那怎么能让消费者在做这三个动作的时候"被一瞬间打动"呢？那就是用能引起人情绪共鸣的句子、音乐、美图，把人的情绪在一秒钟内带起来。

你因为人生没有意义而痛苦焦虑吗？风轻云淡的句子上，舒缓的音乐起，小清新的蓝天海边来点绿意和美食，用户看了五秒钟后"啊啊啊"血清素分泌了，焦虑感下来了，转发、点赞——人生意义的问题解决了。

因为找不到人生意义消沉低落？励志的句子上，慷慨音乐起，来段"你见过洛杉矶早晨四点的街道吗"，再让穷苦人在大雨中给你打段拳，用户看了五秒钟后"啊啊啊"肾上腺素分泌了，心跳加快燃起来了，转发、点赞——人生意义的问题又解决了。

哪怕我们直接追问"人生意义"是什么的时候，打开手机，最容易看到的答案是什么？只要出现在你眼前的这行字是靠点赞、转发数推送到我们面前的，那么我们看到的，就不是从理性上讲最正确的答案，而是"大多数带着同样疑问的人扫了一眼，立刻觉得啊啊啊好有道理好有共鸣"的答案，是"大脑在一秒之内不加思考就认同"的答案，是"看上去很对但未必经得起推敲"的答案。

其实还是情绪。

回想自己过去的经历，在我们的一生里，其实大多数时候我们并没有思考哲学问题、思考人生意义，因为那样太累了。我们一生绝大多数的时间，都沉浸在各种各样的情绪起伏中，靠情绪的浪涛淹没我们对人生的困惑。我们随手可得无穷无尽的音乐、视频和金句，从一秒钟的情绪刺激到上百个小时的连续剧，要什么形式有什么形式。在情绪的潮水中，我们关于人生意义的问题，已经从实用主义的角度得到了最好的回答。

这样也没什么不好。生而为人，就应该享受情绪的起伏。要是每时每刻都沉浸在绝对冷静的思考中，那人生得多遗憾啊！

但是，我们甘心吗？

我们甘心自己的人生困惑被大妈的回答，被情绪的起伏替代吗？

如果我们的回答是"不"，那么用实用主义给出的哲学答案，我们也不能接受。

——可是那咋办啊？我们就想要答案，哲学还给不了我们答案。这就好比老师给我们出了一道题，这道题明明是"无解"，还要求我们必须解出来，这不是太荒诞了嘛！

对喽，人生就是荒诞的。

第十七章　人生荒诞、无意义吗？

第一次世界大战后，欧洲逐渐兴起了一个叫作"存在主义"的学派，他们就认为人生是荒诞的。其中最为我们所熟悉的两个人，是萨特和加缪。

萨特这一辈子很传奇，有一点儿"小号罗素"的感觉，好多地方都和罗素有点儿像。

罗素小时候家里巨富，萨特呢，没罗素家那么有钱，但是也一辈子吃喝不愁。

罗素是个"大众喜欢的知识分子"，写了很多大众欢迎的文章和畅销书。萨特也是一样。

罗素造访过中国，萨特也造访过。

两人还都获得过诺贝尔文学奖。区别是萨特是历史上第一个自己主动拒绝领诺贝尔奖的人。因为他认为一个真正的作家不能被机构规范，所以拒绝接受来自官方的荣誉。罗素大爷没拒绝诺贝尔奖，但是也干了件猛事：罗素最著名的身份是数学家，诺贝尔奖没有数学奖，罗素是靠他写的书得了诺贝尔文学奖。所以罗素得到了一个稀有成就："获得诺贝尔奖的数学家"。

　　罗素的情史超级混乱，萨特也很乱，和好多姑娘有过恋情。萨特的终生挚爱是同为知识分子的波伏娃，但是二人在年轻的时候就约定，双方终生保持着不结婚、允许对方有其他情人的状态——也就是互相尊重、不用婚姻约束对方的爱情生活。

　　甚至于，罗素和萨特两人打扮的风格都类似。晚年的罗素是白发苍苍叼烟斗的睿智造型，打眼一看就是隐藏在书架阴影里的智慧大师，手里多根魔杖就能幻影移形的那种。萨特呢？他小时候因为生病，右眼有些歪斜，仔细看其实挺丑，但是架不住人家造型太帅了。萨特成年以后的照片，好多都是穿着大衣、眉头紧锁地叼着烟斗的形象，一看就是混迹巴黎的知识分子，感觉就像刚跟艺术家朋友聊够了，正准备奔左岸咖啡馆补两杯的那种。

　　更重要的是，萨特和罗素都积极参与社会活动。

　　萨特有一年因为在报纸上写批评政府的文章被指控犯有诽谤罪，他一怒之下亲自到马路上卖报纸，结果被警察拘禁了。罗素年轻的时候因为反战进过一次监狱，89岁的时候又进过一次。

　　而且两个人还合作过。比较有名的是1966年美国参加越战时，罗素自己掏钱，邀请世界知名学者组成"国际战犯审判法庭"，调查并审判美国的侵略罪行。萨特担任了法庭的执行庭长。后来法庭宣判美国对越南犯下了战争罪行，当时的美国总统、国务卿、国防部长都被列为战争罪犯。当然啦，这种宣判就是一种知识界的声明，实际上没有任何效力。但是不难承认，在剑拔弩张的冷战时代，罗素大爷跟萨特能干出审判美国总统这种猛事，他们的胆识和社会责任心都无愧于"知识分子"的称号。

萨特和加缪也有很多交集。他俩都是法国人，年龄差不太多。两个人都是在一岁的时候丧父。第二次世界大战的时候，法国沦陷，两个人都以写文章、演话剧等方式参与地下反抗活动。在这段时间里，他们成了好朋友。加缪和萨特、波伏娃以及包括毕加索在内的一些名人经常聚会、吃饭、聊天。

第二次世界大战后，加缪和萨特、波伏娃还经常在一起聚会。加缪和萨特都喜欢泡姑娘，加缪在这方面堪称高手，经常手到擒来。相比之下，萨特因为相貌的原因，总比加缪略逊一筹。加缪曾跟朋友说波伏娃倾心于他，但他拒绝了，因为他担心波伏娃是那种会在枕头边絮絮叨叨的才女。

后来萨特和加缪在杂志上吵了一架，从此结束了友情。他们俩吵架的原因当然不是为了波伏娃，也不是因为哲学思想上的对立，而是政治立场上一左一右的分歧。因为当时萨特和加缪已经是世界有名的文化红人，两个人的多年交情也是人尽皆知。所以他俩吵架的消息在当时引起轰动，连只登下流内容的小报都辟出大片空间，详细刊登了这件事。

七年后的一天，加缪坐着朋友的车去度假。朋友开车，加缪坐在旁边，朋友的妻子和女儿坐在后座。路上，加缪和朋友聊到死亡的话题，他开玩笑说，死后就把尸体放到朋友妻子的客厅里，后座的朋友妻子说，这太吓人了，要是这样的话她就搬家。不久之后，车轮打滑，汽车撞上了路边的大树。加缪当场死亡，他的朋友被送往医院，在几天后的外科手术中死于脑出血。两位女士也受了伤。

加缪车祸身亡后，法国举国哀悼。当时法国广播电台正在罢工，但罢工委员会立刻同意播放五分钟的哀乐悼念加缪。

随后，萨特为加缪写了悼词。在后来的文章中，萨特评论这场车祸说，"在这个死亡中有着无法忍受的荒谬性"。

在存在主义者看来，世界就像这场车祸一样，是荒谬的。

为什么这么说呢？

让我们回到哲学之路上。

前面说了，形而上学之路已经走不通了。这意味着世界上没有绝对真理，没有现成的人生意义。

问题是，人的日常生活又离不开"意义"。我们做任何一件事，只要用理性一思考它，我们常常要问自己："我为什么要做这件事？"这个"为什么"，问的就是这件事的意义。一旦我们觉得即将要做的一件事对我们来说毫无意义，我们就会垂头丧气,提不起劲儿去做。

如果我们觉得整个人生都毫无意义呢?那就会觉得任何事情都做不下去,甚至提不起劲儿去活。

可是哲学家们说了,人生就是没有意义啊!

在没有意义的情况下,人们还得假装有意义地活下去,所以存在主义者认为,这个世界是荒谬的。

萨特有一本小说叫《恶心》,里面没有跌宕起伏的情节,通篇写的是主人公感觉到这个世界发生的一切事情都是偶然的、没有目的的、找不到意义的。人类的存在毫无理由、纯属偶然。意识到了这一点后,主人公就产生了荒谬感、产生了恶心的感觉。

有人说,你说的这种荒谬感,是只属于哲学家的。你们苦苦思考,认为人生没有目的。可是大部分老百姓不这么想啊,老百姓有的想,我活着是为了祖国富强;有的想,我活着是为了家人幸福;有的想,我活着是为了享乐一生。他们都找到了自己的人生意义,且一生坚信不疑,这不就不会产生荒谬感了吗?

假如真的能一辈子都坚信某种人生意义,从来不迷茫困惑,那么的确不会产生这种荒谬感。

但是,因为这些意义并非来自绝对真理,而是社会后天创造出来的,所以它们并非坚不可摧。说白了,其实很多人坚信的某个人生意义,仅仅是因为他从小生活的环境里,每个人都是这么跟他说的，他听多了没怀疑过，所以就信了。在一个价值观多元的世界里，这种没有真理做基础的"意义"，很容易被现实摧毁。到了那个时候，人就会感到荒诞。

就好比有人为了亲人活了一辈子，结果发现亲人辜负了自己；有人为了出人头地努力奋斗，结果发现自己根本不可能成功；有人为了享乐活着，结果在享乐满足的一瞬间感到了极大的空虚。这些时刻，人们原有的意义崩溃，有些人会及时给自己找到新的意义（这就是所谓的"开导自己"），如果没能及时找到，就会觉得这个世界荒谬、人的本质荒谬。

我再举一个例子。

人类获取知识最基本的方式是讲故事。比如在远古时代，古人坐在火堆旁，老人就把知识教授给孩子。但是远古人没有那么强的逻辑能力，孩子也没有那么强的智力去学习。因此，老人把要教授的知识变成部落传说，用故事的形式讲给孩子。比如，讲一个勇士用智慧战胜怪兽的故事，孩子就可以从中学到智慧的价值。

不光是远古人，我们今天的幼儿教育也是采取这样的形式。

也不光是幼儿教育，成人学习很多知识也是靠故事的形式。比如，我想把我们公司的情况讲给我的伴侣听，很少有人会用纯逻辑的语言介绍："我的公司有三个人，第一个人有三个特点，分别是一、二、三……"而是会这么说:"我跟你说啊,今天我们公司有这么一档子事,我那个同事如何如何……"我对自己公司的描述是靠这些故事组成的。我的伴侣对我公司的印象,也是靠这些故事拼凑出来的。

故事,是大部分人理解这个世界的方式。现在请你唤起你对一个熟人的印象,你在头脑里最先想到的是不是关于这个人的一些事件的片段?而不是理性的一二三四。这是人类进化的一种优势:用故事的方式记忆知识,对智力水平依赖程度低,知识不容易被遗忘,这在远古时代是最高效的,在现代也是最省力的方式。人生小感悟、心灵鸡汤这类用故事来说教的形式之所以最流行,就是这个缘故。

而人类能理解的故事也有一定的固定模式。这个模式经过人类文明的千锤百炼之后,早就固定下来了。

故事必须有开头,有冲突,有高潮,有结尾。

任何一个能被大众接受的,听着比较"正常"的故事都得有这几个要素。

试想,假如我给别人讲一个没有开头的故事,我说:"小王,我跟你说个事:那两个人后来当好朋友了……"小王会立刻打断我:"等等,你说什么?哪两个人?我没听懂啊。"

小王为什么会完全拒斥这个故事呢?因为没有开头的故事对他来说,没有提供任何有用的信息,他没有办法理解。

再试想，假如一个故事没有高潮，或者没有结尾，那会怎么样呢？我给小王讲一个故事，讲到最关键的时候突然停下来不讲了。小王会忍不住问："继续讲啊，然后呢？"如果我坚持不讲，他甚至会生气："你这个人怎么这样呢，说话说一半！"

为什么他会生气？因为他的理性思维难以接受一个没有解决冲突和悬念的故事，甚至会因为过于难受而感到愤怒[1]。

为什么世界各地的各种年龄、各种文化背景的人都愿意去看好莱坞电影，看完之后都会心满意足？

原因之一是好莱坞电影的故事严格遵守开头、冲突、高潮、结尾的故事模式，这样的模式符合人类对故事的预期，这个预期是全人类共有的。

我们对整个世界的了解，都建立在一个有头有尾、有高潮的故事的基础上。

我们评价一个人的时候，常会这么说："她过了辛劳的一

---

[1] 有人或许说："我是文艺青年，我就喜欢那种没有结尾、有一点儿小感觉但是没有明显剧情的故事，我也看得挺开心啊。"我们可以想想，自己在看这类作品以后，假如该作品让自己满意，那会不会在心里给作品下一个评价？比如，"这故事好感人""这故事揭示了人间的荒谬""这故事文笔不错"。这些评价，是当这个故事没有真正结尾的时候，人类忍不住给它找到的价值和意义。假如找不到任何意义呢？人就会忍不住问："作者为什么要写这个故事？""这个故事有什么含义？""作者想表达什么？"——去看那些艺术电影或者小说的评论网站，大把的人都在讨论这个问题。

生,她养育了三个子女,是成功的母亲。""他过了荒废的一生,他吃喝玩乐,最后落得凄惨的下场,没有人可怜他。"这些都是典型的有头有尾的故事,主人公的一生被我们简化成了一个有明显动机、矛盾冲突又有结尾的故事。

我们都知道,人的一生其实非常复杂,根本无法用一个意义、一个标签来概括。但是,当我们评价一个人,尤其是比较疏远的人的时候,常常会强行给这个人安上一个身份(她是一位好母亲)、一个生活的目标(她养育了一大家人),在人生的结尾,这个人生目标一定会有一个交代(她培养出了一群好儿女;或者不幸的是,儿女辜负了她)。然后我们就完成了对一个人的描述,就像看完一个完整的好莱坞故事一样,心满意足了。

问题是,无论人的存在还是毁灭,都是偶然的,根本不可能遵守好莱坞的故事结构。

真正的人生,故事忽然开始,忽然结束,不一定有矛盾冲突,也未必有高潮和结局。

当人们意识到这一点的时候,就会感到世界是荒谬的。

对于普通人,最能让人感受到这一点的,是死亡到来的时刻。

现实中的死亡是突如其来的,并不是在人生故事完成了高潮,进入结尾的时候才来。可能从故事刚开始、故事讲到一半,或者故事马上就要进入高潮等的每一个时间点,死亡随时都有可能到来。

好比一个养育子女的母亲去世了。在外人的想象中，这个"伟大母亲"去世的时候，应该是躺在病床上，周围站满了子女。子女们握着母亲的手，热泪盈眶、悲痛欲绝地说："感谢您养育我们，我们会永远怀念您。"疲劳的母亲安慰子女们，说："看到你们都长大成人，我就心满意足了。"然后恰到好处地闭上了眼睛，故事圆满结束。

但真实的生活不会照着这个章法来。死亡在任何时候都可能到来，这个母亲去世的时候，可能身边的子女正在聊天，没有注意到母亲的去世；可能子女正去水房打水，母亲的身边一个人都没有；可能子女们已经握着母亲的手完成了热泪盈眶的告别仪式，结果母亲一直没有撒手人寰，大家在床边守候了一小时、两小时、一整天……乃至面面相觑不知道该做点儿啥，甚至悄悄打了一个哈欠，等到尿急了跟旁边的人说"你们在这儿盯着，我先上个厕所"。母亲本人也未必是在回味人生的高潮中离世。她可能心里怀着巨大的恐惧，可能正对未来忐忑不安，可能正想着一些琐碎的小事，可能正打算去拿遥控器换一部正看到一半的电视剧，正在按下按键的时候，突然黑屏，一切停止。任何类似向亲友交代遗言、讲出未完成的愿望、对自己一生做个总结、来一番反省等行为都还来不及去做，生命说结束就突然结束，一下子就终止了。就如同那些讲了一半突然闭口，让人无比焦躁的故事一样。

这样的现实，就会让人感到荒谬。

当人们面对亲朋好友的死亡时，尤其是年轻人的意外死亡时，人们会想：这就是人的一生？说结束就突然结束，好像还什么都没做，什么目的都没实现，就突然没了？那他到底算什么呢？——提最后这个问题的时候，其实是反省者在本能地要给死者没有目的的人生找一个目的，找一个总结。如果反省者一时找不到这个目的，那么就会对世界、对人生产生荒谬感。

请您认真地想象一下，假如有一天您知道自己得了绝症（我呸呸呸啊），生命只剩下三个月的时候，您将会处于什么样的生活状态呢？

合上书，认真地想一下啊。

您可能会觉得，这剩下的三个月肯定和平时的人生完全不一样了，有了质的变化。无论是尽情享受生活，还是哭哭啼啼地恐惧死亡，总之生活变了一个样。在生命最后的旅程里，自己的每一个行动似乎都增加了一层别样的意义。就像电影里演的那样，那些面对死亡的人对人生多了一层思考（这是对的），因此超越了平凡的人生，做了很多有意义的事（这是不一定的）。比如，实现自己童年的梦想，实现一个崇高的目标，追求多年不敢表白的真爱。总之，这几个月的生活，一定能让人生有所升华，达到人生故事的高潮，然后心满意足地（因为人生的故事终于有了高潮和结尾啊）去迎接死亡。

我们之所以有以上幻觉，就是因为我们本能地以为，自己的人生一定要有一个高潮和结尾，本能让我们无法摆脱这个想象。

但这不是世界的真相。

假如您刚才已经想好临死前打算做的各种事了。好，我现在请您想象，突然间这时候您发现自己心脏病发作，绝不可能有生还的希望，意识已经模糊，生命马上就要结束（我再吓吓吓啊）。

这个时候，您会怎么想？

请您先认真地想象一下。

大概是类似以下这几种感觉：

"这不是真的吧！""太扯了吧，我就这么死了？""等等，我还有好多事没有做啊！""我不甘心啊！"

刚才，您对人生还有种种规划：未来想拥有什么样的生活，拥有什么样的伴侣；想去一个渴望已久的地方旅游；这几天有一件工作即将完成；有几部特别想看的电影还没有看；待会儿打算吃顿好吃的；等等。

突然间，一下子就结束了。

是不是有一种强烈的荒诞感？人生怎么就这么毫无征兆地、突如其来地、莫名其妙地结束了呢？我还有很多想做的事情没有做啊！

然而这种事是有可能发生的。现实中就有很多人，在毫无征兆的情况下，因为意外、疾病，还没反应过来就死掉了啊。[1]

而且哪怕是事先得到通知的绝症，仍旧不会像我们想象的那样，有一个真正的高潮。

真实的生活是平淡的。在得知死讯以后，人会因为一时的激情暂时改变对生活的看法，但大脑的自我保护机制决定了人不会长时间保持激情。时间稍微一长，生活又会变成普通的样子。琐碎无聊的生活依旧琐碎无聊。一开始亲朋还会付出多余的热情，但是随着时间延长，热情也会散去，疲惫和厌倦接踵而来。过去让人感到烦躁、无奈、绝望的琐事，会依旧让人烦躁、无奈和绝望。

很多人都想过，在得了绝症之后一定要做之前想做而没有做的事。比如，一定要去梦想中的地方旅游。在想象中，这个旅游是人生最后的一次华丽，是对自己一生的犒劳，自己在如画卷般的美景中，畅想人生，然后心满意足地迎接死亡。实际上呢，这

---

[1] "我死亡"这件事本身更为荒诞。因为理性无法表达"自己不存在"的概念，这就好比我们无法用数学公式证明数学公式不存在一样。因此，我们可以用理性想象其他人死亡的情况，但无论如何都无法想象"我死亡"。一旦我们试图想象"我的理性、我的意识永远消失"是什么感觉，就会感到极大的恐慌和无所适从。因此，虽然每个人理性上都知道自己早晚会死去，但是每个人的潜意识里都在逃避这个预言，都认为自己可以侥幸地躲过每一次死亡。那么，当人每一次意识到自己终将死去的时候，潜意识里的拒斥死亡和自己终将死亡的现实发生强烈的冲突，也会产生荒谬感。

个旅游当然是挺美的，但一样有平时的劳累、无奈、烦躁，在从旅游景点回到自己城市的路上，和平时旅游回来一样，充满了倦怠和空虚——这就完了吗？我期待了一辈子的梦幻旅游就这么结束了吗？又到回到普普通通的生活中了？我想象中的脱胎换骨的感觉在哪里？

其他想象中的人生高潮也是一样。

总之，在我们的头脑中，我们对自己的人生的评价、规划，一定是个故事模式，一定有高潮和结尾。但现实并不是如此。当现实和我们的印象发生冲突的时候，荒谬感就产生了。

"荒谬"是存在主义指出的病症。那么，存在主义给出的药方是什么呢？面对没有意义、本质荒诞的世界，我们应该怎么办呢？

永远存在的选项是随波逐流，比如选择一个宗教而不要抱有疑问，信就好了；或者选一个别人都相信的人生意义，跟着做就是了。绝大多数人就是这样生活的，他们一辈子虽然或多或少地直面过几次世界的荒诞，但是每次都通过逃避、自我安慰、"调整心态"把这件事躲过去，最后在自我安慰中走向死亡，过完一生。这样的人生也没什么不好。

然而，这属于苏格拉底所说的"未经省察的人生"，属于克尔凯郭尔厌恶的从众群氓，属于尼采口中的弱者和奴隶，属于读了哲学就跟没读一样，思考哲学问题之前是啥样，思考之后还是啥样。

所以，存在主义者们开辟出了另一条路。

这条路是从萨特的名言"存在先于本质"开始的。

这句话是什么意思呢？

当我们用哲学的方式思考问题的时候，我们经常会习惯性地问：这事的"本质"是什么？我们认为，只要找到了"本质"，问题就迎刃而解了。

这个"本质"，指的就是隐藏在事物背后最根本的内核、规律，是事物最真实的部分。事物其他的属性，都是从这个"本质"里衍生出来的。对于人生的意义这类大问题来说，"本质"就是形而上学的答案。

可是前面说了，形而上学之路走不通了。这世界上不存在绝对真理，所以也就没有什么人的"本质"，因此萨特说："存在先于本质。"

拿桌子来打个比方。

假设有一天，我把几个木板、木条钉在一起，然后拿给一个朋友看："您瞧我做的这桌子，好看吗？"朋友一看，这钉的是什么乱七八糟的啊："哎哟哥们儿，您这桌子够怪的啊。"

在这个对话里，当我把那堆木头拿给朋友看的时候，我已经告诉了他"这是一个桌子"，也就说，我先通知朋友，这堆木头的本质是"桌子"。当朋友审视这堆木头的时候，他是在用他心目中桌子的完美形象去和眼前这堆木头比较，于是他得出了结论：这堆木头作为一个桌子，是怪的。

在这个场景里，对于这堆木头来说，就是"本质先于存在"，"桌子"的本质，先于这堆木头存在。

如果我换一个问法，我把这堆木头抱到朋友面前："哥们儿你瞧，这是什么啊？"朋友一愣："这是……"

在这个场景里，这堆木头是存在的，但是还没有被赋予本质，这就是"存在先于本质"。

萨特认为，我们人类就是这样。

在我们审视自己人生的时候，我们不要事先代入任何概念——什么"人是神灵最好的作品"啦，什么"人是'生命意志'的奴隶，人生就是一出悲剧"啦，什么"人天生是社会动物，应该为社会做贡献"啦，等等——这些都先不要想。人什么都不是，"我"就是存在着。"我"先存在在这里，然后再讨论"我"是什么。

——其实可以说，哲学到了这里，仿佛画了一个大圆，又回到笛卡尔的"我思故我在"。我们又要从"我存在"开始了。

那么，什么能体现"我存在"呢？

"我"这个词，严格地说，指的是"自我意识"。前面说过，"自我意识"的前提，必须有"自由意志"——假设我的每个念头都被别人控制，那我们很难承认自己还拥有自我意识。

于是这个问题就变成了："什么能体现自由意志呢？"

只有自由的选择才能体现。

说白了,只有在自由选择的时候,我才能说"我有自我意识",才能说"我是存在"的,才能说我是一个活生生的人,而不是一块木头或者是被别人操纵的木偶。

再换句话说,我不同于一根草、一块石头,也不同于其他人的地方,就在于我的自由选择。遇到了一件事,我做出来的是"我"的选择,而不是你的选择——哪怕咱俩最终选择的结果一样,但是我的选择发自我的内心——所以"我"才不是你。

所以萨特认为,人的本质在哪儿呢?就在人的每一次自由的选择里。

我们可以把我们的本质想象成一幅画。当我们刚来到这个世上的时候,这幅画只是一张白纸。等到我稍微大了一点儿,有了自我意识之后,我每次自主地做一次决定,就相当于在这幅画上添了一笔。这一笔一笔累积起来,展现出来的,就是我的本质,就是我的人生意义。

这就意味着两点。

第一,我的本质是不断变化的,我的每一个选择都在一点点地塑造我。如果你问:"你到底是什么?"我没法回答你,我就是我,一个正在前进的我。在心理学上,有一些人主张"寻找自我",通过冥想、心理分析等办法,找到内心中的那个"真我"。在存在主义看来,这就是错的。根本没有一个固定不变的

"真我"等着我寻找，"真我"是在我自己手中不断创造的。

第二，我是独一无二的。既然我是我一切选择的总和，那我的本质就不可能用一两个词语、一两个标签来概括。我是一幅动态的画，我不是一个静态的词。所以，人生意义也不能由别人来告诉我。因为用语言说出来的人生意义，都是用有限的几个词语来描绘。这几个词无论是什么，肯定都是片面的。

但是我们还有几个问题。

首先，什么叫"自由的选择"呢？我休息的时候想看个片子，然后我从满屏幕的电视剧中随便选了一个，这算是真正的选择吗？这在塑造我的本质吗？今天晚上我本来打算好好学习，结果我受不了诱惑，最后"决定"玩儿游戏，学习就再拖延一天，这算是真正的选择吗？

不是的。

真正的自由不是听从大众的选择，这是克尔凯郭尔已经批判过的。

真正的自由也不是不经思考随便一选——假如我们的每一个决定都是通过掷骰子决定的，我们不会认为自己拥有自由意志。

真正的自由也不是听从自己的欲望——假如每一个决定都听从欲望，那我们就是最低等的动物了，那也不具备自由意志。

真正的自由意志，是经过认真思考后的结果。思考的是什么呢？思考的是我能不能为我的选择负责。当我选择看一部电视剧的时候，我认为这个选择是对的吗？我真愿意把自己生命中的几个小时献给这部电视剧，而不是用来做别的吗？当我选择拖延的时候，我愿意承担拖延的后果吗？我真心觉得拖延比不拖延好吗？

如果答案是"否"，我还是进行了选择，这在萨特看来，就不是真正的选择。

但是有人会说了，有的时候我想选，但是没得选啊。我不能选择长生不老、选择成为世界首富，不能选择最理想的伴侣和工作，甚至都不能选择几点放学几点下班！我没得选啊！

萨特认为，这种想法是一种"自欺"，人哪怕在极端的情况下，都有选择的自由。哪怕是一个囚徒，还可以选择用什么心态面对每天的生活。哪怕拒绝选择，其实也是一种选择。

在现实世界里，有一个真实的例子。

维克多·弗兰克是一名存在主义心理学家，也是一名犹太人。第二次世界大战的时候他被投入纳粹集中营，经历了地狱般的磨难后侥幸逃生。可以说，纳粹的集中营是这个世界上最没有自由、最没有安全感的地方。在如同地狱一般的生活里，弗兰克就是靠着存在主义的心理疗法支撑着信念。他后来回忆说，在集中营里，"有待抉择的事情，随时随地都会有的，每个日子，无时无刻不提供你抉择的机会。而你的抉择，恰恰决定了你究竟会不会屈从于强权，任其剥夺你的真我及内在的自由，也恰恰决定了你是否将因自愿放弃自由与尊严，而沦为境遇的玩物及槁木死灰般的典型俘虏"。

连集中营的受难者都有选择，那我们在任何时候，自然都应该有选择的自由。

这个结论不是在抬杠，而是给我们找到了生而为人的尊严。

无论生活怎么摧残、禁锢我，总有一部分自由掌握在我自己的手中。我通过对这些自由的郑重选择，获得了我的自由意志，确认了我的存在，创造了我的本质。这是任何人都夺不走的。这是存在主义版本的"一个人可以被毁灭，但不能被打败"，这是哲学给我们的尊严。

典型的例子，是加缪的名篇《西西弗神话》。

加缪在这篇文章里讲了一个希腊神话。说西西弗被众神惩罚，必须把一块巨石推向山顶。但是石头一到山顶，马上又自己滚下来。西西弗必须再次重复这苦役，一直到永远。

西西弗的工作毫无意义，但是又永远不能停止，因此极为荒谬。

很多人用这个寓言来比喻现代社会里人性的异化，那么它批判的，是人们在永不停歇的"工作—消费"中毫无意义地耗尽一生。我们攒够了钱和假期，通过消费换来快感的那一刻，就如同西西弗把石头推上山顶的一瞬间，看似有所成就，实则只是无意义生活中的一环。我们以为每天不断努力学习、进步、工作、加薪是在掌控生活，实际上只是一遍遍把石头推上山顶。人生意义一定是在日常工作之外，而不是在社会规范之中。

这么理解这则寓言也不错。但是，如果认为"推石头"就等于"现代化的生活"，那也就意味着我们可以逃离这种生活——我不干不喜欢的工作，不攀比消费，我只追求温饱和精神生活的富足，不就可以逃脱了吗？那这就不是来自神的惩罚，顶多算是留校察看，西西弗完全可以把石头一扔自己走掉。

然而存在主义的荒谬，说的是人生的本来面目，不是轻易能避免的。

所以，我们应该把这个寓言指代的对象扩大到整个人生：人生里所有的日常活动，其实都是在毫无意义地推石头。我们要去做的，不是拒绝推石头——因为无论我们做什么，世界都是荒诞的，想拒绝荒诞我们做不到——我们能做的，只有意识到这是荒诞的。

加缪说，西西弗的胜利在于他意识到了这种荒谬，他从此不再是诸神的奴隶，而是认为推石头是自己的事。于是他在推石头的过程中感到了充实。虽然他无法改变自己的处境，但他是幸福的。

——我们乍一看这段解释，好像是说"人生就应该当阿Q"。西西弗还是在推石头，没改变自己的处境，却生生说服自己是充实和幸福的，这不就是阿Q一样的自欺欺人吗？如果我们把推石头理解成"过度加班"的话，这简直是在说"员工应该说服自己，自带口粮愉悦加班"啊，这不是更加荒诞了吗？

如果我们把推石头理解成"沉迷于'上班—消费'的现代生活"，那这样的西西弗的确是阿Q，因为"沉迷于'上班—消费'"这件事是可以逃脱的。但是，如果我们把推石头理解成"人生的一切行为"，把荒诞理解成人生的必然（我们前面已经证明过这一点了），把神灵对西西弗的处罚看成绝对不能逃脱的宿命，那么西西弗的幸福就不值得嘲笑，反倒是尊严和勇气的体现。

换句话说，在存在主义看来，我们在这世界里无论做什么事情，无论是帮助他人、创造艺术、去做英雄、改变历史、做任何的丰功伟业，从根本上讲仍旧是没有意义的，我们仍旧和西西弗推石头一样，在虚无的世界里徒劳无功。这是每一个认真思考哲学的人都一度体验过的。

但是，我们就没有选择吗？萨特说了，我们永远都有选择。在不得不推石头的宿命面前，在人生虚无的必然面前，我们还可以选择怎么面对这宿命和虚无。我们是垂头丧气，是放弃思考，是沉沦逃避……还是直面它？在知道不可逃避的情况下，我们没有背过脸去，而是享受着推石头的过程。我们认为：这个石头是我的，推石头这件事是我的，我在推石头的这件事里，创造了我自己的意义和本质。我意识到了这一点，我对抗了虚无，我是幸福的。

第十七章　人生荒诞、无意义吗？　469

小结　人生的意义

我们小小地总结一下这本书。

首先，什么知识是可信的呢？

对于客观经验领域，也就是对于我们能看得见、摸得着的物质世界，最好的研究方法是"基于经验主义和实用主义的可证伪的理论"。说白了，就是科学。作为现代人，拒斥科学方法和科学成果基本上是不可能的。

关于"世界的本质到底是什么"的问题，没有标准答案，你愿意相信什么都可以。可以相信不可知论；相信先天认识形式；也可以相信真理不能说，是主观的、非理性的，只能靠领悟；也可以相信世界是一场大梦；或者相信宗教信条。

也可以这么说：世界的本质就是我的信念。我相信世界的本质是什么，它就是什么。

那么，人生的意义又是什么呢？

没有绝对真理，没有人生意义，我们应该鼓足勇气，直面人生的虚无，认真面对眼前的每一个选择，这样就找到了自己的人生意义……

是不是觉得这话很虚？

既然读完了这本书发现世界终究是虚无的，人生也没有意义，那干吗还学哲学呢？还不如把书里的内容全部忘掉，继续去追求眼前的快乐呀。

我觉得也不至于这样……

关键在于，那些哲学家都太聪明了。虽然我们在书里从各种角度批判他们的结论，但他们仍旧是人类有史以来排行前几的大聪明人。如果我们愿意承认自己是个平庸之辈，那么在求真之路上，这本书里的绝大多数人走得都比我们更远。他们在半路上得出的结论，其实已经足够我们用的了。

叔本华说，人生就是在欲望和空虚中摇摆，沉浸在艺术里的一瞬间可以得到暂时的解脱。这话说得没错啊。

尼采批判我们甘于现状、附庸大众的行为是弱者才干的事，我们可以反驳他说"当弱者没什么不好的"，但是他批判的角度确实也能成立。

克尔凯郭尔说，真正的信仰需要"一跃"，这话也很实在。

至于哲学家们都说形而上学走不通，存在主义说人生的本质是虚无，这当然是对的，但是我们在不思考的时候，并不会发自内心地相信他们。我们思考哲学的时候，确实觉得世界虚无、人生荒诞、脊背发冷，但是把书合上抬头一看，这世上好吃好玩儿的东西太多了。冰激凌怎么能虚无呢？在咬热腾腾的炸鸡的时候怎么能虚无呢？——对，我知道我知道，道理我都懂，炸鸡本质上肯定是虚无的，但是也得等我先吃完这一口再说！

对于日常生活中的我们，哲学之路其实不用走那么远。

如果您看完这本书，觉得世界绝对虚无，人生毫无意义，连日常生活都过不下去了，该么办呢？

我有一个小办法。

我们暂时合上书，先回到自己的日常生活里看一眼，看看有哪些东西是暂时不用怀疑的。

比如我们说过，我没法知道我是不是生活在虚拟世界里，没法知道地球下一秒钟会不会毁灭，也不确定物理定律在一秒钟后会不会失效。可是就在这个时候，我感觉到肚子非常饿，妈妈叫我去吃饭，餐桌上，摆着我最喜欢吃的饭菜——这时候，我们不妨扪心自问：我在吃饭之前的一刻，还会坚持之前的怀疑论吗？我会看着那碗饭，默默思考"这饭是真实的还是虚假"的吗？会在吃饭前跟妈妈说"您先证明一下您是真实的，我再吃"吗？就算我真这么干了（而且侥幸没挨打），那让我饿上三天再端碗饭给我，这时我还会这么干吗？

对于这种用一碗饭就可以暂时"悬置"起来的哲学问题，我给它们起了个名字，叫"吃饱了的哲学问题"。我绝不是在嘲笑这类问题。我是说，这世上有一些问题，是我们在关注日常生活的时候，尤其是在饥饿和贫穷中奋力挣扎的时候，顾不上思考的问题。就是那种，当你去询问一个正在挥汗如雨的劳动者，结果人家会拿眼睛白你的问题。

当我们想在强怀疑论中建立生活的时候，不妨把这些"吃饱了的哲学问题"先放在一个柜子里，锁起来，然后再观察一下日常生活，摸摸自己的肚皮，想一想哪些观念其实在大多数时候都是可靠的——眼前的米饭是可靠的，所以蒸米饭的电热锅是可靠的，所以电是可靠的，电磁感应是可靠的，经典科学是可靠的。我们在学校里学到的一切理科知识，几乎都是可靠的。

这样，我们至少在世界观上找到了一小块基石。

那人生意义呢？

我们可以用类似的办法，找到一个经不起哲学推敲却可以暂时接受的答案。

当我们觉得人生毫无意义的时候，不妨想象一下：假如有人现在要白给我十万块钱，我要不要？

一般人的回答都是"要"。哪怕生活再提不起劲儿来，要是有人愿意白给我钱，那我还是不要白不要吧。

小结　人生的意义　473

接下来是最关键的：我打算用这笔钱来做什么？

因为钱只可能是我实现目标的工具，而不可能是我人生的目的。"占有金钱"这件事本身没有任何意义，我必须用钱来干点儿什么，这钱才有意义。

那我们的第一反应是用这笔钱来干什么呢？

也许是用来享乐，也许是用来馈赠，也许是追求理想，也许仅仅是为了获得安全感。但无论如何，总得要"为点儿什么"。而这个"为点儿什么"，就是我此时此刻能接受的人生意义。

当我们总结出来这个意义的时候，乍一听，可能会觉得有点儿"虚"——因为总结出来的往往都是"为了看见更大的世界""为了和家人一起度过快乐的时光"之类的话，和我们从心灵鸡汤里听到的也差不多。这真是我的人生意义吗？我们有点儿怀疑。这个时候，需要我们回想刚才决定怎么花钱的那一刻。那一刻，我们是不是毫不犹豫地做了决定？那一刻我们的心里是什么感觉？那一刻的感觉，就是意义在我们心中的地位。别忘了，真正的人生意义是不能用理性的文字描写的，真正的意义就是那种不可描述的感觉。

还有一个类似的办法：逼迫自己直面死亡。

我们问人生的意义是什么，其实就是在给自己的人生找一个目标。就是在问："我为什么活着？"

这也就等于在问:"我为什么不立刻自杀?"

加缪说过:"真正严肃的哲学问题只有一个,那就是自杀。"

前面介绍过的犹太心理学家维克多·弗兰克,他在战后治疗病人的时候,常问病人:"你为什么不自杀?"因为借助病人的回答,他可以"为一个伤心的人编织出意义和责任"。

假如你能顺利地回答"我为什么不自杀",如"我不想死是因为我还想到处旅游,吃好吃的""我不想死是因为我不想让父母伤心"。那么,这些答案就是你现在的人生意义。

假如你的回答是"我不觉得活着有什么意义,我只是怕死"呢?

那就请你想象一下死亡来临时的感觉吧。

一个无神论者在面临死亡的巨大恐惧的时候,有时求生的本能会让头脑拼命地给自己寻找活下去的理由。这个理由,也就是每个人的人生意义。

有些和死神擦肩而过的人说,经过这一场磨难,自己大彻大悟,对人生有更高层次的看法了。可是,我们每个人都知道自己早晚会死,为什么非要到死到临头的时候才会大彻大悟呢?那就是因为绝大部分人平时从不愿意直面死亡,潜意识里认为自己可以永远逃避死亡。所以只有死到临头,才会开始反省人生。

我们既然知道了这个道理,那就不妨早一点儿直面死亡,早一点儿把这件事想明白。

怕死还意味着我们要珍惜生命。

要珍惜生命的理由是，经验世界不能告诉我们死后还有没有意识。宗教虽然告诉我们人死后意识还会继续存在，但他们的论断都是无法验证的，有可能是错的。再者，就算人死后意识还继续延续，我们也不知道那是一种什么情况，会不会就在黑暗中永远飘荡，还是会失去全部的记忆，我们一点儿把握都没有。

而且以人类现有的经验而言，死亡是宇宙中少有的一件不可逆的事情。人死以后，再也回不到原来的生活中，想后悔也来不及了。

如果死亡确实如唯物主义所说，是意识的永远终结，那么就意味着我们失去了一切探索世界的机会。我们甚至可以感性地说，那就意味着我们自愿放弃了这世界给我们的最大的恩赐，而这恩赐很可能只有这一次，放弃了就没有了。

所以虽然形而上学不限制任何答案，但是我们应该尽量保存、延长自己的生命，不要拿自己的生命冒险，也要同样尊重别人的生命，这都是不言而喻的正确。尊重生命的同时也就意味着我们要珍惜时间。这都是我们探索真理的底线之一。

最后再说一句。

在古希腊时代，今天的很多学科，比如物理学、数学，都包括在"哲学"的范围内。后来随着学术的发展，像物理学、数学这类能得出明确结论的学科，都分家出去单过，只把那些没法得到肯定回答的问题留给了哲学。换句话说，哲学和科学的一大区别在于，哲学问题往往是没有正确答案的。两个哲学家对同一个问题得出了完全不同的答案，我们却没法分辨哪一个答案更正确，只能说，两个答案都不错。

所以，哲学问题的关键不在于答案是什么，而在于不断追问的过程，这个追问理论上可以永远持续下去。然而，我们普通人研究哲学并不是为了学术研究，而是为了解决人生的实际问题。所以对于大部分人来说，那些恼人的哲学问题往往追问到一定程度就自动止步了。

追问到什么程度呢？

追问到有一天你发现你和这个问题和解了，不再好奇，不想再问了。

所以维特根斯坦在《逻辑哲学论》中说："人生问题的解答在于这个问题的消除。"

这就像很多人在小的时候都问过"人为什么活着"，他们中的绝大部分人长大后就不再问了。你说他们想明白这个问题的答案了吗？不一定，有的时候，仅仅是因为他们不想再问了。

当你不再问这个问题的时候，或许就意味着你已经找到答案了。

激发个人成长

多年以来,千千万万有经验的读者,都会定期查看熊猫君家的最新书目,挑选满足自己成长需求的新书。

读客图书以"激发个人成长"为使命,在以下三个方面为您精选优质图书:

1. 精神成长

熊猫君家精彩绝伦的小说文库和人文类图书,帮助你成为永远充满梦想、勇气和爱的人!

2. 知识结构成长

熊猫君家的历史类、社科类图书,帮助你了解从宇宙诞生、文明演变直至今日世界之形成的方方面面。

3. 工作技能成长

熊猫君家的经管类、家教类图书,指引你更好地工作、更有效率地生活,减少人生中的烦恼。

每一本读客图书都轻松好读,精彩绝伦,充满无穷阅读乐趣!

认准读客熊猫

读客所有图书，在书脊、腰封、封底和前后勒口都有"**读客熊猫**"标志。

两步帮你快速找到读客图书

1. 找读客熊猫

2. 找黑白格子

马上扫二维码，关注**"熊猫君"**

和千万读者一起成长吧！